昨夜西風凋碧樹

中國人民大學反右運動親歷記

房文齋　著

獻給

在一九五七民主運動中捐軀的烈士及受難者

◀圖1　作者六十歲照片

▶圖2　作者為林昭和甘粹在北京景山公園拍攝的合影

▲圖3　八難友合影，前排左起：房文齋、伍伯涵、伍之傑、朱紹武。後排左起：甘粹、江之滸、傅家訓、雷凡。

▼圖4　新聞系同學無錫探望傅家訓。前排左起：丁子霖、傅家訓、李之傑。後排左起：房文齋、葉萌、沈詒禎。

►圖5　作者入人大新聞系時攝於鐵獅子胡同分校

▼圖6　作者與難友江澤純（左）合影

▲圖7　作者從系主任安崗手中接過系運動會亞軍錦旗

▼圖8　林昭為作者攝於人大校園

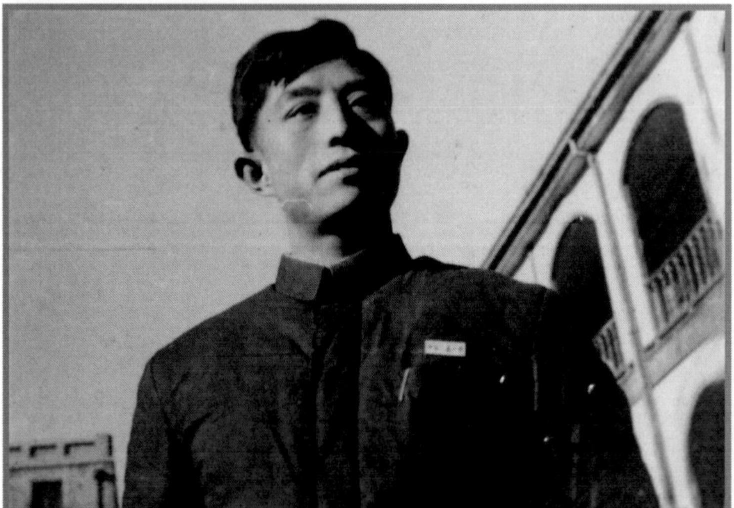

▲圖9　潘俊民考入人大時的照片

▶圖10　作者畢業後攝於貴州農學院

▼圖11　蒙難時妻子時明與女兒俊波、兒子俊燾在一起

◀圖12　林昭為作者拍攝於景山公園

▼圖13　林昭在校園為作者與甘粹（左）拍的合影

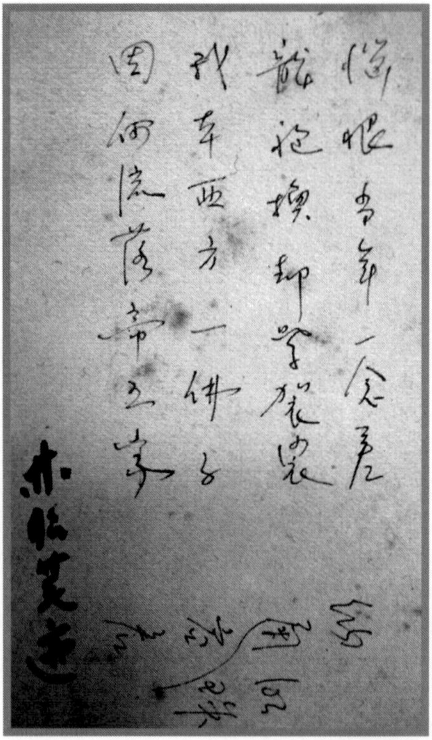

◀圖14　林昭手跡

▶圖15　作者為林昭拍攝於團城

「無冕之王」的夢魘

——獻給反右派運動中受傷害的同學

你們，
當年作為青年人中的精英
「百裡挑一」地，
被「人大」選中，
成了這所名牌大學的學生。

跨進校門，你們的心底，
深藏著一個美麗的夢境，
你們的眼前，
展現著一片廣闊的前程。

企盼未來，
能成為「無冕之王」，
能成為優秀的「傳媒人」。

誰能料到，
那場殘酷的反右派鬥爭，
無情地改變了你們的命運。
你們從天堂掉進了地獄，
你們從精英變成了「魔星」。
你們的：
一次發言，
一張大字報，
一篇日記，
一則小品……
經過這樣的加工：
以偏概全，

偷換概念，
斷章取義，
無限上綱，
都成了「反黨反社會主義的罪證」。
大批判，大辯論，
唇槍舌劍，發發「子彈」，
都向你們瞄準。
畢業的時候，
那「右派」、「中右」的身份，
都寫進了你們的鑑定。
就像林沖發配充軍，
臉上烙下的醜惡金印。

你們由此踏上了，
辛酸而苦難的歷程。
有的被分到邊遠山村，

有的被當作苦力使用，
更有甚者的是：
層層下放，視若「瘟神」，
拒絕接收，無處安身。
你們的苦難啊！
千言萬語，
也難說盡。

改革開放的春風，
終於重啟了你們新的人生之門，
實事求是的路線，
終於還給你們一個清白之名。
那時候，
你們雖青春已逝，
卻不甘沉淪。
努力工作，重創輝煌，

著書立說，顯聲揚名。
將這長長的苦難歷程，
作為創作素材的最好底蘊。

為紀念新聞學院五十周年「院慶」
我們從四面八方，
風塵僕僕，來到北京。
老同學重逢，
共敘別後情，
我從你們娓娓的敘述中，
感悟到：什麼是世道滄桑？
什麼是坎坷人生？
什麼是發憤圖強？
什麼是劫後餘生？
我願用我的禿筆，
為你們謳歌；

我願以我的赤誠之心，
向你們致敬。
願你們的暮年，
永遠幸福康寧！

二〇〇五年十一月二十一日夜於北京一九五六級六至九班三十餘位同學聚會中。

注釋：一、一九五六年，人大新聞系從全國四千多名考生中，錄取了兩百二十人。反右時，加上二年級一百人，教職員工百餘人，共四百多人。其中，打入另冊者四十三人，屬於「中右」而受到黨團籍處分的各有四十餘人。占總人數百分之二十強。一九七八年，全部平反改正。

二、作者華鳳蘭（人大新聞系原七班學生），先在北京國際廣播電臺對外部任職，後調原籍杭州，執教於浙江省廣播電視大學。

目次

第壹章　難以忘卻的往事——我為林昭拍了一張照片

大約十年前，章詒和女士的驚世之作《往事並不如煙》甫及出版，即遭到當局嚴令封殺，但聲名卻不脛而走。一時間，洛陽紙貴，風靡中國內外，滿城爭說《不如煙》。上市新書，多如牛毛，為什麼唯獨少量的新作，得到讀者如此崇拜？無他，就是因為它們記敘了真實的歷史，說出了一些別人不願或不敢吐露的一系列人物和往事。下面記述的，就是本人經歷的諸多往事中的一件。

與林昭君相識，已經過去了整整半個世紀。那顆罪惡的子彈讓美麗的生命化為塵土，也成了四十四年前的往事。不過，關於林昭輝耀夜空流星般的坎崎人生，關於她驚醒世人的慘烈冤死，至今依然縈回心中，揮之難去。

本人與林昭有過一段近距離接觸，卻始終噤若寒蟬，從沒敢寫下一言半語。年近八秩，再不會有二十二載錦繡年華，「奉獻」給苦役鞭笞。頭腦枯竭，心臟病疲，更經不住再一次煉獄蒸煮。除了強迫自己遺忘，哪有別的選擇？

最近，從互聯網和《南方週末》上接連讀到幾篇回憶林昭的文章，不僅喚醒了塵封的記憶，也給我注入了勇氣。終於壯起膽子，用顫抖的枯手，寫下這篇殘缺不全的悼念文字。

一、從北大來了個「林妹妹」。

一九五七年，我在人民大學新聞系六班學習，當班上二十七名同學有六人被打成右派分子時，我拍案而起，徑直找黨支部書記于恩光個別談話，指責他們「率性胡來，傷害好人」，違背了毛主席在最高國務會議上講話的精神。並憤怒地聲明：「自即日起，退出反右運動，堅決與黨支部劃清界限！」殊不知，此時「引蛇出洞」的「陽謀」已在內部發佈，只是普通黨團員尚被蒙在鼓裡。

人大新聞系黨總支書記章南舍，住過窯洞，喝過延河水，覺悟自然了得。他決心超過法律系做人民大學的反右英雄。法律系由於出了個全國聞名的右派學生林希翎，流毒廣布，右派比例也最高。章南舍晝夜部署，東掛西連，一再增補，終於如願以償當上「冠軍」。包庇右派就是右派！我赤膊上陣，自投羅網，順理成章榮登右榜。最終落得個「留校查看」的「寬大處分」。從此催眉折腰，自咒懺悔，成了人人喊打的過街老鼠。

一九五八年秋天，北京大學中文系新聞專業，忽然併入人大新聞系。據說，新聞事業乃是黨的喉舌，必須設立在最革命、最純潔無瑕的地方。而有著「中央第二高級黨校」之譽的人民大學，正符合這樣的條件。北大新聞專業的併入，不僅學生人數大大增加，右派分子的隊伍也更加壯大，其中就有個著名的女右派林昭。聽說此人不僅與北大頭號學生右派譚天榮齊名，而且堪與她的本家、右名遠播的林希翎（林希翎是筆名，本名程海果）相媲美。她語言簡潔犀利，詩文俱佳，曾是北大校刊《紅樓》的編委。鳴放時，她以〈組織與良心〉為題，作過一次激情洋溢的講演，反響十分強烈。當「鳴放」變成反右，她許久沉默。有一天，一個同學在大會上遭到圍攻，她忍無可忍，竟然跳上桌子，嚴詞反駁無限上綱、搞人身攻擊的積極分子。她的超常行動，驚呆了衝鋒陷陣的勇士。

有人恐嚇地質問：「你是什麼人，敢給右派分子辯護？」

她凜然作答：「我是為真理辯護的人！」

「你敢說出姓名嗎？」

「有啥不敢的？本人是中文系學生，姓林名昭。雙木林，日旁刀下之口的昭！」

如此不顧利害自蹈陷阱的「癲狂」舉動，一時間成了北大的特大新聞。更加令人驚異的是，右派帽子已經戴到頭上，她卻毫無懺悔之意，認為自己真理在手，無錯可認。

聽到這位女性的「異端邪行」，我暗暗感歎：原來，自動跳出來為右派辯護，從而自投羅網的傻瓜蛋，不止我一人。同病相憐，我對這位跟自己一樣引火焚身的雙木姑娘，充滿了好奇，但始終沒見到這位神奇的人物。

機會終於來了。班上的同學到農村搞「社會主義教育」去了，右派自然不配作教育者，我跟甘粹、伍伯涵、江澤純、雷凡等被安排到系資料室幫忙，為正在編輯的《新聞大事記》搜集資料。去之前即聽說，大名鼎鼎的林昭也在其中。原來認為，她跟本人一樣，是個性格粗疏的李逵式人物。一見之下不由大感意外，站在面前的竟是一位身材瘦削，滿口吳儂軟語的弱女子。頭髮濃密，兩隻粗粗的短辮子垂在腦後。臉色蒼白，雙唇線條明晰，一雙大眼睛特別明亮，但目光並不專注，常常是倏忽一瞥，眉頭一蹙，然後輕嗽幾聲，目光移向別處。後來聽說，她在北大「落網」前，曾有「林妹妹」的暱稱，追求她的不止一人。有人形容她「嫺靜似嬌花流水，行動如弱柳迎風，淚光點點，嬌喘噓噓……」也有人說她的肺子有病，因此偷偷稱她「病西施」。我十分納悶，如此瘦弱的身軀，哪來如許凜然無懼的膽量、語驚四座的雄辯言辭？真是人不可貌相，海水不可斗量！

二、只為當初一念差

右派學生在資料室幫忙，主要是翻閱建國前的舊報紙合訂本。記得有《大公報》、《新聞日報》、《中央日報》、《新民晚報》等，上面刊登的有關新聞方面的資料，統統摘錄下來做成卡片備用。具體領導這項工作的是資料室副主任王前。此時的右派，人人希望早日摘掉帽子回到人民隊伍，自然是謹言慎行，積極賣力。王前對我等似乎也很滿意，不僅和顏悅色，而且噓寒問暖。課外活動時間，常常「攆」我們：「同學們，別悶在屋子裡，出去活動活動」。

自從「墮落」成另類，雖然蒙恩繼續留在學校學習，但做人的尊嚴早已蕩然無存，除了蔑視白眼，就是吆喝斥責。現在碰到這樣一位和藹可親的領導，大家心裡滿懷感激。心想能永遠留在她的治下作個資料員，不再回去做「大學生」，實在是難得的造化。王前對唯一的女右派林昭，更是刮目相看，竟將她安排到自己的辦公室，兩人對桌而坐。我們當時都不解，反右已經快一年了，同是延安來的老革命，她與那位章南舍總支書記，為何如此天差地異？

有一天晚飯前，別的同類都出去「活動」了，我一個人靠在椅子上發呆。「吱呦」一聲門響，林昭翩然而至。不等我打招呼，她已經在對面的椅子上坐下了。端詳了我一陣子，用低低的探詢語氣問道：

「別人都出去玩，你一個人在想什麼？是想老爹老媽，還是想念愛人孩子？」

我頹然答道：「自身尚且難保，哪兒顧得想父母妻孥！」

她略顯吃驚地問道：「老兄為何如此悲觀？」

我反問道：「怕是你們太樂觀吧？」

她許久沒言語，然後掉轉話題說道：「你是個很聰明的人，留得青山在，不怕沒柴燒的話，用不著我提醒。你幹麼犯糊塗呀？」

這話觸動了我內心的疼處。於是徑直告訴她，自己十三歲當兒童團長，十四歲正式參加革命，二十二歲就混上了區營級（後來稱科級）。處處一帆風順。無奈，心比天高，不知安分，不顧組織一再挽留，堅決要求「深造」，竟然以優異成績考取了人大新聞系。錄取名單在《大眾日報》上一公佈，同事驚詫，親友歡呼。自己也像范進中了舉人，差一點得了瘋癲之症。誰能料到，得意的時刻不到一年，便「墮落」成千夫所指的異類。如果不考什麼勞什子大學，留在機關當我的小幹部，輪到下面鳴放時，「陽謀」已經昭然，我再傻也不會自投羅網呀。況且，我家庭出身貧農，歷次運動都是積極分子，又被評過優秀工作者，「內定右派」的事，絕對輪不到自己頭上。正是可惡的大學，才使我名列另冊，沉入地獄。聰明反被聰明誤，一失足成千古恨！

林昭探身向前，長歎一聲勸道：「牢騷太聲防腸斷，風物長宜放眼量。你的處分輕，很快會摘掉帽子，千萬不可自暴自棄呀！」

我無奈地搖頭：「我是個不撞南牆不回頭的莽李逵，不要說情急之下會說出無錯無罪之類離經叛道的話，就是低眉順眼做得不到家，一番努力也要化為烏有——想摘帽子，只怕得等到牛年馬月！」

沉默一陣子，她訴說了自己的情況。她出身書香門第。父親曾是留英學生，歸國後一心想為鄉民謀福祉，便報名參加江蘇省縣長考試。結果以全省第一名的資格高中，被任命為吳縣縣長。可是，聖賢門徒不是爾虞我詐的政客們的對手，很快便銜恨而去。母親也是位嚮往民主自由的知識份子，建國後作過蘇州市政協委員。林昭中學畢業後，父親堅持送她到美國讀書，她不但堅決不答應，而且與地下黨偷偷來往。以致與家庭反目，被親友疏遠。大軍一過江，她就參加了革命。先到蘇南新聞專科學校讀書，然後志得意滿地參加了土地改革。當時，一些蘇北幹部到了蘇南便競相換老婆。她看不慣，罵他們是陳世美，因而挨過嚴厲的批評。無奈本性難移，反右之初，就鑽進了右派的隊伍……

她無奈地望著我：「你看，我不也是一個不識事物的莽李逵嗎？我的肺子有病，但我還要好好活下去，把花花世界都看個明白呢。」

我頹唐地說：「早知如此，何必當初！」

她摸過面前的卡片紙，拿起蘸水鋼筆，低頭寫下一首詩，順手遞給我。我一看是順治皇帝的一首出家詩：

黃袍換卻紫袈裟，只為當初一念差。
我本西方一衲子，緣何落在帝王家？

我抬頭問道：「莫非，你也後悔當初那一念之差？」

「不，不穿上『黃袍』，怎能給貧苦的農民分土地，作那件大好事呢。」

「沒去美國留學呢，也不後悔？」我追根問底。

沒等她作出回答，別的同學回來了，她轉身離去。

三、替朋友嚴守秘密

資料室副主任王前，是一位略顯憂鬱的女人。身材苗條，線條柔和。雖然人到中年，卻風韻不減當年。瓜子臉，柳葉眉，杏子眼，所謂東方美人的優點，在她身上幾乎樣樣俱備。臉色雖然有些蒼白，卻細嫩得「吹彈得破」，加之衣衫得體，風度翩翩，飄然而來，誰見了也要多瞟上幾眼。她是人大副校長聶真的妻子，聶真身材中等，臉色黝黑，態度和藹，作起報告來像拉家常。我們都納悶，年輕漂亮的王前，怎麼能看上個年近六旬、有些婆婆媽媽的老頭子。後來才得知，她本來是劉少奇最後一位妻子王光美的前任，與劉少奇離婚後，才嫁給了內室空缺的老革命。進了北京後，她經常跟人傾吐遭到遺棄的苦衷與不平，以致驚動了北京市委，頒下嚴厲警告：閉緊嘴，不准傷害中央領導。繼續胡說八道，就別再當黨員！王前當然捨不得丟黨員，從此不敢再「胡說八道」。但工作似乎也失去了動力，總給人一種柳眉顰蹙、百無聊賴的感覺。可能認為右派自身難保不會告密，王前憋在心裡的「胡說八道」，竟然多次向林昭祕密透露。此時，林昭跟單身漢甘粹正談著戀愛。甘粹多次向她打聽「新聞」。林昭嚴守自己的承諾，除了搖頭歎氣，只有一句「一言難盡！」至於細節，絲毫不肯透露。甘粹覺得林昭對我印象不錯，讓我試試「挖點新聞」。我不識時務，竟然遵命不爽，偷偷地詢問林昭，結果可想而知。雖然碰了一個軟釘子，卻從心裡敬佩她忠於友誼的誠信精神。

四、右派有啥資格談戀愛

人大新聞系最初招生有三個前提條件：黨團員，歷史清白，三年以上革命歷史。因此在資料室幫忙的右派，都是調幹生，而且年齡偏大，有的已三十多歲，大都娶妻生子，只有林昭與甘粹是單身。處久生情，不知什麼時候，兩人談起了戀愛。為了不影響改造，開始極端祕密，連我這個好朋友也不知情。一個禮拜天，甘粹悄悄約我出去玩。當時的政治氣候，右派結伴外出，有臭味相投、甚至密謀破壞的嫌疑。要想結伴，只能分頭行動，然後到約定地點會合。甘粹突然相邀，我仍然認為是為了避嫌。可是到了遊人稀少的景山公園，發現他與林昭已經候在了大門裡面高閣的後面。林昭並不扭捏，坦率地告訴我，他們在戀愛，約我出來，一來是相信我，二來認為我的攝影課學得有點樣子，想請我給他們拍幾張紀念照。我慨然從命，用學校發給實習的蘇聯相機，給他們認真拍了幾張。然後轉到北海公園南門外的團城，又拍了幾張。分手時，甘粹一再叮囑，千萬不要告訴任何人，我自然是守口如瓶。

不幸，他們談戀愛的事，很快就被上面知道了，並傳下話來：立即停止非法活動，集中精力改造，不然後果自負！這反倒激怒了林昭，從此不僅公開與甘粹接觸，而且「頂風而上」，公然在黨總支門前，親密地攜手漫步。不用說，更加嚴厲的警告隨之降臨。

林昭更加憤怒，索性拉上甘粹，徑直到總支辦公室，要求開介紹信登記結婚。總支書記章南舍一陣冷笑：

「右派有什麼資格結婚？異想天開！」

「我們有公民權，為什麼不能結婚？」林昭理直氣壯地質問。

章南舍凜然作答：「你認為給你們公民權，就是公民嗎？別忘了，右派是資產階級反動派！」

「反撲」如此猖狂，付出的代價自然是無比慘烈。甘粹立即被發配到新疆農建三師勞改農場勞動，從此等於判了無期徒刑，差一點將小命扔在大沙漠裡餵了野狼，年逾半百方才被赦回。對學生右派如此下狠手，在人民大學也是絕無僅有。林昭則因肺結核日漸嚴重，被攆回蘇州老家「治病」。

十年浩劫期間，她以現行反革命罪被捕，關進上海提藍橋監獄。由於不肯認罪，有期變無期，最後被祕密處死。司法人員去她家索要五分錢「子彈費」，家人才知道親人已經遇害，但不告訴屍體扔在哪裡！

林昭的冤案平反後，親友同學為她舉行了隆重的追悼會，並在蘇州郊外靈岩山為她建墓立碑。我打聽墓地在哪裡，打算去祭弔。聽說墓中並沒有她的骨灰。骨灰匣裡只有她的一綹頭髮和她生前用過的一枝鋼筆。空空墓穴，伴著黃土一抔，青石一片，接收著崇拜者的祭拜。既然找不到林昭的長眠地，我打消了親去祭奠的念頭。清明節那天，我悄然來到城南，採來幾朵野花插到地上，遙向南天，深深三拜，權作敬獻心香一瓣。

有人著文稱，林昭像秋瑾、張志新、遇羅克一樣，威武不屈，大義凜然，為真理勇於獻出生命，不愧是青史標名的女英雄。十年前，一位正義的攝影家，毅然辭去優越的工作，花費數年的時間，自費拍成一部短片：《尋找林昭的靈魂》，我有幸得到了這張影碟的拷貝。在林昭的遺像中，有一張在北京景山公園高閣下與甘粹的合影。還有一張在團城城頭的單人照。那都是五十年前，鄙人在同一天拍下的。是甘粹從地獄回到人間後，特地寫信向我索去的。他的所有個人資料，早已被戈壁的狂飆滌蕩得無影無蹤。照片上，林昭穿著一件素花旗袍，挽著甘粹的手臂，兩個二十六歲的年輕人，臉上都綻露著天使般的微笑。他們怎會想到，應有的幸福未得到，卻淪入萬劫不復的深淵，天人永隔，長恨綿綿……

我讓影碟定格，思緒也飛回到當年。面對遺容，熱淚在滾動，我的雙眼模糊了……林昭動了起來，彷彿要向我訴說什麼。死人不能復生，我知道這是幻覺。但又不是幻覺。今天，俠女林昭不是仍然活在千千萬萬正義人們的心中嗎？

二〇〇八年五月二十八日寫，載《南方週末》二〇〇九年三月四日

第貳章　躍過龍門是深淵——我的金色大學夢

一、蟾宮折桂

（一）

一九五六年七月六日。山東《大眾日報》刊登了人民大學濟南考區錄取名單。新聞系列在榜首，共錄取了四個人，第一個名字就是本人。我的同事和朋友看到報紙，無不驚訝地搖頭，議論紛紛：「就他那點水平，不可能考上人大，肯定是重名字的！」「還是濟南考區第一名呢？當年他只念完了小學五年級，後來這兒學習，那兒深造，無非是洗腦筋而已，與文化風馬牛不相及！僅靠兩個月的突擊複習，就能拿到名列前茅的成績？」

但我絲毫也不懷疑那第一名就是自己。一則，房氏是小姓，我的名字充滿了故紙堆味，重名的可能性不大。二則，四門考試課程，除了一道只占二分的填充題，「二七大罷工是哪年？」

填錯了，再沒發現任何答錯的地方。作文尤其順利：題目是：「在農村社會主義高潮中所看到的」。占了多年做文秘工作的光，加之對農村情況十分熟悉，又親自搞過合作化，寫起來很順手，簡直可以說是筆底生花，一氣呵成，估計應該得高分。可是，想到「過高估價自己的往往是本人」這句俗語，又猶豫起來。別是自我感覺太好吧？萬一那名字是個重名，豈不是狗咬尿脬——一場空歡喜。看來還得作兩手準備，不能放棄複習。當時，有「中央第二高級黨校」之譽的中國人民大學，每年在全國單獨招生。北大、清華都沒有此殊榮，落榜者再去參加全國統考不耽擱。

正在猶豫不決，發生了一個小小的插曲。

高考完畢，適逢召開山東省計畫工作會議，會址設在著名的珍珠泉。我是大會工作人員，去了之後，聽說人大濟南招生組也住在那裡，相距不過五六十米。我忽發奇想：近水樓臺先得月，何不捷足先登，去問問自己的分數，如果上了錄取線，就不再複習了。如成績不佳，就繼續努力，準備參加全國統考。

會議休息期間，我悄然去了珍珠飛騰、碧水清澈的名泉南側的一座平房。大門洞開，門口沒貼標誌。我徑直走進去。東間的南窗下，一位身穿天藍旗袍的女同志坐在桌前，低頭在稿紙上寫著什麼。我近前客氣地問道：「請問，這是人大招生組嗎？」她抬頭皺眉反問道：「你，有什麼事？」我一看，她端正白皙的方臉上，竟然佈滿了麻子，不由一怔，立即恭敬地答道：「老師，我剛剛參加了貴校新聞系的考試，現正在這裡忙會務，沒有時間繼續複習。我想問問，如果我的成績可以，就……」麻臉女老師一聽這話，伸手將面前的稿紙翻過去，生硬地打斷我的話：「我們的錄取名單，最晚後天就登在大眾日報上，等著看報紙就是！」

我雖然吃了個冷臉子，心裡卻暗暗高興——此行的目的達到了！剛才進門時，還沒靠近桌子，就瞥見她在稿紙上剛寫的兩行字：第一行：錄取名單。第二行：新聞系，第一個名字正是本人，後面有一個姓安的，一個姓朱的。仔細一想，落榜生她不會去寫，有幸勞動她的大筆，一定是被錄取的。有了這樣的斷定，便將全部複習材料收拾起來，靜待後天的好消息。第三天一上班，急忙打開報紙，找到「中國人民大學濟南考區錄取名單」一看，赫然在目，第一行是新聞系，第一個名字正是本人，與前天看到的一模一樣。

我剛想放聲高唱幾句，一個聲音在耳邊響起：「且慢！萬一是重名字的呢？」

聽說科舉時代，因為重名，「報祿」的報錯了門。娶親的花轎，也有把別人的媳婦抬到自己家裡的荒唐事。看來，只有「錄取通知書」到手，才敢斷定那個使人又喜又疑的名字，到底是不是自己。像大旱望雲霓一般，我開始了折磨人的等待。

錄取通知書終於等來了。薄薄的一片紙，捧在手裡，卻有千鈞之重。用高興得幾乎跳起來，不足以形容當時的歡欣之情。簡直就像范進中了舉人，討郎子取上了媳婦。恨不得跑到沒有人的地方，放開嗓子大喊大叫一通。

醒時相思，夢裡追求，十多年的夢想啊，今朝終於變成現實！不由隨口吟道：

鐵硯磨穿伴螢燈，十年終圓書生夢。
功名利祿誰識得？折桂蟾宮看飛升！

（二）

俗話說，好事多磨。得到消息的頂頭上司、商業處的閆處長主動找我談話了。他把我請到宿舍裡，用紫砂壺泡上香片，親切地斟上一杯，捧到我的面前，笑咪咪，像對老朋友談心似的，跟我拉起了家常……

這跟兩個月前的情景天差地異。當時，為了請求批准我參加高考，他蹙著眉，咂著嘴，一口官腔。說什麼，你從膠州地區調到省裡來，是精挑細選，準備重用的。只要安心工作，前途無量。況且，一個革命者，首先考慮的應該是是黨的利益，工作的需要。你正在積極要求入黨，正是黨考驗你的時候，更應該聽從黨的召喚。見我一再堅持，他搖頭歎道：既然你聽不進我的良言相勸，你找人事處去吧。如果他們同意你報考，我也不阻攔。

我興致勃勃去見人事處張處長，剛說明來意，被一瓢冷水潑過來。張處長鏗鏘地說道：「同志，你是革命者，首先要考慮的不是個人的興趣，而是革命工作需要。商業處現在需要你。這是第一；第二，你連小學都沒上完，文化水平不夠報考的條件呀。」

我小心地懇求說：「張處長，我在華中建大預科……」

他粗魯地打斷了我的話：「那個預科，恐怕連個高中也不頂吧？再說，你上了不到三個月，頂啥用？同志，別想入非非啦，回去安心工作吧。」

但我坐著不動，繼續懇求：「張處長。我參加革命十年來，一直堅持上夜校和自學。相信達到了同等學歷。」

處長冷笑幾聲：「你不就是拿到了兩張夜校初中語文和數學文憑嗎？那就能說明達到了同等學力？」

原來，他已經仔細地審查了我的檔案。但我繼續懇求：「可十年來，我一直堅持自學……」

他再次粗魯地打斷了我的話：「誰不堅持自學？同志，一個人是什麼水平，是他自己說了算嗎？」

見處長毫無轉圜的餘地，我的態度強硬起來：「張處長，我覺得您的意見，不符合《人民日報》社論的精神！」

那年月，人民日報的社論，差不多等同於聖旨。他不由一怔，立即反問道：「什麼社論？」

「《向科學進軍》。那上面鼓勵青年人踴躍參加高考深造，為經濟建設高潮多做貢獻。聽說，黨中央國務院還有文件下達，要求各單位積極支持年青同志報考呢。」

處長的方臉拉得很長：「你這人真頑固！」

「張處長，我不是頑固，我實在太希望能得到深造的機會。我在膠州專署工作時，工農速成中學招生，我要求報考，組織不批准，我無條件服從了。可我輔導的兩位同事卻順利地考上了。這一回，我誠懇希望組織能成全我。」

「什麼？不批准你好高騖遠、想入非非，就是不成全你？」

「張處長，我說錯了，我的意思是，懇求組織上答應我的請求。」

我焦急不已，語無倫次，恨不得跪到地上給他磕頭。可能是他見我兩眼殷紅，幾乎落淚，終於語氣緩和地答道：

「讓領導研究研究再說吧。不過，在沒有答覆之前，你可要安心工作！」

走出人事處看了看錶，我生平第一次使出了磨洋工的本領，他被我整整纏磨了兩個小時。

第二天，答覆就來了：可以報考，但因工作太忙，不給複習假，個人擠時間！

而別的人，都給了複習假，我知道這是另一種阻攔。沒辦法，我只能中午抱著複習資料苦讀，晚上去濟南鐵路中學聽輔導課。兩個月下來，人累瘦了，眼熬紅了。由於勞累上火，臨場的前兩天，頭疼發燒，左腮腫得像半個排球——患了急性腮腺炎。醫院給開了三天休息條。剛剛休息了一天，考試的日子——六月十號到了。那天早晨，我猶豫了，頭還在疼，渾身滾燙，到了考場怎麼答卷？不去吧，好不容易得到的深造機會，可就失掉了。如參加後面的統考，與我心儀許久的人大新聞系可就無緣了。鬥爭了好一陣子，最終決定豁出去，帶病去考場。

（二）

我沒吃早飯。只喝了半杯溫吞水，便進了設在大明湖畔、原山東政協禮堂的大考場。找到自己的位子坐下來，絲毫沒有饑餓感，只覺得頭腦昏昏，渾身沉重。卷子發下來了，我牙一咬，腳一跺，低頭答卷。

彷彿冥冥之中有神靈護佑，精力全部投入到了考卷上，連頭昏也忘記了。不但熬過了兩天四場考試，而且病痛大減，頭不再疼，身上退了燒，左腮也矮了許多。帶病上陣，不但堅持到底，而且一舉奪魁！

俗話說，人生四大賞心樂事：久旱逢甘雨，他鄉遇故知，洞房花燭夜，金榜題名時。鯉魚跳過了龍門！自己順利奪魁，不是「金榜題名」，也與鄉試的「解元」相彷彿吧？我從心底慶幸帶病上陣、不肯輕易放棄的決心與毅力。

閆處長同樣不肯輕易放棄。他把我請到他的宿舍，個別談話。幾杯香茶飲過，他壓低聲音，字斟句酌：「文齋同志，聽說你拿到了錄取通知書，能被人大錄取，確實不容易，說明你平時學習很努力。我像讚賞你的工作能力一樣，同樣讚賞你的上進精神。不過，作為你的同事和領導，還是要極其負責地勸你幾句。希望你不會反感。」

我急忙答道：「不會，不會。處長，有話您儘管說。」

處長抿了一口茶，又給我斟滿杯，極其親切地說道：「小夥子，你肯定猜得到我要跟你說什麼。我一再挽留你，並非是從個人的感情好惡出發，而是關心你的進步。上大學固然能提高文化，可是真正的能力，還得在實踐中鍛鍊呀。實踐出真知嘛！分配來的大學畢業生，都得從低層幹起，就是這個意思呀。咱們處那兩個畢業好幾年的大學生，不都是在你手下幹辦事員嗎？你想到這方面沒有？」

「這我知道。」

「知道就好。同志，你已經是區營級（後稱科級），離縣團級不過半步之差，以你的幹練，那還不是把裡攥著的事嘛？我知道，你對遲遲沒有解決組織問題（指入黨）很著急，甚至有看法。我很理解，也很同情。以你各方面的表現，確實應該早就解決，我瞭解其中的反常原因。你儘管放心，我身為省計委支部成員，會及早幫助你解決的。你聽懂了我的話吧？」

「聽懂了。」

「那，你能不讓我失望嗎？」

「我……」

「喔，還有一件要緊的事：如果你答應留下不走，馬上把你的愛人和孩子調來省城。」

「謝謝領導，不過……」

處長沒讓我把話說完：「你是明白人，今天怎麼這麼不開竅呀？」

「闆處長，我十分感謝您老人家的深情厚意，可是，已經晚了。」

「不晚，不晚，人還在這裡嘛。」

「我……我是說，已經把考上大學的事，告訴了親戚朋友。」我說了謊。

「人往高處走，告訴應該。但那不是問題。就說自己不想去上不就完了。」

「這……」

他再次打斷了我的話：「希望你認真考慮今天晚上的談話，不然恐怕會後悔的。」

「可我把戶口也轉出來了。」

「我叫人事處再給你轉回來，不就得了嘛。」

我來了犟脾氣：「闆處長，謝謝您老人家的美意，不是我不識抬舉，我的決心已定，您就別麻煩了。」

「看來，留住人也留不住心。唉！那就不勉強啦。」處長仰靠到椅子上，閉上雙眼，不再言語。

提拔有望，入黨在即，分居兩地的妻孥就要團聚，再加上一個賞識自己的頂頭上司……椿椿美事輝耀眼前，這情景，人一生能遇到幾回？我從心裡領會處長的深情厚誼。無奈，鬼迷心竅，紫砂名壺裡的香茶早已味淡如水，仍然絲毫不為所動，反反覆覆謝絕處長的傾心挽留。

做夢也不會想到「一失足成千古恨」的悲劇，從此拉開了序幕。

我交代完了工作，返回即墨老家看望父母。我村自古沒出過秀才，更不要說舉人進士了。只在清朝同治年間，出過一個武舉人。老人得知我考上了名牌大學，歡喜得老淚直流。鄉親們一迭聲地誇獎：「光宗耀祖，為老房家爭了氣」。我無心在老家暢飲勝利酒，只待了兩天，便匆匆告別二老，順路到濰坊看望老婆孩子。

對於我的科場得意，妻並沒有想像得那麼高興。不過淡淡地一笑：

「不容易，到底是聰明人。」

「嘿，這可不是靠小聰明，是靠十年汗水拚搏換來的。」

她並沒有接我的話茬：「那，下一步，該飛黃騰達了吧？」

我聽出了弦外之音：「你認為，我是中了狀元招駙馬，招了駙馬，就拋妻棄子的陳世美嗎？」

「相信你不會是那種人。」

「廢話！當然不會。我現在惟一擔心的是，我去上學，沒了工資，你們的生活……」

「放心吧，我這二十三級幹部，能夠養活孩子和保姆。還是研究一下，如何準備你進京的行李吧。」

「有啥準備的？我帶上在濟南的行李就可以了。」

「一個大學生，我怕拿套舊行李，讓人笑話。」

想不到，一進門就喝了一碗醋湯。多虧十個月大的女兒，給了我許多鼓勵。半年多沒見，她長得更加健康可愛，閃動著一雙美麗的大眼睛，望著我不住地笑。分明在誇獎：「爸爸，你，好樣的！」

只在妻女的身邊待了兩天，我便返回省城。離開學還有一個禮拜，便急不可耐地收拾行裝，登上了北上的火車。

我的一顆心，早已飛向了燕山腳下。偉大祖國的首都噢，偉大領袖毛主席就在那裡，目光如炬，巨手高揚，指揮著開闢新世界的航船，破浪前進。而即將成為我親愛的母校的中國人民大學，就在他老人家的懷抱裡……

恨不得肋下生雙翅，讓火車變成飛機。

「喀噔，喀噔！」火車終於開動了。歡快激揚的〈步步高〉響起來了。那年月，火車一開動，便是「步步高」。似乎滿車的乘客，一下車，個個都步步高升。那天，這首熟悉的曲子旋律，彷彿是第一次聽到，激動得在座位上閉目搖頭，重重地擊節。雖然夕陽已經銜山，彷彿是迎著朝陽，步步高升……

（四）

火車喘息著，終於在前門火車站停下了腳步。一出車站便被人大新聞系前來接新生的老同學接上了大客車，徑直駛向我夢寐以求的高等學府——中國人民大學。

從車上老同學的介紹得知，人民大學的前身是一九三七年建於延安的陝北公學。兩年後，邊區的三所學校併入，改名華北聯合大學。一九四八年與北方大學合併，改稱北方大學。在此基礎上，一九五〇年成立了中國人民大學。一九五五年創建新聞系。新聞系第一年招生一百名，都是帶職帶薪的新聞工作者。今年是第二屆，據說報考新聞系的四千四百人，僅錄取兩百二十名，二十比一，難度之大，可想而知。而本人就是這幸運者中的一員，幸福的得來何其難哉！新聞系培養的記者，是人們敬仰的「無冕之王」。記者所發出的聲音，就是黨的喉舌。難怪新聞系招生多了兩個條件：黨團員，三年以上革命歷史。這使我於慶幸之中又增加了幾分驕傲。

人大的校舍分散在北京城裡和西郊幾個地方，新聞系等幾個系在東四北大街十四條胡同的海運倉。我估計，那裡當年肯定有許多大倉房，是保存海運而來的各種糧秣物資。不然，不會有「海運倉」這麼個奇怪的名字。汽車進了一條深胡同，一堵斑駁灰暗、陳舊的磚牆上，有一個南向的大鐵門，進了鐵門便是校院。裡面很空曠，並沒有什麼大倉房，當中有一個大操場，只有一灰一紅，兩座四層樓房和一些平房，點布在院子四周。新聞系和經濟系住院子東北角的紅樓。在三樓最東北角的一個房間的門口，張貼的名單上有六個人的名字，本人列名其中，不用說，這就是我的宿舍了。東窗映日，站在窗前，可以看到簷角高揚，層樓巍峨的東直門城樓，齒齒醫醫、遮斷東天的灰色城牆盡收眼底。

我所在的房間，已經來了四位同學：潘俊民，唐仲樸，王嗜學，管昱。三張雙人床的下鋪，已被捷足者占去。早來的潘俊民主動把下鋪讓給了我。理由是他「個子矮，爬上爬下靈活。」盛情難卻，我便睡在了他的「足下」。

離開學還有五天，我抓緊這可貴的時間，先把最為嚮往的京都名勝遊覽一番。第二天吃過早飯，一個人搭上叮叮噹當的環城有軌電車，直奔故宮。門票只有兩角錢，買票時才知道，故宮的中、東、西三路，分單雙日開放，今天只開放中路和東路，第二天才開放中路和西路。那就仔細看吧。紫金城的金碧輝煌和巍峨莊嚴的氣魄，讓我眼界大開，連連叫絕。就像劉姥姥進了大觀園，只恨自己沒有分身法，沒有生著四隻眼。中午了，買塊麵包啃了繼續看，直到傍晚清館方才離開。第二天，照樣又是一天。兩天當中，不僅仔細觀賞了三大殿，東西宮，還欣賞了鐘錶館，繪畫館，珍寶館和御花園。至今清晰記得，在繪畫館有幸看到了難得一見的《清明上河圖》。

第三天，直奔頤和園。剛邁進園門，便驚訝得瞪大了雙眼。那長廊，那石舫，那佛香擱，那諧趣園，那十七空橋……處處腳步難移，時時感歎唏噓。在此之前，我有一個錯覺，總以為，繪畫、照片，比之真景要漂亮得多。逛了頤和園，站到十七空橋上，透過粼粼碧波，搖曳遊艇，遙望佛香閣，感到所有的繪畫照相比之真正的景色，不知要遜色多少。我被名園難描、難畫、難以用言語形容的美，震撼了，征服了！不由想到，當初那個專制的慈禧老太婆，將仙山瓊閣般的名園，一人獨享，真該千刀萬剮！

第四天上午，直奔北海公園。遊人寥寥無幾，天朗氣清，和風融融。經「瓊島春陰」，登臨白塔，飽覽金瓦輝耀的紫金城。然後穿過石洞下山，穿過漪瀾堂，登上遊船。碧波蕩漾，魚兒不時跳出水面。轉眼來到了五龍亭。站在這裡回望北海，玉塔映日，迴閣煥彩，綠荷泛翠，鴿哨聲聲，處處是令人陶醉的人間仙境。深感遊北海公園，五龍亭是最佳觀景點。索性買來一只麵包，依欄而坐，細嚼慢嚥，久久陶醉在波光荷影之中。不由想到，一千六百年前，書聖王羲之們於會稽山陰蘭亭那次雅聚。茂林修竹，清流激湍，清風徐來，曲水流觴，群賢列坐，詠唱暢敘……那是一種群樂。而我獨自一人，坐在五龍亭的欄杆上，口嚼麵包，對水獨樂，另有一番情趣。……直到日色西斜，才依依不捨地離開。登上公共汽車，直奔天壇。看了巧奪天工的祈年殿，在寰丘上盤桓了好一陣子。又在回音壁下與一位陌生的遊人，體驗了清晰的「回音」，方才記起應該返回，不然，連晚飯也吃不上了。

我雖然已經二十四歲，因出差和「三反」追贓，兩次到過人流如潮的大上海，但除了到南京路上擠出一身臭汗，連有名的城隍廟都沒能一見。四過天堂蘇州，沒有下車。在泰山腳下的濟南工作了半年多，沒有登上去看看東嶽景色。說自己是一隻井底之蛙，絲毫也不是咒罵。那年月，時刻謹記的是無條件奉獻，做永不生繡的螺絲釘。「旅遊觀光」，那是可恥的小資情調，在革命者的詞典裡根本沒有它的位置。現在到了夢寐以求的首都，明清兩代皇城禁苑都在這裡，力爭在開學之前，把最為嚮往的幾個地方流覽一番。然後，靜下心來，迎接即將到來的緊張學習。

二、崢嶸歲月

（一）

我被編在了人大新聞系六班，並被指定為班長。支部書記是從雲南來的小個子女同學鄧勤。我們宿舍門口的名單上有一位姓伍的，被確定擔任班長，但直到開學仍未報到。系女秘書宋相春通知我，由我擔任班長。按習慣，班長應該由黨員擔任。我是個團員，不具資格。可是宋秘書說，這是經過系裡研究的，你就大膽地負起責任來吧。這樣，我半路揀了個班長。好在都是從工作崗位上來的調幹生，人人自覺班長並沒有多少差使。第二學期班長就換成了黨員唐忠樸，不知是否是出於安慰，讓我擔任體育委員。全班共有二十七個人。男同學有：潘俊民、唐忠樸、趙印、汪廷煌、李之傑、岳文伯、江澤純、伍伯涵、戴祖德、陳談強、吳志高、陳昌本、于恩光、沈詒禎、王嗜學、戴永泉、管昱、劉鳳陽、程天敏，女同學有：徐玉英、鄧勤、成美、風惟是、吳芳蕊、陳平、黃風寶。

九月一日是開學典禮。德高望重的吳玉章校長親臨講話。老人家面貌清臞，目光慈祥，娓娓的細語中，富蘊勉勵與期望。聽說老人家身兼文字改革委員會主任等數要職，非有重大活動，平時並不來人大視事。主持工作的是黨委書記兼副校長胡錫奎，此外還有聶真副校長等一大批領導幹部。不用說，坐滿主席臺的就是他們了。

新聞系開學後的第一次大會上，我們認識了系主任安崗，總支書記章南舍，副書記中余等系領導。安崗主任作了長篇講話，這位老新聞工作者，原是人民日報副總編輯。是他親手創建了人大新聞系。人到中年，仍似粉面書生。面帶微笑，雙眸中閃動著智慧的光芒。他首先對本屆新生進行了鼓勵：你們都是經過三年以上革命鬥爭考驗的共產黨員、共青團員，有著生產鬥爭和階級鬥爭的經驗。經過四年的正規訓練，一定能成為優秀的新聞工作者。他接著說，黨非常重視新聞工作。中宣部認為，新聞學是一門科學。因此我們要作十二年科學規劃，十二年內，要培養出六萬名的新聞工作者。只要你們發奮努力，理論聯繫實際，一定能成為我們所期望的優秀編輯和記者。

二百學子，濟濟一堂，用經久不息的熱烈的掌聲，回答了安主任的諄諄教誨，深情期望。我滿懷激情，決心在此後的日子裡，奪取各門課程的優秀成績。

進入大學後，二十一級工資沒有了，好在妻作出了保證，她的二十三級工資，足可養活母子二人。這徹底打消了我的後顧之憂。來到學校後，享受調幹助學金待遇，每月二十五元。大灶每月九元，調幹生可以享受中灶待遇，僅收十二元。這真是出乎意料！在機關上，吃大灶的一般幹部捧著飯碗在窗口領一碗大鍋菜。「縣團級」才能享受「中灶」待遇，也無非是兩個小炒，還要自己提著飯盒去打。而人大的中灶，竟然是在寬敞的飯廳裡，一溜擺開八仙桌，上面飯菜擺個全，湊夠了八個人，坐下就吃。早餐是稀飯、米飯、幾樣小菜。中午和晚飯，是四菜一湯，不僅溜炒烹炸，美味可口，而且頓頓不重樣。主食有包子、花捲、饅頭、米飯，個人隨意挑選。遇到節日還會加菜。記得第一個元旦，竟然吃到了天津小站米。有人高興地大聲吆喝：「嘿，咱們今天吃到了皇帝吃的貢米！「皇帝吃的貢米」，對於我這個出身農村的窮孩子，不但做夢也沒吃到，還是第一次聽說。那散發著撲鼻香氣十分精細的菜餚，也大多沒見過。考上人大，不啻是鯉魚跳進了龍門，一日三餐吃如此精細的飯菜，簡直是超越了「縣團級」，享受了皇帝的待遇。口腹之福固然舒坦，說實話，心裡卻有些不安。想到每天面朝黃土流臭汗、粗茶淡飯的年老父母，四十五點五元養活四口人的妻子（入學不到一年，第二個孩子又出生了），半年後，我就改吃九元錢的大灶了。區區省下三元錢，改變不了親人的境遇，卻能求得心理平衡。

使我感到幸運的，還有別的事情。

（二）

入學後便得知，唯獨新聞系的同學可以看《參考消息》。不久，又發給我們《南共綱領草案》，和美國作家安娜露易絲•斯特朗的《史達林時代》。彷彿久久關閉的暗室，忽然射進一縷陽光，使我們的眼界大開。尤其是那本《史達林時代》，更使我莫名驚詫。樁樁不容置疑的事實，將史達林「偉大革命導師」的畫皮，徹底撕光。新聞系的同學有此「特權」，確有人大寵兒之優越感，外系同學對此既羨慕，又嫉妒。鳴放時，有人貼大字報，攻擊學校對學生分「前窩後窩」。殊不知，塞翁失馬焉知非福，新聞系不少人就是中了這些書刊的「毒」，才「墮落」成為右派分子的。

第一學期共有五門主課：革命史，哲學，邏輯學，現代漢語和文藝學引論。革命史和現代漢語，我的興趣不大。因為在原單位天天學的就是何干之的《現代革命史》。我還系統地自修了呂叔湘、朱德熙的《語法修辭講話》。其他三門課程，都是第一次接觸，非常感興趣。讀了不少參考書，期末考試，門門都是五分。

六班的同學，來自四面八方。除了大西北和內蒙，北起黑龍江、吉林，南至雲南、廣東。口音南腔北調，習慣愛好各自不同。但大家親切友愛，很快成了親密的學友。

令人難忘的是，第一個仲秋節的夜晚。

迎著習習的清涼夜風，全班同學來到北海公園九龍壁旁，在茵茵的草坪上，開了一個多姿多彩的文娛晚會。會唱的引吭高歌，善舞者翩然揚袖。笑語掌聲，氣氛熱烈。鄧勤、唐忠樸等用方言演唱的家鄉民歌，更是獲得了熱烈的采聲。論到我出節目。我剛說出「唱一段京劇旦角的唱腔」，一位反應敏捷的女同學，便把漂亮的綠綢巾，纏在我的頭上，弄成了個「四不像」。我很不好意思，也只得腆顏獻醜。我唱了一段《紅娘》中的四平調：「看小姐呀，做出了許多破綻。對紅娘偏用著巧語花言……非是我願意兒傳書遞柬，有情人成眷屬，不羨神仙。」這一唱不打緊，徹底洩了密。「聽眾們」七嘴八舌誇我底氣足，有韻味兒。禁不住熱烈的掌聲，只得再來一段。

大學的第一個仲秋之夜，比之機關上的無聲無息，簡直是天壤之別。

幸福的大學生活喲！

提起唱京戲，說來話長。幼年的時候，農村最大的娛樂，除了地秧歌和踩高蹺，就是搭起土臺子唱大戲。離我村八裡有一個子弟班，專唱京戲。正月裡常常一開台就是三五天。一個十幾歲的孩子，總是要跑去看，餓了就到親戚家蹭頓飯。聽到「吧嗒，吧嗒」的皮鑼脆響，「呔呔令呔」的手鑼悠揚，撒腿往戲臺底下竄，小小年紀便成了戲迷。十七歲那年夏天，我為解放青島的部隊搞供應，在一個臨近敵佔區的村子裡駐防。一個姓楊的鄰居，在青島學生意時學會了拉胡琴，天天到場院上舒腕演奏。琴聲清亮悅耳，又免得在屋裡餵蚊子，我們都跑去聽。幾天後，我提出跟老鄉學拉胡琴。他猶豫了一下，答應讓我學學看。不幾天他就主動宣稱收我這個徒弟。單位移防的時候，竟然主動把他的京胡送給了我。從此，我與京劇有了不解之緣。又學拉，又學唱。不論生旦，喜歡什麼學什麼。五十年代初，調到山東膠州專署工作。機關的業餘京劇團，給了我幾個頭銜：琴師、導演、演員，而且生旦都來得。一次排《武家坡》，演王寶釧的演員，怎麼也過不了關，我臨時「救場」，請戲院子的人給化了妝，披掛起來，硬著頭皮上場。唱完倒板「有勞大嫂一聲喚……」，一掀門簾，就聽到了掌聲，是滿堂彩。到了「九龍口」做了一個甩袖轉身的動作，又是個滿堂彩。觀眾的評價是，嗓音雖然欠剛勁，但柔和甜潤，扮相不亞於梅蘭芳。這不是瞎吹，小城市人沒見過大世面，確有這樣的評價。

本想專心上大學，閑來至多低聲哼幾聲，以解讀書的困乏，不再認真接觸京劇。結果，仲秋晚會的「反串」漏了白。以後，只要有文娛活動，不是自拉自唱，就是給別人包腔。二〇〇九年李之傑同學在回憶文章中，稱我對京劇「有造詣」，那不過是外行看熱鬧的謬獎。我對京劇終生迷戀倒是真的。第一學期結束回家過春節，索性將京胡背到學校。選了成美、李之傑等幾位對京劇有興趣的同學，組成京劇組，教他們學《拾玉鐲》。「徒弟」聰明，學得認真，很快便有腔有調。不是後來的風雲突變，「弟子們」肯定能在文藝晚會上粉墨登場，露上一手。

大學第一學期，還經歷了最為熱烈幸福，也最為寒冷狼狽的國慶大典。

提前幾天便得知，國慶期間，人民大學的同學，不參加手舉鮮花、口呼萬歲的遊行大軍，而是充當光榮的「標兵」——站在用白漆塗出的標兵點上，為遊行者作不違規越界的標竿。說實話，一動不動，挺立在白漆點上幾個鐘頭，不能說不是件苦差使。但大家都知道，這是一件人生難得的榮譽。這份榮耀，別的學校做夢也得不到。因為我們是人民大學的驕子！政治上最為可靠的新聞系同學，尤其受到重用，被安排在「黃金位置」上：與天安門正面相對。登上城樓的偉大領袖以及其他領導人、外國貴賓，可以盡情瞻仰。他們的一顰一笑，一覽無餘。這不僅是光榮，簡直是幸福無邊了。

（二）

十月一日早晨五點，天還沒亮，我們便起床用早餐。天陰似鐵，不見星斗。列隊來到東單牌樓集合點，天已大亮。但要在這裡靜待到十點種閱兵結束後，才能進入我們光榮的崗位。我們耐心地等待。幸福的時刻來得晚些，更可以作足充分品嘗的準備。可是，八點不到，天上淅淅瀝瀝下起了毛毛雨。人人心頭蒙上了一層烏雲，大家七嘴八舌地祝禱：老天爺，雲開雨住吧，別給建國七周年大慶蒙上陰影呀。無奈，天公不解人意。閱兵剛結束，毛毛變成了傾盆。等到站上自己的標兵點，個個成了落湯雞。雨水順著臉頰往下流，睜眼都很困難。遊行隊伍依然整齊有序，沒有人撐傘或者穿雨衣，人人低頭縮頸，抵禦雨水的衝擊。手中的彩花，不見花朵，只剩下空蕩蕩的枝杈。紅花綠葉落到地上，被碾成紅綠色的泥漿，地上像鋪上了斑駁的花地毯，鞋孔裡也灌滿了彩色的紙漿。撼山震海的萬歲聲，比往年低沉散亂了許多。張開嘴呼口號，雨水流到嘴裡，喊出來的變成了咳嗽。低劣的化妝品，讓雨水沖刷得離開應有的位置，一些女士們臉，成了人們看不懂的印象派繪畫。而天安門城樓上的領袖及貴賓們大部分都站在原地，向濕淋淋的人群揮手致意。不同的是，他們的頭頂上方，都有一把撐起的雨傘。而偉大領袖卻好長時間不見了影子。

下午兩點，幾十萬遊行隊伍過完，持續了五六個鐘頭、討厭的雨柱同時停了下來。

光榮的國慶日過得狼狽之極，不啻是參加了一次傣族的潑水節。但從心裡仍然感到慶幸，能做一次光榮的標兵，特別是近距離地久久觀察到偉大領袖毛主席和其他領導人的奕奕風采，淋幾個鐘頭的雨水又算甚麼！

讓人倍感榮幸的美事接踵而至。我們的老大哥蘇聯的最高蘇維埃主席伏洛希羅夫元帥率團訪問中國。據說，為了給揭露了史達林罪行的修正主義分子赫魯曉夫臉色看，特地破例高規格接待。毛澤東親自到南苑機場迎接，並站在敞篷汽車上接受市民的夾道歡迎。不料，車到前門牌樓，發生了一件不大不小的事故。夾道歡迎的人群如癡如狂，狂歡的人群竟然出現了混亂。他們擠過警界線，擋住了去路。有人被擠到敞篷汽車上，動彈不得。一個高個子站在敞篷汽車前，反覆大聲呼喊：「聽毛主席的話，讓開，讓開！」那年月，哪有不聽毛主席話的人。可是，人已經成了急流中的一片樹葉，哪裡有挪動腳步的自由。我站在遠處看到，主席臉色明顯不悅。直到十多分鐘後，人牆方才後撤，汽車緩緩駛向天安門。事後聽說，有關部門受到了批評處分。這件事雖然對外賓失禮，卻證明人們對領袖的極度熱愛，從另一面說明建國初期社會是多麼太平。前幾年，一位中央領導到本人所在的城市考察，不但警車開道，而且大半個城市戒嚴。似乎不這樣，不足以保證和諧。

迎來了貴賓，還要讓他們開心。緊接著，在中山公園進行了隆重而浩大的遊園晚會。戲曲，歌舞，雜技，皮影等，分佈在公園的各個角落，演員們個個使出渾身解數，極力讓客人高興。我們新聞系的同學，再一次成了驕子，充當晚會的「陪客」。事先部署，都要穿上最好的衣服，不管女同志有沒有化妝的習慣，要求一律化妝。因為老大哥家裡的女人都化妝，你不化妝相迎，擔心老大哥會掃興。到了中山公園之後，來到指定的區域，一再宣佈的紀律是：只准在劃定的區域裡歡歌起舞，不准越雷池一步。這樣，不論貴賓們走到哪裡，所看到的，都是歡樂的歌舞，激情澎湃的海洋。我們班所在的地方，在「五色土」西側。五色土是雜技團獻藝的場地。但一堵高牆分隔，看不到裡面的精彩表演。我不擅歌舞，趁別人不在意，偷偷溜到南面演皮影的臺子前探頭探腦。不料，一眼瞥見偉大領袖正跟伏元帥坐在前排看皮影戲。我的雙眼緊緊盯著偉大領袖，哪兒顧得上「臺上」的火爆廝殺。不一會兒，他們要離開，我悄悄隨在後面，緊緊跟隨的便衣們，居然沒有人阻攔。可能占了昂首闊步的光，他們分明把我這個違規者，也當成了偉人的便衣隨從。兩位領袖來到五色土看雜技，我「陪著」看了一陣子猿猴登竿。等到偉人們離開時，我悄然回到原地。這是我第三次看到偉大領袖和久久景仰的伏羅希洛夫元帥，心想，就是為此而受處分也值得。所幸，沒有人發現我的越軌行動，我在心裡暗暗慶幸。「賊不打三年自招」，後來聽說，越界溜走的同學不只我一人。有人溜的地方比我還多。只是他們沒有大搖大擺充當「隨員」而已。我這人膽子小，從不敢做違規的事，這次破例，終生牢記。

（四）

來自燕山的寒風，剛剛吹進京城，一場突來的大流感，橫掃校園。許多同學忽發高燒，相繼進了隔離病房。我覺得自己身體棒，沒有在意。一天下午，忽覺嗓子疼，渾身難受，到醫務室一查，體溫三什九度半！不用說，立即被送進了隔離病房。突如其來的流感，出其不意地光顧了我。生平第一次，我成了病房的住客。由於病號多，所謂「病房」，不過是在教室的地上鋪上草墊子，把個人的行李搬來而已。一躺到「病床」上，只覺耳塞目眩，頭疼欲裂。彷彿坐在一艘帆船上，狂濤澎湃，上下顛簸，又像坐在高高的秋千上，一次次從半空裡往下滑落。生平第一次，經歷了高燒的痛苦。第一夜，幾乎沒有合眼。多虧藥石有效，第二天夜裡，就能睡一會兒。第三天傍晚，高燒完全退了，立即「康復出院」，給新來的病號讓地方。這次流感，百分之八十的同學都病倒了，可謂來勢洶洶。我雖然只在隔離病房裡待了三天兩夜，回到班上，卻受到沒病倒的幾個同學的親切撫慰，熱情問候。深感新聞系這個集體，非常可愛，值得永遠留戀。

不久，春天的腳步翩然而至。四月五號，班上組織遊長城，行前讓我把胡琴帶上。在西直門火車站登上火車，到青龍橋站下車。首先瞻仰了詹天佑銅像，他是中國第一位鐵路工程師，京包路就是他設計修建的，譜寫了中國人自己修鐵路的華章。據說連接鐵路車廂之間的掛鉤，就是他的發明，因此被稱為「詹公拳」。詹公的業績青史流芳，同學們紛紛在他的像前攝影留念。

然後登上居庸關長城，飽覽壯麗河山，抒發凌雲壯志。「登上長城盡好漢」！我在城頭高喊。今天，我們不但登上了長城，還在高城之巔，面對莽莽北疆，引吭高歌。然後仿效諸葛亮城樓撫琴的瀟灑狀，在「北門鎖鑰」城樓下，我操琴，來自重慶的戴祖德同學，引吭高唱〈打魚殺家〉：「父女打魚在河下，家貧哪怕人笑話。桂英兒掌穩了舵，父把網撒……」

當年足智多謀的諸葛亮，眼望城下浩蕩的敵軍，驚恾忐忑，竟將空城做堅城的妙計，搬演得十分成功，逃過了滅頂之災；我們這群年輕學子，今朝仰望長空，胸揣五湖，指點江山，意氣風發，個個勾畫著五彩繽紛的「無冕之王」美夢。

人民大學特別重視政治課，但對文化課和體育課也不放鬆。第二年四月二十號新聞系舉行第一屆運動會，同學們熱烈報名。我身無長技。農村孩子扔石塊「開火」的遊戲，我都是低能兒。為了表示積極，仍然參加了擲標槍，扔手榴彈，和四百米接力比賽。投擲自然沒有得名次，參加男子四百米接力賽，我的百米成績只有十四秒二，居然得了集體第二名。雲南女小個子鄧勤得了百米冠軍，安徽姑娘風惟是得了鉛球第一名，東北來的華中奘百米得了第二名。總分累計，六班獲得亞軍。頒獎時，我作為體育委員，代表六班上去領獎。從系主任安崗手中接過「亞軍」錦旗，左手執錦旗，右手握著他溫暖的胖手，恭敬施禮，豪情滿懷。（參附圖7）這一鏡頭被大會攝影師定格在膠片上。接著是各班運動員與領導及體育老師合影。我被安排蹲在第一列，跟幾位女士並肩相偎。這兩張露出燦爛笑容的照片，逃過了文革抄家的狂飆，珍藏至今。怎麼也想不到，這是我在人大最幸福也是最後的燦爛微笑。後面提到的剪照片鬧劇，遭殃的就是這張獲獎合影。

更想不到的是，我夢寐以求的金色大學夢，從此被徹底驚醒。

三、引蛇出洞

（一）

由於新聞系的學生全部是黨團員和具有三年以上工作經歷的調幹生，對於政治比較關心。當然，本人也不例外，但僅只是「關心」而已。我抱定的宗旨是：千條萬條，讀好書是第一條！

一九五六年九月，共產黨第八次代表大會作出決議，明確宣佈：大規模、急風暴雨式的階級鬥爭基本結束，今後的主要矛盾是人民不斷增長的物質文化生活需要與落後的生產力之間的矛盾。這是共產黨在政策上讓人出乎意料的重大轉變。這結論符合中國的實際，符合馬克思主義實事求是的精神。回想自己此前所親歷的鎮反、三反、五反、肅反、反胡風等政治運動，最後不是一風吹，就是讓人感到打擊面太寬。一些人，雖然為舊政權服過務，但並沒有什麼罪過和民憤，也被「鎮反」的槍彈一撥撥地奪去了生命。我參加過三次「公審大會」，最多時一次殺十多名，總感覺他們大多數沒有犯死罪。三反、肅反的蒙難者，基本是一風吹，就連胡風的「反革命」案，那兩本公之全民、使他們鋃鐺入獄的所謂的罪證，也很難令人信服。共產黨能看到以前的失誤，改弦易轍，實在是激動人心的大好事。不愧是英明、偉大、光榮、正確的黨。自己一定要努力克服驕傲自滿、個人英雄主義等缺點，爭取及早地成為一名光榮的共產黨員，一個優秀的黨的新聞工作者。

我的學習更加努力了。

一九五七年三月二十七日，毛澤東在最高國務會議上，作了「關於正確處理人民內部矛盾」的報告。提出要區別兩類不同性質的矛盾，開展「百花齊放，百家爭鳴」。聽了北京市委書記彭真全文傳達了偉大領袖的報告，同學們聽了後，無不興高采烈，竭誠擁護。我同樣感到毛主席胸懷寬廣，目光深邃，英明偉大之極。他的講話，將給國家帶來祥和，給人民帶來福綏，給科學文化帶來繁榮。全黨全國人民應當認真學習，努力貫徹。雖然自己處於學生階段，不能親身貫徹老人家的英明指示，也要在思想上爭取做一名毛澤東思想的虔誠信徒。

五月一日，中共中央發表了《關於政風運動的指示》。宣佈，在全黨開展一個反對官僚主義、宗派主義和主觀主義的整風運動。並鄭重聲明，此次運動，堅決貫徹「知無不言，言無不盡，言者無罪，聞者足戒，有則改之，無則加勉」的方針。胸懷寬廣，態度虔誠，令人耳目一新。多年來，人們已經習慣了「成績是主要的，缺點是次要的」鐵定公式。誰要是違反了這個公式，就有反黨之嫌。現在，不僅黨承認自己存在著「三大主義」，而且號召人們「知無不言、言無不盡」地進行批評。而且，要提意見的人放心地進言：「言者無罪，聞者足戒」！這簡直是在廣袤的土地上翻開了新皇曆，「天翻地覆慨而慷」！

但是，一開始，社會上和學校裡的鳴放並不熱烈，也不深刻，但卻引起了我一系列的思考。首先想到的是文學界。

有人說，建國後中國的文藝界，是光桿牡丹一花豔，萬馬齊喑牛羊鳴。這絲毫不是汙蔑。凡是關心文藝界的人士，當時都有這種的感覺。那年月，逃到臺灣的筆桿子，彷彿連作品也帶走了，從此在大陸蒸發，年輕人概不知曉。沈從文、張恨水、秦瘦鷗等著名作家，熱愛新政權，堅決不上南逃的輪船飛機，由於跟鴛鴦蝴蝶派啥的沾了邊，從此徹底失音，連一張書桌都無處安放。所謂「魯（迅）郭（沫若）茅（盾），巴（金）老（舍）曹（禺）」，六大現代文學的扛鼎作家，也是雄風不再。魯迅早逝，但音容依舊，文革期間更是如日中天。健在的名家，不是袍笏殿堂，高頌聖皇，就是羽扇繡閣，謳歌盛世。也有的枯坐書齋，構思反映新時代的黃鐘大呂。可惜喝乾一杯杯香片，一時難將鋼喉換柔聲。雙鬢添霜，徒喚奈何。而建國後對文藝界的整肅，更使百鳥噤聲，百花斂跡。批《武訓傳》，批《紅樓夢研究》，魯迅的好朋友胡風的三十萬字意見書，無非是秀才說經，卻成了向黨進攻的「五把刀子」。深文周納的「三批材料」，超過點鐵成金的驚世魔術。御筆一揮，一幫「磨刀赫赫的反革命」，便躍然紙上。魯迅當年的戰友眨眼間，成凶惡的階級敵人。這不能不使人迷惘困惑，驚詫莫名。

我單位的一個同事，叔父耶林，是三十年代著名的進步作家。嘯聚鐮刀斧頭旗下後，身膺重寄，榮任江西蘇區教育部長、列寧師範學校校長。不料，一眨眼，成了井岡山肅托屠刀下的凶孽。據說，那時只要是戴眼鏡，別鋼筆，革命的先鋒們便會向他發出毛骨悚然的獰笑。不久後，發生在延安窯洞裡的「搶救運動」，依然是換湯不換藥。一大批投奔抗日根據地的進步青年，懵懵懂懂成了反革命、特務。魯迅的另一個好友、著名作家蕭軍，同樣在劫難逃，因為一根梗脖子，做不出悔罪狀，被整得不亦樂乎。一篇〈三八節有感〉，使丁玲威名掃地。一篇〈野百合花〉，讓地下黨員出身、嫉惡如仇的王實味掉了腦袋……

於是，我們的「新文壇」便只此一家，別無分號。來自延安受過革命洗禮的「老革命」，穿上戰袍便是大將，拿起筆桿子便能橫掃千軍。甚至連大白話都寫不順溜的精英們，照舊縱橫捭闔，左右逢源。他們極力為新政權整容化妝，一批批虛假矯情的假大空「傑作」，一個個美輪美奐的高大「英雄」形象，從天而降，叱吒八方，享譽文壇。有一個老知識份子告訴我，文革挨整時，在牛棚裡摸到一本看守扔下的《鐵道游擊隊》，他撿起來隨便翻看。不是從中汲取改造思想的營養，而是看熱鬧解悶兒。不料，一看之下，發現那本充滿著革命氣息的傑作，幾乎每一頁都能找到語法不通的句子。他說：「信不信由你，簡直是一堆文字垃圾，令人無法卒讀！」

成了新聞系的學生後，與人大速中畢業、入讀新聞系的著名的戰士作家高玉寶，有幸成了學友，他比我矮一級。小個子，人很樸實，但文名享譽全球。他的大作、發行量成為天文數字的《半夜雞叫》、教育了一代又一代純真孩子。幾年前，從報刊上得知，「半夜雞叫」不但是個虛構的故事，而且與現實生活正相反。他的東家、「周剝皮」的原型，本來是個挺開明的地主！一滴海水可以反映整個大海。足見，當年公式化、概念化的佳作，幾乎都是粉飾現實，為階級鬥爭張目的欺世垃圾。在半個多世紀裡，它毒害了幾代人。至今還能聽到為它們招魂的聲音，足見餘毒仍然滯留在不少人的血管裡。

由於自幼喜愛文學，對於歪曲粉飾的作品，隱隱在心裡產生了反感。在同班一位老大哥的啟發下，感觸更為強烈。這位學兄名叫伍伯涵，長我六歲，是來自空軍的一位中尉。他的文化造詣頗深，對於文學界的假大空，深惡痛絕。在課堂討論時，當著老師的面，他站起來大聲指責新文學公式化、概念化。越說越氣，最後竟然吼道：「《人民文學》我根本就不屑一看！」當時全班驚訝得彷彿三九天聽到了驚雷的聲音。六班同學大部健在，應該記得這件事。

等到報刊上相繼發表了鍾惦棐的〈電影的鑼鼓〉，劉賓雁的〈本報內部消息〉，王蒙的〈組織部新來的年輕人〉，詩人流沙河的〈草木篇〉等，被視為離經叛道的作品，才感到一股清新的熏風，吹進密封的暗室。同學們爭相傳閱，熱烈討論。老伍也興奮地跟我說，「老弟，吹面不寒，卻是楊柳風，這一次也許要來點真格的了。」

可是，陳其通、馬寒冰等四位軍隊左派作家，卻像看到了海嘯、火警一般，立即發出了驚恐的呼喊。真是一則以喜，一則以懼。所幸，很快聽到了他們遭到來自最高層的批評，驚恐的王蒙竟受到撫慰。我雖然每天在課堂和閱覽室之間忙碌，也感到了春風拂面的溫煦，似乎啁啾的百鳥爭喧聲，已經在耳畔迴響。

自從換代以來，來自前朝的所謂舊知識份子，一個個忙不迭地詆毀貶斥自己，時刻夾緊尾巴做人，處處不忘改造。他們天天學唱頌歌，只恨脫板走調，酷似外行反串。心惶惶然，沒有過上一天「社會主義」幸福美滿的日子。現在看到了這樣胸懷寬廣、笑迎忠諫的博大氣度，誰不精神振奮？儘管長期的疑慮並沒有徹底消除，像費孝通所說的，知識份子還處在「早春天氣」之中。但春天畢竟不遠了。英國偉大的浪漫主義詩人雪萊說的好：「冬天來了，春天還會遠嗎？」冬天離春天都不遠，何況是「早春」！

疑慮應該徹底打消了。

（二）

五月四日，中共中央又發表了〈關於請黨外人士幫助整風的指示〉，明確宣佈，「黨外人士參加我黨整風座談會和整風小組，是請他們向我們提意見，作批評，而不是要他們批評他們自己。」這已經不止是表態發號召，而是具體的戰鬥部署了。各單位聞風而動，邀請民主人士幫助黨整風的座談會，如雨後春筍，晝接夜連。但是，建國八年來，中國人習慣的是唱頌歌。時刻聽到的是〈社會主義好〉、〈沒有共產黨就沒有新中國〉。人們幾乎忘記了什麼是批評，尤其是對於黨組織的批評。從舊社會過來的知識份子，儘管經過了思想改造運動，頭上仍然壓著一頂沉重的「資產階級」大帽子。他們最為關心的是如何甩掉鐵帽子回到人民的隊伍。就像喊慣了「喳」

的太監，要他們直起腰來給「皇上」提意見，那是連想都不敢想的越軌行為，甚至是犯上作亂。後來聽說，後來成了反黨急先鋒章伯鈞，被一再動員參加鳴放會。但在去會場的路上，仍然沒想好該「鳴」些什麼。汽車嘎然一停，忽然來了靈感，想出了個讓黨更健美的「政治設計院」。正高興有了發言的題目，不會落個對整風不積極的落後名字。於是，一席儻言，汩汩傾吐。孰料，一言出口，駟馬難追。一舉成了猖狂進攻的右派「領袖」。從此，中國右派總頭目的「桂冠」，牢牢戴在了頭上。難怪，他們雖然感到了溫煦的春意，卻仍然喊「乍暖還寒」。

這就忙壞了各級統戰部門，發請帖，打電話，甚至不惜反覆登門誠邀，一副禮賢下士、虛懷納諫的謙謙君子風範。須知，距離能被美言消除，堅冰能被暖風吹融。面對此情此景，書呆子們怎能不感激涕零？一個個，爭先恐後學魏徵，做海瑞。到了鳴放會上挖空心思獻赤誠。一時間，百鳥爭喧，百花怒放，彷彿春天真正來了。

有第二高級黨校之稱的中國人民大學，當然更是緊跟黨中央的戰略部署。五月二十七日，召開全校師生員工大會，號召幫助黨整風——「除三害」。黨委書記胡錫奎，這位嚴肅有餘，和氣不足的老革命，一反往常居高臨下的教訓腔調，語氣和緩，面帶微笑。不無檢討意味地承認，不論是全黨的工作，還是學校的工作，各系的工作，都存在著不少問題，而主要的就是官僚主義、主觀主義和宗派主義。因此，黨委希望廣大師生員工，放下包袱，輕裝上陣，向「三大主義」發起猛烈的批評。他一再強調，這次運動評價積極不積極的標準，就是看你提意見多少，深刻不深刻。提的意見多，意見深刻，就是對黨的感情深；如果站在運動的外面，不積極提意見，就說明你對黨沒有感情。

緊跟著講話的是副校長聶真。他的話更是溫文爾雅，坦誠親切，字字句句敲打著人們的耳鼓。他說，這次整風，是我黨前進道路上的一次洗禮。黨的決心很大，一定能掃除「三大主義」，「從勝利走向勝利」。全體教職員工們，黨考驗你們的時候到了。我希望你們個個都能站在運動的前列，個個做向「三害」衝鋒陷陣的尖兵！最後，他又補充道：這次運動，雖然強調和風細雨，但態度粗暴些，語言尖銳些，都是可以原諒和理解的。因為對三害就是不能客氣，有些受過三害傷害的同志，心裡有氣，意見提得尖銳些，甚至罵兩句，也沒有什麼，因為過去人家受過委屈嘛。……

他們的講演，原話記不準，但大意是絕不會錯的，人大的老人們可以作證。

新聞系六班緊跟黨委的戰略部署，立即召開全班座談會，反覆動員積極提意見，幫助黨整風。因為剛入學不到一年，對學校的情況不瞭解，提意見的人並不多，都是入學前在原單位看到的問題和缺點。大都淺顯皮毛，沒有引起太大的注意。

六班的鳴放已經進行了兩天。我一直沒有開口，始終坐在遠處「聽會」。覺得對學校的情況不瞭解，外面的問題說也無益。主持會議的一再催促，仍然不想開口。一位同學私下裡將了我一軍：「喂，你是聽黨課的積極分子，入黨培養對象，怎麼不站到運動的前列呢？」這話像醍醐灌頂，立即提醒了我。是的，不跟上運動的步伐，作一名除「三害」的積極分子，影響了入黨可不是小事。表現好了也許能「火線入黨」呢。「三反」時，我一個二十歲的青年團員，竟然成了一個打虎隊的領導成員。我所在的打虎隊，有一個姓趙的青年，因為表現積極，甚至能大打出手，不就「火線」入了團嗎。

可是，有一個聲音，仍然在耳邊迴響：禍從口出，少說為佳！

（三）

我在所謂革命陣營裡混了十多年，開始幹了幾年出納、會計，整天與算盤帳簿為伍，對文字並不在意。後來，大部分時間幹文秘工作，漸漸懂得了箇中三昧。當時，機關上流傳著一句順口溜：「不寫『三吧』，對方惱，不寫『三下』難賺好。」說的是，給人寫信，開頭必須寫「身體健康吧？工作順利吧？思想進步吧？」這「三吧」，已經成了革命陣營私人信函開篇的定式。而不論是大會發言，工作總結，還是向上級報告，開頭必須寫：「在黨中央的英明領導下，在大好形勢的推動下，在黨委（或支部）的正確領導下。」寫完「三下」，才能進入正題。成績要旁搜搏求，極力擴而大之，儘量寫得響亮突出；缺點則儘量寫得輕描淡寫，甚至一筆帶過。約定俗成，這已經成了文牘工作的定律。不然，你手中的筆桿子，是握不牢的。報喜不報憂的光榮傳統，可謂已經「落實到行的上，融化到血液中」了。那些因為愛提意見，愛說大實話，被冷落甚至被整得不亦樂乎的大有人在。自己幹革命十多年，之所以每次運動都是積極分子，甚至是領導成員，還是機關上極少數的「優秀工作者」之一，除了能較好地完成交給的任務，就是因為沒有忘記那個箇中三昧。那為什麼自己連個黨員也不是呢？因為忘記了耿直惹人嫌的古語。處處好提意見，不知不覺就得罪了人。「驕傲自滿、個人英雄主義」的惡名，自然就忘不了來光顧。到了需要大多數人舉手的關鍵時刻，只能是待在門外自怨自艾了。禍從口出。這教訓一刻也不敢忘記。現在，領導信誓旦旦：幫助黨整風，不論說什麼，統統言者無罪。聲音雖然甜美響亮，我卻一時不敢深信，更壯不起膽子。

這時，傳來了令人興奮的消息，「五四」運動發源地北京大學，率先吹響了向「三害」進攻的號角。

一九五七年五月廿九日，「忽如一夜春風來，千樹萬樹梨花開。」一夜之間，未名湖畔成了大字報的海洋。有人呼籲建立「民主牆」，「百花學社」、「廣場集團」等文學社團應運而生。不知是奉命還是自願，我班有三位黨員，跑到北大參觀大字報。回來後，面對同學們的詢問，他們無保留地談了自己的觀感：大字報之多，內容之五花八門，意見之尖銳，簡直出乎意料。最後，一位姓吳的黨員壓低聲音說道：

「有的大字報披露，赫魯曉夫有個祕密報告，並部分披露了內容。我看，完全是對英明導師史達林的否定。真是不可思議！有的大字報竟然說，當年蘇聯紅軍進東北，瘋狂搶劫財物，公開強姦中國婦女。本人就是東北人，也隱約聽到過這類消息。但他們敢於說出真相，簡直是膽大包天！北大，北大，膽子真夠大！莫非他們都喝了迷魂湯？」

這話，我聽了之後，既感意外又十分驚詫。意外的是，建國剛剛八年，人們竟然有如此多的意見；驚詫的是，北大同學的膽量。而「喝了迷魂湯」的評價，使我正在減退的憂慮，再次強烈起來。

我一再提醒自己，抑制急性子，靜觀其變。

（四）

素以極左、保守著稱的中國人民大學，許多老教師似乎也像北大的年輕學子一樣喝了「迷魂湯」。他們在校內外的座談會上，竭誠建言，紛紛亮相。

計畫統計系教授吳景超，早在一月號的《新建設》上，就發表文章說，社會學在新中國沒有地位，大學的社會學系一概取消了，這是不應該的。除此之外，他在校內黨外人士座談會上，還談了其他方面的一些意見。

第一，他在肯定了黨的領導不可動搖之後，說道：要加強黨委制的道路只有一條，那就是「保持同群眾的密切聯繫，傾聽群眾的意見，接受群眾的監督。」在這方面，我們學校的黨委過去是做得不夠的。

第二，中國人民大學的教條主義是根深蒂固的。它已經影響了許多人的世界觀。遇到問題，不是去搜集事實，分析事實，而是去查馬恩列斯經典，從中找答案。

第三，人民大學的最大矛盾是教學質量。提高教學質量，是教師的問題，特別是青年教師問題。人大成立之初，懷疑社會上現有師資的政治水平。於是，小學沒畢業的，中學未畢業的，大學未畢業的，只要是黨員，有過革命經驗，經過蘇聯專家短期訓練，就當起教師來了。

第四，科學研究是提高教學質量最重要的途徑，我們學校只在口頭上重視，實際上並不重視。有些人從來沒有做過科學研究，但也當起三級、四級教授。這是人民大學的汙點。以後應當注意把這個汙點洗掉。

第五，我們這些在舊大學有些經驗的人，對於人民大學的工作效率是不夠滿意的。說學校的效率是封建的效率，也許恰如其分。有一次，我開出了一個訂購英美雜誌的單子，是經校長同意開出的。這些雜誌過了一年才來。……我校辦事效率之低，與機構龐大有關，與工作人員的業務水平也有關係。我校行政人員與教學人員的比例是一比一，與學生的比例是一比六。把我們的行政人員削去一半，絲毫不妨害工作進行。

我深感老教授言之有據，所指出缺點堪稱是人大的痼疾。他的發言，後來收在《社會主義思想教育參考資料選集》第四集，一至八頁上。此等羅列知識份子的「罪行」的材料，至今我仍然珍藏著好幾本。

另一位社會學教授李景漢的發言，同樣坦陳肺腑，並有著冒死進諫的意味。他說：「我這次發言，本不打算算老帳，但又覺得不可能，說出來總比藏在肚子裡好。有的同志說，黨在運動中不尊重人權。這句話說得很對。在思想改造運動中，不許我們辯解，橫遭粗暴打擊。現在大家坐到一起談問題，向黨提意見，而我們被整時，卻像犯人進法庭一樣。

「過去，我們一舉一動都是有顧慮的。老實說，甚至到鄉下調查，買一個蘋果也是有顧慮的。現在可以說已經沒有顧慮，因為我今年六十多歲了。按照中國的平均年齡是三十歲，現在我已經多活了三十年，還有什麼可留戀的？我的發言，希望記者一定不要加油鹽醬醋，走了樣。……我覺得這次座談，風不足，雨也不暴。……昨天有位民盟同志主張收，這是萬萬做不得的。（黨委書記胡錫奎插話：要大放大鳴！）。……我想到黨員，特別是勞苦功高的黨員同志能夠真正聽聽群眾的意見。我希望對高級知識份子的看法和態度一定要徹底轉變一下。……解鈴還得繫鈴人，希望黨對知識份子，特別是經過歷次運動的挑剔（原記錄如此），找不出什麼大毛病的人，應該相信他，認為是可靠的。退一步講，這也是最低的要求。對待知識份子，應該首先假設他是一個好人，對國家是有一些用處的。應以朋友的態度，而不應以敵對的態度來對待他們。如果你懷疑他，對他不放心，儘管可以在內心保持最高的警惕，也不要傷害他們的自尊心。應該相信，反革命和壞分子，是絕對漏不了網的。應該想到，掌握有海陸空三軍，戰無不勝，並且大陸已經全部被黨控制了，現在還有什麼不放心的？我們這些知識份子，對人生欲望不高，能終生做一個教授，給予一定條件進行學術研究，那就心滿意足了。他們根本不會造反，連造反的幻想也不可能有。古人云，秀才造反，三年不成。這是很有道理的。黨還有什麼不放心的？中國有句名語，水能載舟，也能覆舟。這句話很可玩味。僅靠左手拿著馬列主義書本，右手拿著蘇聯武器，是不能解決所有問題的。人民群眾的眼睛是雪亮的。希望黨員要和我們推心置腹，最近報刊常登這句話，真是太好了。」

李景漢的發言，刊登在同書二十八頁。讀過之後，我感到心情很沉重。

(五)

五月二十一日，工業經濟系講師王德周作了大會發言。我坐在離他不遠的地方，可謂一字一句，字字入耳。他說：

「老百姓開始對共產黨不信賴了。街道傳言：『高級幹部闊、中級幹部破』，『魯迅有妻，守常（李大釗）無妻』，魯迅有妻到處都有紀念館，守常無妻卻無聲無色，僅有個小紀念館。誰輕誰重？『修的樓房真不少，沒有地方睡覺的滿街跑』！『汽車撞了孩子，媽媽倒了楣！』孩子被撞死，當媽媽的還得坐牢。『汽車多了質量高，豆腐少了買不著，』這些閒話說明現在新社會的狀況。

「下面談談中央的矛盾：一般群眾都說黨中央的政策是對的，就是下面錯了。但從豬肉來說，有一個胡同十二豬肉鋪變成兩個，有的十三個變成了三個。豬肉買不到，說生活提高不能服人。不是買豬肉人太多，而是養豬人太少。由豬肉問題轉到物價問題，蔬菜比去年漲了百分之六百，食品公司雞死了賣燻雞。老百姓都這樣估計：物價上升百分之五十。老百姓開始對中央不信賴了。有個變戲法的說，比國民黨的時候更苦。這不是辯證法，這是古希臘辯術。……

「黨已經到了危機的時候了。這次整風要有百分之九十的成效，否則要垮臺了……共產黨勝利了為什麼今天垮得這樣？與其說黨脫離群眾，不如說群眾脫離黨。什麼時候都是武力戰勝武力，但武力一定要包含正義。毛主席說，鬧事架上機關槍，麻煩的是機關槍倒過來打。『五四』運動時，學生起來鬥爭，調來一個師，把赤手空拳的學生壓下去！這樣不可靠，只有公理才可靠。

「特權者和維護特權者互相勾結，構成特權和宗派。市委蓋大樓，西單區也蓋，書記和區長都有汽車坐，老百姓要做多少工，給他們這樣享受？老百姓沒豆腐吃，鄉下吃帶皮糧食，一天一斤，不夠吃，這裡卻蓋洋樓。

「毛主席說肅反殺了七十七萬人。古代文王殺四，不殺也可坐天下。漢高祖說『殺人者死』，殺一個人就要他死。古代先立了法，把自己捆上，老百姓就守法了。而現在立法是要別人遵守，這是不行的。」（同書四十三至四十四頁）

想不到，這位黑瘦的老講師，竟然有如此多的不滿與委屈。六十歲的人了，如此出言無忌。儘管他是一種假設，但「機關槍倒過來打」的話，是不應該說的。我雖然哀其不幸，卻痛其莽撞，並為之捏一把汗。

五月二十四日，另一位工業經濟系講師葛佩琦，在人大分校海運倉廣場上發表了更為轟動的發言。他身材魁梧，器宇不凡。彷彿胸有成竹，侃侃而談：

「學校的基本矛盾是領導上的驕傲自滿，沒有完成中央交付的任務。我校的領導是：有職有權而無能。自己沒有辦校經驗，又不依靠中國的專家。領導方法不像個學校領導，而像縣政府對農村，一切都是命令。

「人民大學有沒有老爺？我看是有的。我愛人朱秀鈴跟房產科爭吵過，因為風濕性心臟病很重，在那間潮濕的小房子裡住了七年。因為不能住了，才提出調換房子。行政事務部訓斥了我們一頓。人大週報發文章說我們『粗暴謾罵』。知識份子就是有這麼個怪脾氣，窮得三天不吃飯可以，可是要往他臉上吐唾沫，他覺得下不了臺。為此，朱秀鈴氣得大哭，飯也不吃……

「學校機構確實龐大。部長科長太多。有些老幹部因為資格老，沒法安置，就給個什麼『長』。我看，應當下放，省得大材小用。

「今天的黨群關係跟解放前相比，差了十萬八千里。老百姓把豆餅做的豆腐叫做日本混合面。吃不上豬肉，是因為統購統銷發生了偏差，老百姓不肯養豬造成的。肅反運動搞糟了，黨犯了錯誤。領導人應該自請處分。

「一九四九年，共產黨進城時，老百姓簞食壺漿以迎王師。老百姓幾時也是這樣。當統治者沒有得到統治地位的時候，老百姓總是歡迎的，但他們一旦得到統治地位，人民就要反對他們。一九四五年，抗戰勝利，老百姓也歡迎過國民黨。後來，國民黨的大員搞『五子登科』，人民就反對他們。現在情況不同了，老百姓對共產黨的意見很多了。共產黨若不自覺，也是很危險的。

「過去做地下工作時，是聯繫進步，爭取中立。而今天是用黨員來領導，看黨員的成績就是看滙報多少。滙報的多，就是好黨員。黨員起了監督群眾的便衣員警的作用……

「共產黨對我三心二意，我對你也三心二意。中國是六億人的中國，不是共產黨的中國。黨員有主人翁的態度這是好的，但是，你們認為『朕即國家』是不容許的。你們不能因為自己是主人翁而排斥別人。不能只有黨員是可靠的，而別人是可疑的，特別對愛發牢騷的黨外人士。共產黨不要自高自大，不相信我們知識份子。搞得好，可以；不好，群眾可以打倒你們，推翻你們。這不能說不愛國，因為共產黨人不為人民服務。共產黨亡了，中國不會亡。因為不要共產黨領導，人家也不會賣國。」（同書三十二至三十五頁）

葛佩琦的發言，我越聽越不是味道。聽到後面，不僅驚訝，簡直是萬分驚詫！這傢伙簡直是瘋了，一個三十年代入黨的地下黨員，怎麼能說出如此離經叛道的話！難怪能混上國民黨的少將，可見他對共產黨毫無感情。他的話，與王德周可謂如出一轍。多虧是在大庭廣眾之下說的，屬於光明正大的指責，而且是一種假設。不然，後果不堪設想。繼而一想，他們無非是把「水能載舟，亦能覆舟」的古語借來，為當權者敲起警鐘，算不得大逆不道。而在場的許多領導幹部，當時態度都很平靜，並沒有氣憤或驚訝。證明自己是杞人憂天。既然如此反常的話，都能在大庭廣眾之下公開演說，還有什麼意見不能提？本人的顧慮分明多餘。後來聽說，葛佩琦發言後，接到不少群眾來信，咒罵者有之，但大多是歡呼與致謝。有的則替他擔憂。可見，人們是一則一喜，一則一懼，仍然心懷恐懼。相比之下，我這個共青團員，響應號召的決心，向黨提意見的積極性，遠不如那些從舊社會過來的知識份子。

說葛王等人的發言，當時掀起巨大波瀾，一點不是誇大之辭。葛佩琦在後來的發言中透露，他發言後接到不少群眾來信，少數反對，大部分表示支持。有的好心人為他擔心：說話如此直露，就不怕受處分甚至坐牢殺頭？葛先生雖然聲稱，為了幫助黨整好風，自己無所畏懼。但在看到《人大週報》登出的他的發言後，卻坐不住了，立馬寫信要求更正。如將「風濕病」改為「風濕性心臟病」，在「得到統治地位」後面，加上「而不顧群眾的利益時」等等。王德周老講師的異議更多，提出的「更正」竟有十六處之多。如將「機關槍倒過來打」的前面，加上一個「怕」字。將「文王殺四，不殺也可坐天下」改為：「古代文王誅四，武王誅一，周公佐成王以不誅而治天下」等等。當初，老先生們只顧響應號召，向「三害」進攻，連個發言稿也不寫。信口講來，滔滔不絕。等到看到自己白紙黑字的「發言記錄」才發現，記錄人的筆頭與編輯們的「整理」，簡直有點石成金之妙，發表出來的文字，許多地方背離了自己的原意。他們忙不迭地更正，證明對發言時的理直氣壯、口無遮攔，產生了悔意。王德周要求加上的那個「怕」字，正是他自己後悔，甚至內心害怕了的寫照。

緊接著，《人大週報》登載了新聞系教授許孟雄五月十六日的在高級學習組的發言。

他說，自己是有名的大炮。僅從地下拾起七顆炮彈向領導放一放：

「知識份子有個怪性，黨過去看不起我，我就看得起自己，反過來看不起黨員。而今天黨看得起我，我就覺得自己不行，反過來覺得黨偉大，黨員有優點。第一炮，向民盟打一打，我雖然入盟才兩個禮拜，居然就有意見了。我們盟還沒有執政，就有官僚主義了。第二炮，我校有一千多個教師，不像個大學，倒像個收容所。形成有飯大家吃，有事無人做的怪現象。第三炮，校外紛紛議論，人大是教條主義的老窩。我說，人民大學是教條主義的大蜂窩。畢業生未必是蜜蜂，可能是黃蜂，飛出去不能採蜜只能刺人。第四炮，我校似乎實行長子主義，對四門政治理論課太重視，不應該厚此薄彼。第五炮，黨外人士在嚴格保密之下很難提意見。」（下略，載同書五十一至五十二頁）

據說，許教授解放前曾擔任過駐外使節，頗諳外交禮儀，提意見也較溫和。但「教條主義大蜂窩」一語，使他馬失前蹄，不僅把頭目們惹惱了，很快，他自己也被傾巢而出的馬蜂螫昏了。這是後話。

（六）

就在少數教師敢於提意見，絕大部分師生猶豫觀望的時刻，傳來一個意外的消息——林希翎在北大作報告引起轟動。

林希翎本名程海果，人大法律系四年級學生。因為特別崇拜文藝領導林默涵的理論權威，心儀青年學生李希凡、藍翎向老學者俞平伯的《紅樓夢研究》開炮，得到了毛澤東的嘉許。便將三人的名字各取一字，作了自己的筆名。她十三歲參軍，現年二十三歲。聽說，上月底，她去北大看大字報。兩派正在辯論，她自動加入其中。人們見她言語暢達犀利，有理有據，便請她作了個講演。不料，一舉轟動了北大。一時間，「有膽有識才女」、「整風闖將」等美譽，不脛而走。自己的同學作了那麼生動的演講，卻是在人家的學校。人民大學的學生著急了，紛紛向黨委提意見，要求林希翎回本校作報告。

請求終於得到了批准。

五月三十日上午，盼望日久的林希翎，終於站到了海運倉禮堂的講臺上。真是聞名勝似見面。站在眾學子面前的「闖將」，竟然是一個相貌極其平常的弱女子。她身材瘦削，不過一米六，身穿白布襯衣，下身是褪了色的綠軍褲，偏帶鞋。臉色白皙，紮著兩隻齊肩小刷子。眼睛不大，並無逼人的光芒。說實話，這位「才女」一亮相，就使我有幾分失望。同學們對她的歡迎，也沒有想像的那麼熱烈。我只顧觀察「闖將」，甚至忘記了鼓掌。

不料，她發言不久，情況很快起了變化。掌聲此起彼落，說會場沸騰，並不誇張。

一開始，林希翎就給人大整風提意見。說鄒校長作報告，告訴同學不要混亂，要注意考驗鍛鍊。證明，一開始學校就有顧慮。我們同學是不會反社會主義的。說北大鬧得混亂不堪，怕引起波匈事件。這是無根據的。怎能把匈牙利和北大相提並論？匈牙利是內因外因嚴重錯誤引起的，這在中國是不存在的。北大沒有推翻社會主義的人。

接著，她的發言進入正題。她口若懸河，一口氣講了十幾個問題。

首先，她指出，中國，社會制度有問題，上層建築的某些部分不能適應公有制的經濟基礎。「三害」的根本原因就在於此。中國哲學、文學、藝術各領域，教條主義非常厲害。人事制度不合理，宗派主義反映最明顯。不是以德才衡量品質，而是論資格，看是否是黨團員。聽報告、看材料也分等級。有些黨員為了享受特權，跑到黨內，因為不入黨就沒有出路。她下面的話，很讓我這個對沒有進入黨內耿耿入懷的人，特別震驚。她說，有人叫我入團，說你不入黨入團，你的前途、地位、婚姻如何解決？我聽了很生氣，要這樣，我一輩子不入團！

談到等級制度，她說，幹部發桌子、紙簍都分等級。等級制度已深入到各個方面。產生三害的原因是等級制度、人事制度，與保密擴大化。這些小的制度，構成了總的制度。這些制度本身產生三害，與公有制根本不適應，是私有制的產物。

談到教條主義，她認為，我國教條主義表現在只宣傳光明的一面，不敢揭露黑暗面。她說，三害和過去的封建性、買辦性、法西斯性有聯繫。教條主義與買辦性有關，買辦是崇外媚美，對蘇聯學習也是如此。把蘇聯的東西亂搬，就太教條主義。有人說，人民大學是教條主義的大蜂窩，我看是教條主義的大本營。蘇聯是教條主義的策源地。

她對黨中央提出鳴放遇到很大的阻力，很贊成。並且指責蘇聯在鳴放問題上不如我們先進。她提出，統治階級都有共同的局限性，這是一個客觀規律，社會主義社會這個規律仍起作用。這使我感到很新奇。她的根據是：統治與被統治者的地位不同，看問題角度不同，利益也不同。本來是被統治者，但一旦爬上統治地位（工人爬到廠長），說話的口氣也不同了，一切也就變了。以文藝界為例：從被統治的下層提到上層後，照例變了樣。用統治者的口氣批評別人。文藝界最大的問題是愚昧文人、宮廷文人掌握實權。

談到對現實不滿的問題，她竟然認為不滿現實是一個好現象。仔細諦聽，她竟然從哲學史上找到了根據。她說，滿足現實的哲學是黑格爾靈魂的復活。黑格爾有絕對觀念，現在有些領導也成了黑格爾。說社會主義是最好最高最美好的社會。這個「最」字就是形而上學的。將來會有更好的社會。如果說對現實不滿不好，人人滿意現實，社會就不會發展。猴子要滿意現實的話，我們現在還是猴子。因此，對現實不滿是應該支持的，而現在有一些先生唱一些廉價的讚美詩，成天和國民黨、資本主義比較，向後看，不向前看。教員講課也是和國民黨、資本主義比較。真正的歌頌是好的。但不能要公式化的歌頌，吹牛的歌頌，這樣會敗壞人心，害人不淺。當然歌頌是需要的，要把現在有什麼問題，老實的告訴人民。但是過去的許多宣傳卻是更多的欺騙。

報紙普遍吹牛，許多事情不是真實的報導。匈牙利事件說有幾個青年喝醉了、糊裡糊塗去參加遊行，這真是撒謊不高明。所以說，有統治者存在，統治者有局限性的客觀規律也就存在。要把真實情況告訴人民，社會主義是人民的，不只是黨員的。應該讓全民提意見，盡情地提。現在的「鳴放」，只是在上層，這是不行的。我看上面的老頭子們，不大膽，世故深，為了鞏固現有的地位，不敢和共產黨鬧翻。要讓廣大群眾討論提出意見，才是合理的。

接著，她談到了她的專業——法制問題。她認為，以黨代政問題是存在的。現在的法律是形式主義。蘇聯憲法更虛假。史達林隨意破壞法制。蘇共十七次黨代會錯捕中委一百七十人，七十八人被槍決。十七大代表一九六六名，一一〇八名被搞掉。史達林摧毀了列寧培養的一代幹部。中國當然是好多了，但肅反殺了七十七萬人，也不少，冤枉的人也有七十二萬，相當一個小國家。胡風問題很棘手，因為和主席有關係。他的意見書和三批材料都不是確切的根據。當然胡風有些小嘍囉尤其可恨，罵黨中央，這是不對的。但，罵人也是反革命嗎？胡風的建設性意見是正確的，文藝競賽是對的。如果沒有新的材料，應該趕快給胡風平反。我向主席進一言，在這方面主席是有錯誤的。我們國家《十五貫》的現象太多。現在，對領導有意見就是反領導，反領導就是反組織，反組織就是反黨，反黨則反人民，反人民則反革命。完全是史達林的公式。

林希翎關於法制黑暗面的揭露，聞所未聞。她的大膽與真摯，使我感到很震撼。

這個小辮子的思維，可以說是無所不至。對於國際問題，她也有自己的觀點。她說：匈牙利事件，蘇聯第一次出兵是火上加油。南斯拉夫的問題，是社會主義民主。在史達林之前蘇聯沒有民主。我過去對史達林印象很好，廿大對他批判我也很生氣。但看到祕密報告以後，才看穿了史達林。對史達林的評價，不能歸到個人崇拜，要從制度本身去找。按歷史條件看，蘇聯沒有典型的資本主義基礎，這和中國有共同之處——在封建制上建立社會主義。這些錯誤大部受封建之害。如「三害」就是這樣。那麼，上述問題用什麼措施來改革呢？林希翎揮著小巧的右手，彷彿胸有成竹。

她說，根本的改革，要發揮群眾的智慧，要真正的社會主義。整黨問題不僅是黨內的是事情，人民也要管。因為黨在人民中享有崇高的威信。執政黨掌握著人民的命運，所以每人都要來過問。要真正發揮黨的作用，必須保證黨的質量。清洗一大批混蛋。入黨、入團，不僅是要黨團批准，應該有百分之七十以上的群眾表示同意。而對不起作用者，群眾還可以罷免他。黨團不應有任何特權，要真正為人民服務。現在報上刊登的職工代表大會我很同意。把企業交給職工這很好。南斯拉夫的工人委員會就很好，很值得研究。應該叫人民做主。同志們：過去你們感覺到做過主嗎？我可沒有做過主，我沒感到是主人。

幹部的提拔一定要群眾同意。有些幹部只是靠老資格吃飯。資產階級國家的幹部們可以辭職，可以罷免。我們的幹部，只是上提，不能下放。過去下放的，是犯了錯誤，升上去就高高在上。幹部經常換一下也好，借鑑資產階級的兩黨制，可以競爭一下。

等級制要不得。高幹的太太和子弟特權不少。高幹的子弟被慫恿得要死。這樣免不了培養一些敗家子，這是不能容忍的。

使我驚訝的是，林希翎半個世紀之前的擔心，在今天的中國，已經變成了現實。風光滿眼的官二代、富二代，不都是從特權上獲得「營養」，而成長起來的嗎？

林希翎的發言整整進行了一個上午。我只能就記憶深刻的方面，記述一些印象，大量生動的舉例一律從略。（後來她的發言，在《社會主義教育參考資料》刊出時，整整占了五什九至七十一頁。）她的發言，有論點，有事實，慷慨激昂，鞭辟入裡，很有說服力。她的許多話，不是聞所未聞，就是沒有人敢於說出。因此，自始至終，鼓掌聲、叫好聲，此起彼伏。說實話，我長到二十五歲，參加的會議數不清，從沒聽到過如此坦誠直率的發言，從未見到過如此熱烈的會場。前幾天幾位老先生的發言，雖然令人信服，但總給人一種因為受到冷落，或對房子職稱等有怨氣，因而進行發洩的感覺。林希翎雖然也曾因為寫稿子，受到過報紙的攻擊，但自始至終，沒感到她有個人恩怨。她的發言，雖然不無偏頗之處，卻完全是一個關注國計民生的熱血愛國青年的坦誠忠告。一個連個團員也不是的弱女子，竟然如此關心黨和國家的健康發展，她哪裡來的如許廣泛觀察，哪裡來的如許膽識？這簡直是一種英雄行為！自己年齡比她大，受黨教育十多年，建團第一天就入了團。此後，一直極力爭取入黨。而比之人家的見解，簡直是滄海小溪，巨人侏儒，自愧弗如！看來，不急起直追，站在運動的前列，定會像校領導所提醒的那樣，要被前進的列車甩出車外了。

四、網罟深淵

（一）

林希翎的發言，彷彿給開動的列車加足了煤炭，轟隆隆飛馳起來。鳴放像燎原的烈火，越燒越旺。壓封心底的意見及不滿，噴薄而出。學校停了課。校園裡出現了上百米長的大字報欄，上面貼滿了各式各樣的「進言」，溫和的，尖銳的，甚至譏諷的都有。新聞系八班的連載諷刺小說《西遊後記》，更是吸引了裡三層外三層的觀眾。我也是它的積極讀者，很為編者的才氣而感歎。登載學校鳴放情況的《人大週報》，一反受冷落的局面，成了人人爭搶的最佳讀物。學生宿舍也成了鳴放的「會場」，熄燈鈴打過許久，依然聽到熱烈的爭鳴聲。

我一方面參與這自由的爭鳴，一面考慮在六班的鳴放會上，該怎樣「積極幫助黨整風」。但卻不像林希翎，而是表現了自己的私心，目的仍然是，好好表現，爭取早日入黨。

就在這時，我從《整風資料》二十四期上，讀到了一年級九班共產黨員楊教的發言。他對國家生活坦陳自己的看法，對黨提了不少意見。坦誠真摯，語重心長，使我很受啟發。

他指出，青年的個性發展受到阻礙，與國家制度有矛盾。在服從組織的口號下，掩蓋工作上的不合理現象。青年的個性未得到充分的發展。學非所用，許多清規戒律，把青年的言行圈死了，把路子堵死了，結果都成了小老頭子。

他還列舉了一系列事實，證明黨蛻化腐敗了：個人崇拜，毛主席的話，就等於法律。實際上比法律的作用還大。教條主義不僅表現在理論上，而且表現在日常生活上，組織發展也是教條主義，老老實實的被吸收入黨了，調皮的被關在門外。很多黨員做了官，就有了官僚習氣。造成很腐朽的等級觀念。報喜不報憂，有盲目樂觀情緒，包括毛主席在內。宗派主義造成黨員的特殊地位，有能力的非黨幹部不能充分發揮作用。解放後，除了愛人，就沒有知心朋友。政治代替了一切，跟什麼人結婚都要考慮政治條件。

楊教的這些話，不但句句說到了我的心裡，而且許多事情上，有著同樣的體驗，可是我從來沒想說出來。他的真摯坦誠，令人感動。更為令我驚訝的是，他還是一個十六歲入黨的工人黨員。他在發言的後面特地聲明：「我是黨員，工人出身，家庭沒有被鎮壓的，對黨沒有偏見。我的發言稿，寫到夜裡十二點。看到黨的這些缺點，我很痛心，可能提的較尖銳些，但都是從愛黨出發的。」

真是耿耿忠言，一片丹心。

工人出身的黨員都能大膽進言，我還怕什麼呢？

（二）

六班的鳴放會上，大膽提意見的，首先是從部隊來的岳文伯。

岳文伯是全班年齡最小的一名共青團員，一九四八年參軍時只有十二歲。他的發言給人的最大印象是思想單純，嫉惡如仇。他率直地說道，為了階級鬥爭的需要，黨組織了龐大的統治機構。這個機構自覺不自覺地被腐蝕，逐漸脫離了人民。現在的黨員，已經沒有領導群眾的能力。黨的危機不僅是「三害」，上層建築也不健全。經濟建設存在致命缺點，農業發展相對落後。人與人之間政治經濟地位過於懸殊。黨現階段的危機是歷史上最嚴重的。黨脫離了人民。人民的不滿將比武裝敵人的威脅大千倍萬倍。應當幫助黨脫離險境。

他情緒激昂地揮著手彷彿在宣誓：作為一個公民，我們除了有責任要求擴大整風範圍外，還要徹底整頓領導機構，不稱職的官員要撤掉。清除為人不善的一切黨員。黨的錯誤要向人民公開。黨的先進性是不夠的。現在黨員中有許多男盜女娼的現象。他還談到了少數民族問題。說什麼，漢族幹部歧視藏民。土改在西藏引起很大騷動。要藏民反對喇嘛，分他們的土地，農民是不願意的。

他來自部隊，對部隊也有意見：有些將軍沒有將軍水平，指揮原子戰爭就不一定適合。知識份子在部隊吃不開。軍隊學蘇聯學壞了，把解放軍的許多光榮傳統都丟掉了。

他說，文學藝術就是反映黨的領導。現在文學和人民基本是脫離的。電影也是如此。我對現在的文學是悲觀的。在農民中過去那種敢於堅持正義的人消沉了。

他要求有個性自由。他說，如果說每個人只學了馬列主義就能建設社會主義，那麼只要「人大」就成了。我國人民生活不如資本主義國家，可以公開告訴人們嘛，黨卻不願講。

在資本主義國家，工人有跳廠的自由。而我們的國家呢？受了災，要想遷移也遷移不了。學生也應該有轉校和退學的自由。在舊社會，人們都有這樣的自由，而現在為什麼沒有呢？現在人們對個性自由發展的要求更迫切，但制度應當加以改革。人的生活不光是吃、喝、玩，更重要的是思想上的解放。

人民的言論自由也應當擴大。新聞要自由，應該在報紙上開闢自由論壇。私營報刊太少了。在舊社會，私人辦報的就很多。總而言之，人民要取得自由，阻礙重重，若是出了點問題，就又要查歷史了。

岳文伯僅是個二十一歲的毛頭小夥子，全班年齡最小。不僅意見多，而且滿腔憤懣，嫉惡如仇。他的發言頗為轟動。雖然不無偏坡，但透露出一派休戚相關的急切與真誠。儘管同學們對他的發言，一時議論紛紛，但我感到難能可貴。他發言完畢，我用力地給他拍了一陣巴掌。

（三）

班上年齡最大的伍伯涵，緊跟著也發了言。這位臉頰瘦削，鬍茬青青，性格剛直的空軍中尉，不乏小弟弟的激憤，更有著深刻的理性思考。他一字一板地說道：

聽說南京解放時，美國大使遲遲不走，希望與中國建立外交關係。中央在這件事上犯了錯誤。要不然我們早就加入聯合國了。給資產階級以定息，這是黨的策略，並不是資本家的要求。定息不是剝削。解放後大學生水平比解放前低。這是因為第一流的學者胡適等都跑到臺灣區了……

他提高了聲音強調：解放後的文藝工作是失敗的，根本就沒有一部好的作品。一九五三年以來，我根本就不看中國電影。在匈牙利事件中，納吉聲明退出華沙條約，這不能算是叛變。這是匈牙利人民反蘇反共的要求。納吉的處境很困難，是迷途的羔羊，是犧牲品。我認為鐵托的演說有很多精闢的地方。比如匈牙利事件，內因是主要的。個人崇拜的產生和社會主義制度有關。匈牙利事件就是史達林導演的傑作。史達林是國際主義的偉人，也是罪人。資本主義國家的法制傳統就是比較優良。而蘇聯，特別是在史達林時代，是最沒有法制的。

軍隊學蘇聯學壞了，把解放軍的許多光榮傳統都丟掉了，官兵的關係就不如從前好了。辯證法，對於某些人來說是混淆是非的工具，成了陰陽八卦。

聽罷伍伯涵老大哥的發言，我感觸頗深：第一，這位空軍中尉的發言雖然簡短，但對文藝問題，尤其是對於國際問題竟然有著那麼多的關注和成熟思考。甚至對辯證法也敢說三道四，真是大膽極了。第二，我們班三分之一以上是黨員，要麼緘口不語，要麼雞毛蒜皮。伍伯涵是一位候補黨員，卻如此剖露心曲，如此率直而赤誠地向黨提意見，我從心裡無比敬佩。

（四）

接下來發言的是李之傑。這位江南秀才，上海解放不久，便考入西南服務團文藝大隊，隨部隊解放大西南，在那裡工作了七年，為百廢待興的重慶出了不少力。他戴一副近視眼鏡，面貌清秀，目光銳敏，人很機靈。我曾經教他和成美同學等學唱京劇《拾玉鐲》，雖然以往毫無京劇基礎，但一教就會，說明他十分聰明。他的發言，犀利深刻，可謂切中要害。他說：

我反對有領導的自由和集中指導下的民主。我嚮往資本主義自由。現在搞壁報還得黨委批准。普選時，我沒有感到興奮和激動。提名選舉實際就是圈定。

黨干涉我的自由和創造性。黨首先是為自己的黨員、特別是高幹謀福利的。這些黨員「先天下之樂而樂」。黨已經成了一個自私自利的政治集團。我懷疑黨的光榮、偉大、正確。蘇共犯了錯誤，為什麼中共就沒有錯誤呢？難道中共沒有個人崇拜嗎？中共就是毛主席說了算數。舊社會人的地位高低，是看有錢沒有錢。現在呢？要看是不是黨員。黨員地位高，到處受歡迎。團員就不如黨員的社會地位高，民主人士就更不用說了，不入黨甚至連對象都找不到。

黨的領導只喜歡那些唯唯諾諾、光而滑的所謂「老實人」。而那些有稜角的人，都往往被一棍子打死，領導上根本不看他們的本質和主流，他們要想入黨更是十分困難。使得青年人逐漸虛偽起來，正義感不斷減弱。

肅反擴大化了。一九五五年肅反，有兩大錯誤：理論上的錯誤，來源於史達林的階級鬥爭尖銳化的理論；毛主席的百分之五的比例是主觀主義的。

黨對大知識份子重視，因為黨要發展科學。而對於我們這些小知識份子，就不重視，不積極發展他們入黨，只是利用知識份子的才，這是很傷害我們自尊心的。

李之傑還談到了農業合作化問題。他說，反了右傾以後，又出現了冒進的傾向。合作化運動的發展是強迫命令的，盲目的。

由於我也是來自基層，對李之傑的發言，幾乎全部引起我的共鳴。於是，積極考慮自己該鳴些什麼。

同寢室的汪廷煌，發言比較晚。這位來自安徽的共青團員，學習努力，平時寡言少語。雖然只長岳文伯兩歲，給我是印象是，思想成熟，少年老成。據說他有個什麼親屬坐過牢。也許是因為背著社會關係的包袱，平時謹言慎行。他的發言很短，只觸及到新聞真實和課程安排問題。他說：

新聞報導，報導好的是必要的，但很少揭發壞的現象。如果在報紙上批評一個廳長，那可就不得了。許多重要消息不讓人民知道，這就涉及到一個新聞自由問題。我國新聞是否自由？我回答是有，但是很不夠。有些在我們國內發生的事情，國外通訊社都在大談特談，但是我們的新聞封鎖得緊緊的，人民不知道。如，北大的整風運動，搞得那麼轟轟烈烈，但是《人民日報》沒有作一點報導，路透社卻報導了很多。《人民日報》對某些新鮮事物是很保守的。如對「鳴放」的宣傳。《人民日報》就沒有《文匯報》積極……總的來說，我認為新聞自由應該擴大。

安崗（系主任）好自吹自擂，放空炮。安崗第一次對我們說，授課是因材施教，實際上是教條主義的施教。我們幾乎變成了小教條主義，考試光是背誦。許夢雄說，人民大學是教條主義的大峰窩，我認為有一定的道理。

（五）

同學們的發言，雖然我不是全部同意，平心而論。他們的意見都是從關心黨，愛護黨，為黨的機體上有了這樣那樣的毛病甚至瘡痍而焦急。我雖然沒敢設想在這次運動中「火線入黨」，但應該學習他們的榜樣，至少別弄成落後分子。鳴放第三天上，我毅然「站到運動前列」。把十幾年間所看到的各項運動中的問題，以及近幾天聽取別人發言得到的啟發，進行了一番梳理，做了一次不算短的發言。同學們說我的意見誠懇深刻，第二天，又讓我做了補充發言。歸納起來，我談了如下問題：

第一，統治階級也有局限性。建國後統治者在逐漸走向腐化，不少人違法亂紀，脫離人民群眾；對黨所領導的工作，只說好的，不說壞的（如報刊、文件、文學藝術）。互相監督的方針沒有很好貫徹，黨獨斷獨行，指揮一切；黨員在國家生活中有特權，而群眾沒有；工人生活迅速直線上升，而農民生活提高卻是緩慢的；對資產階級的好東西，全面否定。

第二，肅反是必要的，有反革命破壞，怎麼搞經濟建設？但，「肅反」百分之五的比例是教條主義。毛主席講百分之九十五的好人，下面就要肅百分之五的反革命分子。我們單位作了百分之四點八的計畫，認為符合毛主席的指示。人家明明是好人，你把人家關上兩個月，他還熱愛你嗎？我們老解放區，只有共產黨，沒見過國民黨，竟也要打出百分之五的反革命分子，這就是教條主義。臺灣六百萬人也占那麼多的比重嗎？

第三，農業走集團化的道路，是正確的方向。但是，我們那個地方的農業合作化冒進了，有教條主義。今年批評冒進，明年必定批評保守。毛主席說兩年內高級社發展到百分之九十五，而我們一年內就由百分之二到了百分之九十五。這不是冒進嗎？小社併大社，農民覺悟提高沒有那麼快，幹部沒有準備，從生產力與生產關係說也不恰當。我們那兒雙輪雙鏵犁都很少，卻把一個村的土地和農具集中到一起。我認為，一千戶不如五十戶好。那為什麼要合起來呢？因為上級喜歡大的。

第四，為了搞經濟建設，保證糧食的供應是應該的。有人說，統購統銷鞏固了工農聯盟。這是夢話！百分之五十以上的農戶連種子也當成「餘糧」賣了，甚至打一千斤要賣一千斤！老百姓說：糧食給幹部吃了。許多地方，說服動員賣餘糧，不賣就是資本主義思想，誰報上買糧誰走，未報的繼續留下，連夜說服，這種「熬鷹」的辦法，逼得有些老頭嚎啕大哭。就算全國傷害了兩千萬戶吧，也影響了一萬萬農民。「工農聯盟」只是到了春節叫幾個工人下鄉去聯歡，而統購統銷卻傷害了那麼多農民，這是得不償失。

第五，關於人民生活問題：農民生活確實比解放前好了，但也可說農民生活仍然很苦。根據第一個五年計劃，工人生活提高百分之三十三，農民提高購買力一倍。前者是在原工資基礎上的提高，而後者過去的購買力本來就低。所以說，工人農民吃飽穿暖的含義根本不同。我不服氣工人生產率高的觀點，工人用機器、用電，一個農民到工廠去，幾年後也可成為一個熟練的工人。

第六，黨內確有宗派主義。在我們學校，如果你不是黨員，想做個好學生很難。班幹部不是黨員不能當。我這個非黨員，當了班長，感到很彆扭，很多事情你不知道，黨員早就知道了。我們的黨群關係不如機關好，機關的黨員還與你談談心，而這裡是扳起臉來幾句教條。在人大，黨員能聽的報告，吸收團員參加的簡直沒有。個別黨員還叫人感到一種壓力。

第七，發展黨員偏聽偏信嚴重，介紹人說差不多就差不多了。黨員標準八項條件，像隻橡皮尺，可伸可縮。吸收黨員像用「橡皮尺」買貨，也像姑娘挑女婿，不培養，只挑夠條件的。最符合「橡皮尺」的，是軟、圓、滑的人。考驗是無限期的，我至少已經被考驗了八年。考驗就是折磨，使我非常痛苦。人如果有變態，這是考驗的結果。

第二次發言，我又搜索枯腸，重複了別人說過許多遍的老話題：（一）解放後與解放前相比，民主好得多了，但目前的民主仍然是不夠的。整風前，害怕打擊報復，許多人不敢暢所欲言。（二）新社會應該人人心情舒暢，但人的個性沒有發展，獨立思考不夠，有稜角的人吃不開，到處碰壁。（三）新聞工作存在一陣風，圖解政策，報喜多，報憂少的毛病。這都說明我們的民主生活不是完美無缺的。（發言全文與上面幾位同學的發言，均引自《高等學校右派言論選編》）

我的發言總是先肯定成績，但在編輯時，被刪除乾淨了。由於「成績是基本的」，在我心目中已經成為定式，並為了避免片面性，我發言時，仍然是先成績，後缺點，以防萬一被抓了小辮子秋後算帳。儘管有的同學聽了我的「老一套」皺眉頭。卻得到了許多人的喝彩。

最讓我感動的，是新聞系總支副書記申余同志。她聽了我的發言後，當即把我叫到總支辦公室，彬彬禮讓，親切交談。她的話，至今記憶猶新。她說：「房文齋同學，你畢竟是一個老同志，（在我班，我的所謂「革命歷史」最長）你的發言，態度正確，實事求是，說明對黨有著深厚的感情。我聽了很受感動。你跟那些人不一樣，你儘管放心地參加運動好啦。」她的話，不啻是重大的獎賞，心裡十分高興。自己雖然「站在運動前列」，提了許多意見，不但沒有捅漏子，竟然使她「很感動」。實在出乎意料。但她的最後一句話，很費解：「跟那些人不一樣」。這是什麼意思？「那些人」是誰？她沒有點明，我當然不能問。看來，鳴放剛剛開始，已經像以往搞運動那樣，把人分成了積極、中間、落後，不同的營壘了。不然，哪來的「那些人」？不管怎樣，親愛的申書記給我吃了一顆定心丸。我興沖沖走出總支辦公室，恨不得向黑洞洞的夜空，高呼幾聲「烏拉」！

可是，就是這「跟別人不一樣」的七條意見，給我帶來了與別的右派同樣的二十二年的厄運。

有一件事，有必要在這裡補敘。一位姓陳的女同學告訴我，上世紀末，她去醫院看望病危的申余書記。老人家拉著她的手，沉痛地說道：「我這輩子最感後悔痛心的是，反右運動時，不但沒能保護那些遭受冤案的同學，而且站到整治他們的行列。真是對不起他們！」老人絕不是矯情，而是發自肺腑的懺悔。當初她對我發言的肯定，就是證明。但新聞系有了極左幹將章南舍帶頭衝鋒陷陣。聽說連系主任安崗，都險些被他收入網中。那時人人自危，個個極力自保。善良老誠的申余同志，如挺身而出，不但保護不了別人，只怕自己也要墮入深淵。她的「識時務」，完全可以理解。當初，她對我發言的理解和支持，至今回想起來，從心裡感激。中余書記，救不了「祥子」（老舍《駱駝祥子》的主人公），絲毫沒有你的責任。您在天國安息吧。

（六）

班上的鳴放會從朝至暮地召開，儘管主持人反覆動員大膽揭露「三害」，不知為什麼，發言反而比前幾天冷落了許多。大部分黨員保持沉默，準備了發言稿的潘俊民同學，更是遲遲不肯開口。

這位來自江蘇丹陽農村的同學，個子不高，瘦瘦的臉龐，戴一副近視眼鏡，操一口帶吳語味的普通話。他解放前讀中學時，思想進步嚮往革命。他聯絡了三位同學，辦了一張鉛印八開小報，名字叫《向太陽》。看名字就知道，這是嚮往進步和光明。主要的撰稿人也是他們三個。每期他都化名寫好幾篇文章。不幸，只出了幾期，就被查禁了。大軍過江不久，他就參加了工作，進軍四川，在某縣新華書店擔任經理。入學不久，他曾拿出幾張《向太陽》，讓我欣賞。我讀了之後，既驚訝，又讚賞。他們小小年紀，竟然有如此的政治見解，如此的優美文筆，著實不易。而就是這位有見地，有文采，人稱「潘學者」的青年團員，不知為什麼，忽然藏起發言稿，做起了觀潮派。

不幸，上面的決定他不敢違抗。六月六日，他滿臉陰雲，聲音低沉，極不情願地在班上念了他準備已久的發言稿。（發言內容，後面有專章記敘，此處僅是本人記憶深刻的部分。）

工業化政策需要重新考慮，不應從教條出發，從個別國家（如蘇聯）的經驗出發。工業和農業應當並重。接著，他為五億農民呼籲。人民的生活水平，平均都不高，這與消費與積累的比例不當有直接關係。人民中最苦的是農民，其次是幹部、工人、教師。國家專政和民主有錯誤，黨內民主和集中也有錯誤。一切錯誤都源於教條主義。一九四九年後，教條主義特別嚴重。毛主席提出「百家爭鳴實際是兩家」，這是不對的。百家就是百家。要充分利用民主權利，一直反到（指三害）共產主義。「百家爭鳴」不是方法而是目的。從黨中央起，就對整風害怕，不等人家放完，就佈置要爭。「修正主義」對鳴放來說是一種壓力，這個名詞本身就要修正。黨中央用政治手段來對待思想問題，幾乎成為規律。一九四二年整風後就是肅反，胡風問題又是這樣。胡風的罪證是不充分的。進行民意測驗，我估計大部分知識份子是不同意逮捕胡風的。人民群眾同情他。應該公審胡風。

他低頭看稿子，並不向台下觀看。接著，談到了社會主義民主問題。我們說史達林功七過三，蘇聯就沒有同意。既然史達林能利用蘇聯的制度胡來，可見制度是成問題的。如果把史達林的問題歸結為個人崇拜，就是唯心主義。現在民主就是不夠。我們要全民民主，而不是哪一個主席、幾個政治局委員的民主。共產黨不是神仙，也會犯錯誤。官僚主義的原因之一是中共不虛心。任何工作，都是充分估計成績，對缺點一字不提。各種運動搞逼供信，不人道，破壞法制。

談到如何改進，他說，要立即實行直接的差額選舉。改進檢察、監察機構，不能自己檢察自己。公開審判，禁止祕密處死。給予罪犯上訴的權利，不能僅憑口供定罪。改變幹部任免提拔制度。外交工作不要看蘇聯臉色行事，要和蘇聯完全平等。對南斯拉夫要更接近些，南有許多獨到的見解，比起我們來更善於獨立思考。對美國要積極些再積極些，不要老跟人家鬧對立。嚴重的官僚主義分子要法辦。

他竟然提出，黨要改造自己。他說，國家有兩套機關，黨委會和人民委員會，這與我國體制完全不相符。黨內只有高度集中，沒有高度民主。黨員義務多，權利少。農業合作化是自上而下搞起來的，一切決定於毛主席。黨內各級代表應當普選。黨對知識份子分析得很「全面」，但對其作用卻估計不足。對知識份子政治上信任，比讓他們當官更重要。

最後，他談到工會工作：一九五二年把李立三一棍子打死。現在工人要罷工，工會起不了紐帶作用。毛主席的辯證法全世界有名，但口頭上的辯證法要與實際一致起來。

潘俊民的發言雖然很低調，但得到了熱烈的掌聲。我自然是從心裡讚歎。我們兩個發言，雖然都談了六七個問題，但我的發言，幾乎全是親身經歷的問題。他的發言卻絕然不同。工業化道路，工農業比重，黨的農業政策，專政與民主，胡風問題，外交政策，甚至工會工作，都是有關國家體制，黨的性質，國計民生等的重大問題。不僅思考縝密，言之成理，而且拳拳愛黨愛國之心，躍然紙上。不事張揚，不露鋒芒，比之林希翎的發言，偏激言辭幾乎沒有，多的是理性的思考，急切的關注。有人說他是一位博學多識的年輕思想家，絲毫不是溢美之詞。但他自己明顯不高興，鳴放完畢，收起發言稿，低頭走了出去。

回到宿舍，我不無敬佩地對他大加恭維。他含而不露地苦笑道：

「老兄的發言也很深刻，不啻是為民請命嘛。」

「與老弟的發言相比，不過是小巫見大巫。」

他仰到床上，甕聲甕氣地答道：「嘿嘿！只怕是小巫小討厭，大巫大添亂。幾句討厭的耳邊風而已。」

我不相信他的預見，反駁道：「咳，此次鳴放是毛主席他老人家親自發動的呀。誠懇提意見，幫助黨整風，怎麼會使他們討厭呢？……」

「但願是我多慮。」說罷，他閉上雙眼，不再言語。

第三天，潘俊民遵照總支的意見，在全系大會上，又把他的發言稿，低著頭，吭吭哧哧地念了一遍。奇怪的是，他準備的發言稿，號稱兩萬言，念出來的，連一半也不到。原來，他是避重就輕，挑著念的。這一次，不僅沒有人給他鼓掌，還有好幾個人跳上臺，嚴厲批判他的反黨謬論。看得出，批判者都是緊急謀劃，有備而來。

彷彿大禍臨頭，一連許多天，潘俊民臉色陰沉，低頭走路，什麼話也不說，彷彿犯了什麼大錯。

（七）

正在這時，在《人大週報》上，刊出了一封寫給黨中央毛主席的親筆信。這封信後來被稱為「告黑狀」。寫信人是業務一班的學員虞耀麟。他在信中寫道：

「毛澤東同志：作為一個共產黨員，這兩天我的心情很沉重。因為在我們中國人民大學黨不是發動群眾幫助黨整風，黨是在整學生的思想。」

接著，他例舉了學校從五月二十七日開始鳴放以來的情況。整風第一天，同學們就表現了極高的熱情。可是，緊接著就遭到了來自黨內的巨大壓力。當得知北大同學可能來人大活動的消息時，校黨委竟錯誤地佈置：如果北大同學散佈反動思想，可以把他們轟回去。聶真副校長也在大會上宣稱：北大整風出了偏差，各種反動口號都出來了。結果，很多黨員不僅不傾聽群眾意見，鼓勵群眾消除顧慮大鳴大放，而是處於戒備狀態，嚴陣以待，一心一意除「毒草」。不過，也有思想比較活躍、比較勇敢的人。法律系的林希翎，就是這樣一個人。她根據自己接觸的一些事實，揭露了黨的工作中不少比較嚴重的缺點，並且提出了自己的看法。然而，我們的校黨委，卻舉行了一兩千人參加的「辯論會」，辯論林希翎的思想。林希翎只是一個二十三歲的女孩子，她又是一個普通的學生，看問題自然有著極大的局限性。我們卻在一二千人的大會上，一字一句地駁斥一個非黨非團的姑娘。並且很大一部分駁斥者，還常常歪曲她原來精神，斷章取義。於是，辯論會基本上成了林希翎的思想鬥爭大會。這個會開了兩天，其後果是給許多想鳴放的同學的心頭籠上了陰影。這就是我們學校的整個情況。隨後，他懇求似的寫道：

「敬愛的毛澤東同志，我建議中央立刻派出檢查組，檢查高等學校中的整風情況。在我們人民大學，在很多黨員中，教條主義、宗派主義的思想情緒，仍占著統治地位。這種情況不改變，整風運動無法開展。」

虞耀麟的信，引起我極大的共鳴，我同樣感到學校整風缺乏誠意，黨員似乎集體失語，對林希翎的所謂辯論，不折不扣，是一場聲勢浩大的批鬥會。

虞耀麟可能做夢也想不到，他的上書言事，成了「告御狀」、十惡不赦的罪人。聽說，他的上書沒有到達御前，就被轉了回來。白紙黑字，有口難辯，成了推不掉的罪狀。於是，很快變成了被「加冕」並被趕回原單位的一條「可怕毒蛇」。

五、橫生波瀾

（一）

林希翎在城內的第二次發言，是在鐵獅子胡同一號的露天舞臺上。與上次不同，舞臺上，不僅有她的支部書記「作陪」，黨委書記胡錫奎也親臨「把場」。在熱烈的掌聲中，登臺批駁她的人個個義憤填膺，理直氣壯。林希翎的反駁，換來的是一陣陣譏笑與噓聲。至今記憶猶新的一個情節是，有人質問林希翎，到底有沒有赫魯曉夫的祕密報告？她作了肯定的回答。此時，坐在後面的胡錫奎立即走到台前，義正詞嚴地響亮說道：

「我身為黨委書記，從來沒聽說有什麼祕密報告。不知林希翎是從美國之音還是路透社得到的資訊？」

一石激起千層浪，會場頓時成了憤怒的海洋。吼聲四起，「林希翎惡毒反黨，造謠汙蔑」等聲討斥責聲，直沖霄漢。

可憐年輕坦誠的熱血姑娘，從此成了過街老鼠。到處遭到詈罵，甚至挨過拳頭。

六班許多同學，跟虞耀麟一樣，對壓制鳴放以及批鬥林希翎，不理解甚至氣憤。他們決定去北京市委上訪，反映人大違反中央指示，妨害整風的錯誤行動，要求市委派人來學校調查。同學們熱烈贊同他們的義憤之舉。我也表示支持，但拒絕了一起上訪的邀約。並不是我有先見之明，而是知道徒勞無益。憑著十幾年的參政經歷，我深知信訪部門是怎樣關注下情的——敷衍了事踢皮球是他們的特長。上訪的傻瓜，磨破嘴皮甚而痛哭流涕，所換來的，至多是假惺惺的同情，不會有什麼實際效果。不幸，被我言中了。李之傑和潘俊民兩位上訪者，滿興而去，敗興而歸。據說，信訪處的人，聽完了他們義憤滔滔的陳述，笑咪咪地回答說，你們主動來反映學校的情況，說明你們關心學校的整風，這是好的。但要相信校黨委的正確安排，應該遵照黨委的指示，積極參加運動。趕快回去吧！

不料，正常的人民上訪，轉眼變成了「請願」。潘、李兩人，成了「反動請願集團」的骨幹，受到了輪番的批判。據說「請願」是行動，比之發言的錯誤，嚴重得多。因為到上級信訪部門反映人大的整風不積極，壓制鳴放，等同「越衙告狀」，出黨委的醜，是明目張膽的反黨行動，自然引起「黨憤」。不等秋後便算帳，師出有名，理所當然。既然「請願」的行動，比之言論更可惡，也就在劫難逃，罪加一等！很快，兩人與岳文伯、汪廷煌等一起，成了「極右分子」。

我暗暗慶幸，多幸沒有參入請願的行動，不然，肯定要「跟他們一樣」了。從此，我到了會場上，找個角落坐下，不再吭一聲。無奈，樹欲靜而風不止。接連發生的事，讓我愈來愈感到難以忍受。

（二）

一九五七年六月八日《人民日報》發表了一篇社論，題目是「這是為什麼」。我讀了之後，萬分驚詫，從心裡佩服潘俊民的預見。果然整風夭折，鳴放要轉向。但仍然認為，社論的矛頭，是針對個別心懷不滿的人，與真心幫助黨整風的人無干。我並不知道中央同時下達了指示：「組織力量反擊右派分子的猖狂進攻！」原來，黨員們的不開口，甚至主動出擊，潘俊民的情緒不正常，分明與這個指示有關。可惜，我這個大咧咧粗漢子沒有想到。不但沒有想到，而且做出了一系列自投羅網的莽撞舉動。

事情源於接連發生的一系列情況，由於聞所未聞，故而氣憤異常。

聽說有的班級，暗查外地來信，揪出了「隱藏很深」的右派。而這個右派始終一言未發，在給外地同學寫信時，談了對黨的一些意見。同學回信，與之交流看法，結果雙雙落網。這種侵犯通信自由、公然違反憲法的行動，竟然成了搞政治鬥爭的合法手段，實在令人驚詫。同時，紅樓前牆上出現了一張大漫畫〈哼哈二將〉。畫的是我班的潘俊民和哲學系潘世光，兩人把臂協肩、口吐毒液的醜態。這分明是侮辱人格，侵犯人權。更使我不能容忍的是，我班江澤純同學的無端遭到批判。

江澤純戴一副近視眼鏡，性格內向，平時寡言少語，入學前是四川省三台縣一個區的副區長，縣人大代表。六班鳴放時，他獨坐一角，一言不發，一張大字報未寫，不知為什麼卻被揪了出來，進行嚴厲地批判。第一天被鬥，他傷心得一夜未歸，在教室裡哭到天明。沒嘴葫蘆怎麼會成了批評對象呢？使我百思不得其解。從別人的議論中方才知道，這位迂夫子，雖然自己不發言，對社會上以及學校裡的一些鳴放言論，頗有同感。便在宿舍裡與個別人交談，有時自言自語，向壁嘟嘟囔囔。由於對壓制鳴放有意見，對積極分子冷眼相對，一副不屑一顧的神氣。這就給積極分子提供了打小報告立功的絕佳機會。緊接著，他成了六班第六個被批判的對象。後來，從學校出版的《高校右派言論選》中，我好歹找到了這個「沒嘴葫蘆」右派分子的四條「罪狀」：

黨把工人階級抬得太高了。幾千年沒有工人階級，社會一樣發展，沒有農民就不行。有什麼工人階級領導不領導的。（《右派言論選》三頁）

幾千年來人民流血犧牲，就是為了爭取民主、自由。民主是目的，不是手段。他認為「整風也是爭民主」，「林希翎是爭取民主的人物」，大家批判林希翎，是人們不會過民主生活。他還要求新聞自由。（同上書，四十八頁）

人民代表大會是形式主義，並以自己當過人民代表的切身經驗，支持林希翎「人民代表大會是形式」的謬論。主張直接選舉。認為張伯鈞所提「成品」問題（原文如此）是正確的。（同上書，七十六頁）

現在共產黨已不能代表人民的利益，共產黨是宗派主義集團，宗派主義化身。黨的幹部政策是宗派主義的。共產黨過去是一黨包辦，青年團也是宗派主義的。團和少先隊是向上爬的組織。整風中應該反掉宗派主義，去掉一黨包辦。黨應該由司令部變成參謀部，和各民主黨派一樣。這樣黨才「真叫人民的勤務員」。應以南斯拉夫的「工會委員會」代替黨委制」（同上書，三一六頁）

看到這些變成鉛字的罪狀，我恍然大悟：原來那並不是他的發言，而是根據積極分子的小報告，以及批判時「深挖思想」挖出來的！被偷拆了信件，偷看了日記，都可以被「挖出來」。江澤純向壁獨語，甚而私下議論，「墮落」成右派就不奇怪了。

後來聽說，還有更離奇的。有的單位洞內空空，實在無蛇可引。但上命難違，完不成右派指標，官帽不保。不得已，來個人人有份——集體拈鬮。有的則開會推舉右派。可是，開了半天鼓會，仍然沒人「好意思」表態。這時，有人內急去了廁所。回來時，已經入選——被一泡屎葬送了前程！有的善良領導，甚至讓自己的親屬或剛分配來的大學生，「先頂個名」並以「以後一定重用」做許諾，把他們打發得歡歡喜喜。結果，都成了被「引出洞」的「毒蛇」！從此萬劫不復，永墮深淵，妻離子散，親友株連，摧殘折磨，人命危淺。

如此高明的整人術，可謂前無古人，登峰造極。與公開栽贓，毫無二致！

（三）

到了這個時候，我在心裡暗暗慶幸，雖然心裡支持很多右派分子的觀點，但沒有再赤膊上陣。潘李兩人的「情願」，也只是在心裡支持，沒有投入行動。不然，肯定榜上有名，在劫難逃。從此，到了會場上，找個角落坐下，不再吭一聲。接連發生的一系列事情，使我愈來愈難以忍受。終於按捺不住。一天傍晚，我在樓下截住了六班支部書記于恩光，粗魯地喊道：

「老于，請留步！」

「幹啥？」他停下腳步，不解地問。

「我有話跟你說。」

「好呀，說吧。」他用審視的目光望著我。

我談了心裡的一些「不理解」之後，他竟然面無表情，一聲不吭。這更激起了我的憤怒。一席莽撞無知的話，脫口而出：

「于恩光同志，你們近幾天所搞的一系列行動，我認為不是鼓勵鳴放，而是壓制批評，甚至是侮辱人格，侵犯人身自由，違反了毛主席在最高國務會議上講話的精神！」

「哦，還有嗎？」他依然不加可否。

我大聲回道：「我嚴肅聲明：自即日起，與支部劃清界限，退出反右運動！」

說罷，靜等對方表態。使我驚訝的是，于支書面露冷笑，不贊一言，轉身飄然離去。半個多世紀過去了，當時的情景，依然歷歷在目。至今回想起來，仍然十分佩服于恩光的深沉老練，藏而不露。他後來能步步高升，官至高層，與早年的政治成熟是分不開的。他如看到這段文字，應該承認我一字也沒有說謊。

與黨支部的界限倒是越劃越清了。無奈，反右運動不允許你「退出」。我的臭表態，只能加速了我的滅亡步伐。不知當時本人是否已經成了一名內定的右派分子。反正不久之後，鐵冠加頂，成了貨真價實的反黨異類。

這是我一生中，最愚蠢的行動之一。

豈不知，此時「陽謀」已經出籠，整風開始轉向。信誓旦旦，虛心聽取群眾意見、認真進行整風的共產黨，已經祭起了「打退右派分子猖狂進攻」的降妖杵，擺開了掃蕩異類的血腥戰場。

後來我才知道，早在五月十五號，毛澤東就發了內部指示，指出「事情正在起變化」。吩咐盡力引誘右派放毒，「要硬著頭皮聽」，「讓他們猖狂一個時期，讓他們走到頂點。他們越猖狂，對我們越有益。誘敵深入，聚而殲之。」如此坦率明白的釣魚方略，于支書肚子裡肯定一明二白。他除了譏笑我這個炮筒子莽撞無知頂風而上，甚至是自投羅網，他還能說什麼？

（四）

使我更加不理解的是，早在毛澤東在最高國務會議的講話之前，即四月二十七日，中共中央就發出了請黨外人士幫助黨整風的指示。自五月八日起，中共中央統戰部召集民主黨派代表人物，連續開了十三次鳴放座談會。而人大黨委卻一直按兵不動，直到「事情已經起了變化」，「引蛇出洞」的內部指示下達了十多天後，即直到五月二十七號，方才一本正經、大張旗鼓地召開動員大會，鼓勵全體教職工鳴放，特別是鼓勵青年團員，「要站在運動前列，積極幫助黨整風，提的意見越多，越證明對黨有感情。」這種無恥的欺騙行徑，分明是把廣大教職員工和幼稚的青年學生，玩弄於股掌之上。處心積慮，刻意製造敵人。許多想靠攏黨、積極上進的人，本來沒有、也不想提什麼意見，為了表現積極，只得挖空心思，甚至摭拾別人牙慧，湊上幾條，以證明自己是黨的忠實兒女，除三害的英雄。結果，個個入套，成了「出洞」的「蛇」。試問，這是深藏洞中，被「引」出來的蛇，還是施展陰謀，炮製出來的「毒蛇」？說他們是喪盡天良的教唆犯，再恰當不過！

我不解，我憤怒。但嚴峻的形勢已經出現，只得極力克制自己，不要再有半點魯莽出軌的行動。

學校早已停了課。集中火力打退右派分子的猖狂進攻。批判右派的鬥爭一浪高過一浪。滿院的大字報，都是聲討右派分子的檄文。六班的戰果最為輝煌，一舉揪出了六個右派，在新聞系占了頭籌。批判會天天不斷，積極分子們爭先恐後，披掛上陣。足足有一個多禮拜，既沒有人通知我參加任何會議，也沒有人過問我應該幹什麼。我像一塊散發臭氣的食品，被扔在了一邊。冷落就是不信任。我隱隱感到，烏雲在我頭上盤旋。心下忐忑，終日惶惶。江澤純一言未發，成了被捉的蛇，我比他說的多得多，能逃過這一劫嗎？

正在這時，六月廿九日，毛澤東〈關於正確處理人民內部矛盾〉正式發表。白紙黑字，紅字封面。仔細一看，跟原來傳達的英明講話，簡直是南轅北轍。深感政治家的深文周納，變幻莫測。我如夢方醒，原來不是下面違反了領袖的指示精神，是我這個輕信的書呆子，被八卦陣迷惑了。以致莽撞地向支部書記提什麼抗議，無異於搬起石頭砸了自己的腳，後悔已經晚了！

憤怒變成了恐懼。心裡在打鼓，擔心厄運時刻會降臨到自己頭上。吃不香，睡不好，書看不下去，只得去看大字報。批判右派的大字報，慷慨激昂，怒潮洶湧；謳歌光榮偉大的頌詞，聲嘶力竭，連篇累牘。頌揚已忘廉恥，詆毀良心喪盡。此類文字，不忍卒讀。我撇開大字報欄，跑到閱覽室看報紙。報紙上同樣是頌歌震天，謾罵遏雲。愁悶依然無法排解，只得偷偷跑到外面去散心。孰料，未出大門，便被于恩光截住了。

「喂，你要到哪裡去？」

「看大字報去。」我小心翼翼地回答。

「外面哪兒來的大字報？」他指著我身後的紅樓：「你先看那裡！」

我一回頭，紅樓的前牆上，是一副漿糊未乾的大字標語：「批判右傾思想，奪取反右鬥爭的全面勝利！」

「看明白了嗎？反右告一段落，下一步，運動要轉入反對右傾思想階段。你覺得自己有右傾思想沒有？」

「有，肯定有。」我脫口而出。

「認識到就好。你這幾天，別到處溜達。呆在宿舍裡，認真反思自己的右傾思想，寫出書面檢查。什麼時候檢查寫好了，交給我。要認真，不然沒法向大家交代！」

「好好，我一定認真對待，深刻檢查。」我忙不迭地回答。

作檢討，乃是意料之中的事。我既緊張又慶幸：既然下一步進入反右傾階段，說明反右運動已經告一段落。申余書記的預言應驗了，我果然「跟他們不一樣」！作個落後的「右傾分子」，總比人不人、鬼不鬼，整天被指著鼻子罵的「右派分子」強得多呀。

謝天謝地！終於逃過了一劫。我在心裡不住地念佛。

（五）

由於一心想及早解脫，只用了兩天的時間，就寫出了一份兩千多字的檢查。將運動以來的「右傾」表現，一一開列，用力批判一番。自認為已經十分深刻，認真清抄一份，去交給黨支部。不料，支部書記于恩光不接：「到會上跟大家講」。

第二天，果然召集會議，讓我當眾檢查。出乎意料的是，參加會議的不足十個人。這時我才意識到，六班二十七個人，揪出了六個右派，一個右傾，再加上一批中右，大概能衝鋒陷陣的戰鬥員，也就這麼多了。既然總支副書記都說我的發言「跟別的人不一樣」，我的檢查，主要是針對鳴放會上的發言。我極力沉痛地說，由於對黨無比熱愛，對歷次運動中的缺點方才感到痛心。沒想到，過分強調建國以來的缺點，對右派的反黨言論，起到了推波助瀾的壞作用，等等等等。檢查完了之後，積極分子進行了分析批判，他們一致的意見是，不但認識不深刻，而且在為自己塗脂抹粉。什麼出於對黨的熱愛，明明是同情右派，積極配合右派向黨進攻！再不深刻認識，當心陷進右派陣營。主持會議的于恩光，最後命我回去深挖思想，觸及靈魂，重新寫檢查。

我回到宿舍，一連好幾天，挖空心思，極力自我詆毀。稿紙撕了一張又一張，足足寫了十多頁紙，五六千字之多，才完成了第二份檢查。但整整九天沒人過問，直到第十天上，才通知我重新當眾檢查。

會議還在原來的小教室，人數還是那麼多。為了早日過關，我極力做出沉痛狀，狠批右傾，深挖靈魂。說自己大談「三反」、「肅反」等歷次運動的缺點，是對建國以來黨所領導的各項偉大政治運動的歪曲；叫嚷合作化冒進了，是對社會主義道路的攻擊；甚至摭拾別人牙慧，汙蔑民主不夠，新聞只報喜不報憂。對不吸收自己入黨，長期心懷不滿，充分證明，那是個人主義大暴露，實際上自己根本不夠入黨條件，黨不吸收自己是完全正確的。更為嚴重的是，對於林希翎、潘俊民等人的反黨言論，在許多問題上有同感。甚至對批評右派的革命行動不理解，認為是人身攻擊。這一切，都說明自己的思想，已經深深陷入右傾的泥淖，到了幾乎不能自拔的程度。

總之，我使出渾身解數，拼命往自己臉上抹黑，把自己說得一無是處，希望能夠順利過關。我檢查完了之後，雖然仍然有人說，認識不夠深刻，還須沉痛反思、加深認識云云。但多數人和風細雨，大都露出默許甚至同情的神態。有人甚至說，比上次的檢查，「有了明顯的提高」。我放了心，認為這一回總可以過關了。

不料，就在會議要結束的時候，一直沒發言的一位高個子男同學開口了，他是黨員，在運動中，積極得很，林希翎發言，他就是在臺上的記錄者之一。我正在詫異，他提高聲音說，「房文齋檢討了一大篇，似乎有悔過的表現。但是至今不敢承認自己是右派，這能令人滿意嗎？」正所謂，一語驚魂，我被驚得怔在了那裡。因為主持會議的于恩光，自始至終沒有說我是「右派」，別人也沒接觸這個令人恐懼的字眼。正不知該如何回答，于恩光卻站起來作總結了。他說：「今天的會開得很好，大家的發言很踴躍，房文齋也有了一定的認識。今天的會議先開到這裡。散會！」說罷，伸手把我的檢討接了過去。

今天批判的火力並不猛烈，有人還當眾說我「有提高」。支部書記把我的檢查接過去時，臉色也很平靜。這都是好兆頭，說明檢查已經過關。但那位高個子黨員，一直是衝鋒陷陣的積極分子的話，不可能是空穴來風，更不會是他個人的創造。但我仍然認為是他充積極，因為，自始至終沒有一個人說我是「右派」，連主持會議的支部書記，不但沒露「右派」的字眼。連我當面向他提抗議，聲明退出反右，與支部劃清界限等話，都一字未提，彷彿根本沒有發生過。這話要是叫一些積極分子知道了，那可是吃不了兜著走。莫非于恩光沒透露我的出格行動？果真是這樣，說明他在保我。那，高個子的話，又從何而來呢？我百思不得其解，如墮無邊泥淖，苦苦掙扎，依然不見邊際。

一連許多天，再沒有人過問我。我再次慶幸，自己過了關。

不料，新聞系又掀起一個反右新高潮。許多人繼續被揪了出來。印象最深的，是七班的雷凡。在批判林希翎的大會上，這位來自我的家鄉青島公安局的江西漢子，曾登上講臺，聲調鏗鏘，作了一次頗為轟動的批評發言。言猶在耳，現在他也成了出洞的「蛇」。其他被引出洞的「蛇」，大同小異。在前一階段的批右中，無不爭先恐後，向落井的人投下幾枚同仇敵愾的大石塊，以證明自己壁壘分明，並非異類。結果，同樣被打入另冊，成了挨石頭的井下人。

我惶惶不可終日，夜裡常作噩夢。有一天，夢見無數黑色的大帽子在天空飛旋，嚇得雙手捂頭急忙逃竄。無奈雙腿像墜上了鉛塊，怎麼也跑不快。結果還是被一頂大帽子壓住了。我極力掙扎，想把那勞什子撕下來，可是越撕越緊，連眼睛也罩上了。我急出了一身冷汗，醒了過來。

第二天，忽然通知開會。進了會場一看，清一色的右派分子。這麼說，我也未逃出羅網？夢中的情景應驗了！至此，懸在半空的僥倖心理徹底落空。怕當右派的憂慮為之一掃，憤懣之情重新溢滿胸腔。

後來才知道事情的起因。原來，人大法律系占了林希翎的「光」，挖出的右派最多，戰果輝煌，全校奪冠。新聞系總支書記章南舍心下歆羨，非要把冠軍奪過來。一番謀劃，再接再厲，又掀起了一輪新高潮——整風補課。終於如願以償奪得了頭籌。人大教職員八千一百人，劃右派兩百五十三人，占百分之三。新聞系師生五百人，劃右派四十三人，占百分之八點六。此外還有中右八十餘人。即占總人數百分之二十五的人，成了右派及「準右派」。我所在的六班，總共二十七個學生，劃右派七名，占百分之二十五點九三，即占四分之一強。十四個團員，只有兩人沒受團紀處分。除了六個右派，其餘的都成了「中右」。來自安徽的風維是，「雙反」時向黨交心，也被開除團籍。六班的兩「右」加到一起，占總人數的百分之七十點三七，剩下的「好人」，不足百分之三十。百分之七十的人，被打入另冊。

年輕的朋友，不要認為「中右」無非不被提拔重用而已，不會受到什麼歧視。殊不知，「中右」的情況千差萬別。六班來自解放軍的文娛委員王嗜學，由於是「中右」，畢業後，沒有單位接受，回到農村老家，當了五年「社員」。裡裡外外一個人，散了工回家做飯，飯未做好，集合鈴響了。不敢遲到，只得餓著肚子出工。大冬天，滴水成冰，破棉襖抵擋不住北國的嚴寒，用一根草繩紮在腰上，抵擋刺骨的寒風。這樣的艱難生活，他整整過了五年！前幾年老同學聚合，談起往事，他，滿面慍色，哀歎連連。

當初，六班一舉奪得全校班級的冠軍，理所當然地成了「優秀黨支部」。身為書記的于恩光，自然成了頭等功臣。畢業分配時進了令人欣羨的中共中央組織部。步步高升，很快成了重要的高級幹部。

前幾年同學聚會，有人說，于某之所以飛黃騰達，完全是占了反右的光。用他人的鮮血染紅自己頂子的話，放在他的頭上，一點不為過。不過，平心而論，誰在他的地位上，也會像他一樣，黨指到哪裡，就打到哪裡。那年月，就是那個「風俗」。六班右派的比例最高，是機遇，不是他的惡作劇。我甚至認為，他對所謂階級敵人，還有幾分溫情。除了上面舉出的，他沒有當眾揭露我要「退出反右」的反動狂言，而且對本人始終沒有疾言厲色。記得入學不久，他曾摟著我的肩膀說，要向我這個「老革命」學習。莫非他的溫情，來自對「老幹部」的憐憫？老于比本人年齡小，應該記得我說的句句屬實。

據說，對新聞系反右派的輝煌戰果，連系主任安崗都持有異議。不幸，這位摯愛學生的老報人為此付出了沉重的代價，被批為右傾，記入檔案，調出了新聞系，但他並沒有忘記蒙冤的年輕學子。直到二十二年後，對一些從鬼變成人、僥倖活下來的學生，仍然盡可能地伸出援手。敦厚仁慈的總支副書記申余，沒有安崗的勇氣，站出來為無辜的學子主持公道，以致留下了終生的遺憾。相信她不會忘記，當年對本人發言的真摯肯定，熱情鼓勵。據知情的同學透露，她在病逝前，仍然歉疚地叨念：「真對不起當年被錯劃的年輕同學們！」而反右英雄、面目猙獰的章南舍，很快露出了真面目。據說，當他的妻子要被劃為右派時，急得東跳西竄，四處託人求情，終於使自己的老婆化險為夷，他自己則安穩地做著「革命的左派」。但不知章書記是否想過，被他親手戴上「右」字鐵冠的一百二十多名「另類」，是否也有倚閭而望的年老父母，以淚洗面的弱妻，嗷嗷待哺的幼子？他們的青春甚至性命，從此被無情地葬送。

半個世紀以來，有個問題我一直不解。為什麼六班打了七個右派，除了一個預備黨員伍伯涵，其餘的全部是青年團員？其他班級的右派，也是團員大大多於黨員。難道團員真的是比黨員覺悟低嗎？

後來，有的難友提醒說，那是黨內已經有了「引蛇出洞」的內部消息，團員們卻被蒙在鼓裡，依然相信黨委反覆動員「鳴放」，是出自誠意。只有像虞耀麟那樣有正義感的少數黨員，方才不顧自身安危，挺身而出，仗義執言。不過，他們怎麼也不會想到，一番耿忠進言，會使自己身敗名裂，鑄成終身的禍患。不然，誰人沒有私心，他們絕不會徑投羅網，自尋其禍。這樣的分析，使我有茅塞頓開之感。

更使我不解的是，已經被右派言論嚇破了膽的偉大領袖，不是遽下決心整改，讓黨的肌體更加完美，使人們的不滿消弭，而是玩弄權術，製造騙局。居然通令全黨，繼續引蛇出洞。其目的無非是維持自己的光榮偉大，並借機整肅知識份子。這與視人命如草芥的德國納粹，有什麼兩樣？簡直是無法無天，喪盡天良！

二〇〇九年七月十五日草，二〇一一年九月五日改定。

第叁章　無邊苦海何處岸——「加冕」後的悲喜劇

一、壓頂鐵冠

（一）

在一九五七年的中國大地上，誰戴上一頂「右派」帽子，人立刻矮了半截。彷彿成了蛇蠍毒菌，人人喊打的過街老鼠。左派們不僅昂首挺胸，側目而視。甚而動輒提名道姓，大聲呵斥。難友們見了面，低頭縮腦，如同路人，誰也不敢打一聲招呼。

右派的全稱是：「反黨反社會主義的資產階級右派分子」。不知是因為反黨反社會主義，而成了資產階級，還是因為成了資產階級必然反黨反社會主義。反正成了右派，便改變了階級成分。至此，我如夢方醒，原來，特別重視階級成分的共產黨，劃階級的標準不只是財產，還可以是言論！御賜的名號，誰敢說個「不」字。從此漫長的二十二年，我這個貧農出身的土八路，脫胎換骨，成了資產階級一分子！改變了階級成分可以不在乎。一旦沉重的鐵帽子戴到頭上，立即成了「不齒於人類的狗屎堆」，想不在乎，根本做不到。抬頭看天，一片灰暗，低頭看地，滿眼荊棘。真不知往後的日子怎麼過。

正在消沉頹唐，度日如年，不知今夕何夕，明天又能發生什麼？忽然接到了開會通知。我在「護衛」的陪伴下，忐忑不安地進入了會場。

不料，這是一次給右派打氣鼓勁的會。婆婆媽媽的聶真副校長，再次到會講話。雖然一口一個「右派們」，但沒有訓斥和恫嚇，語氣中竟然充滿了鼓勵與期待：你們摔了跟頭，犯了嚴重的錯誤，這是令人痛心的。但黨從來是寬大為懷，仍然給你們重新做人的機會。摔了跟頭，可以爬起來嘛。你們應當沉痛接受教訓，徹底改正錯誤，放下包袱，輕裝前進。如果表現得好，三年之內便可以摘掉帽子嘛……

簡直是冰消雪融，春風拂面。會場上有人在抹眼淚，甚至聽到低低的抽泣聲。

但，我卻感到十分可笑。聽著這些「華美的約言」，彷彿鋼針刺耳膜。不但沒有讓我「鼓起改造的勇氣」，反而產生了嚴重的抵觸情緒，不但絲毫沒有感到喜悅和希望，還仍沉浸在深深的悲哀之中。哼！你們設下圈套，刻意製造出「階級敵人」，再假惺惺地施恩送惠「寬大為懷」。這跟把人一腳踹到深淵裡，撈上來之後，逼著人家磕頭謝恩有什麼區別？我天真地認為，既然毛澤東說過，凡是有人群的地方，就有左、中、右，右派，不就是你們眼中的落後分子嗎？好吧，騎驢看唱本——走著瞧，三年以後，看看誰能夠學到真本領，誰是真正的革命左派！

在我心目中的所謂「真本領」，就是考試拿高分，並且能寫出夠水平的作品。我自幼愛讀小說，並試著練習寫作。參加工作之後，曾經在報刊上發表過「豆腐乾」短文，甚至試著寫過小說，可以說，文學夢正是發端於這一時期。入大學之後，有一件事對我影響很大。在一次全系大會上，系主任安崗講話時，提出對同學的希望，如思想過硬，業務過硬等，接著提到，你們哪個能在四年內拿出幾十萬字的作品來，那才是好樣的呢。此時還沒聽說所謂丁玲的「一本書主義」。安主任的話，卻深深刻在了腦子裡，簡直成了我的座右銘。當了右派之後，知道在政治上從此是完了，幼稚地認為，文學路總是可以走吧？那就在文藝創作上下工夫，讓事實來證明，誰是左派、誰是右派，誰有真本事，誰是只會說空話的囊包。受巴金激流三部曲的影響，想寫一部類似的自傳體三步曲。很快便偷偷寫出了提綱。第一部的名字是「黎明雨」。寫家鄉解放前的艱難困苦。可是，不久就被發現了。小說提綱被拿去審查。返回來的不是提綱，而是一頓訓斥：

「你沒有資格寫什麼小說，你的任務是集中精力寫好每一份檢查交代！」

可是，我的主要精力，除了課程，根本沒有放在「寫好每份檢查交代」上。此時，讀了陳忱著的《水滸後傳》。內容是：水滸英雄敗落後，阮小七到梁山祭拜亡靈，不幸被蔡京的爪牙張幹辦捉拿。阮小七殺了張幹辦，攜母出逃，路遇孫新顧大嫂，聯合四散的弟兄，重新走上了替天行道的反抗之路。作者在〈原序〉中說，「窮愁潦倒，滿腹牢騷，胸中塊壘，無酒可澆」，方才提筆為活著的英雄譜寫後傳。我不僅為之感動，而且萌發了創作的衝動。便截取阮小七祭拜梁山一段，寫了一齣四場京劇折子戲——《祭梁山》，以傾吐「肝腸如雪，義氣如雲，秉志忠貞，不甘阿附」（〈原序〉）的鬱悶之氣。我讓阮小七一登上梁山，看到山寨一片荒涼，聚義英雄死的死，逃亡的逃亡，昔日的盛況不再，不由跪地大哭，揮淚唱了四句「二黃搖板」：「忠義堂倒四寨荒，英血灑盡怨宋江。何時弟兄重聚義，水泊斬蛟舉杏黃？」

接受了上次文稿被沒收的教訓，這次是躲在閱覽室偷偷寫出的，所以始終沒有被發現。不久便得知，右派寫的東西，根本沒有地方敢登。也就是說，寫作的資格也被剝奪了。只得藏到箱子底下，希望有豔陽當頭那一天。無奈，躲過了積極分子的眼睛，卻沒有躲過造反派的搜查。文革抄家時，它跟別的文字一起，成了抄家英雄的戰利品。

寫了《祭梁山》不久，課堂上講到了辛棄疾。得知這位大詞人是著名的愛國英雄，忠君愛國，功勳卓著，但忠貞與韜略換來的卻是屢屢降職罷黜，趕回農村種了二十多年的稻穀！時間過去了八百多年，這位前賢與今日右派們的遭遇何其相似乃爾。於是，我又萌生了為辛棄疾作傳的念頭。無奈，人成鬼魅，朝不慮夕，哪有創作的條件與心境。蒼天見憐，歷盡劫難，九死一生，終於留得殘生。直到一九九五年，才把四十年前的心願，變成了現實。一部五十四萬字的《鐵血祠魂辛棄疾》，在中國友誼出版公司付梓。出乎意料的是，當年就得到了山東省「精品工程獎」。

這說明，當時我不僅幼稚可笑，而且內心充滿了傲慢與不平，對那些積極分子打從心裡厭煩和蔑視。平時不與交談，在外面見了面，不理不睬，昂首而過。有一件事至今記憶猶新。當我滿懷惆悵地回山東老家過完了暑假，心情抑鬱地回到學校，在紅樓下遇上了吳志高。他老遠看到我，竟然熱情地喊：「老房，回來了？」同時快步上前，伸出手，準備向我握手。我不屑一顧，故意把右手猛地一甩，扭頭而去，把他冷在了那裡。老吳是聰明人，記憶力特好，當會記得我魯莽而淺薄的言行。

那年月，十天之內政策可以從鳴放轉到引蛇出洞，簡直就像打「政治擺子」，忽風忽雨，使人琢磨不透。不久，又參加了一個右派分子會議。還是那位細聲細氣的聶副校長。他的講話卻發生了一百八十度的大轉彎。他收起笑容，亮出滿臉的莊嚴：

「現在我來講講對右派分子的處理」。我側耳細聽，敲擊著耳鼓的是這樣幾句話：「右派分子既然反黨反社會主義，那就是反動派，人民的敵人。這樣的人，還配當大學生，當人民的教師嗎？當然不配！怎麼辦呢？上級有指示：他們不能再留在社會主義的大學裡——一個也不留，統統開除！」

晴天霹靂，天塌地陷！滿懷的傲慢不平，一掃而光！

十三歲跟隨共產黨幹革命，老家門口光榮牌子上的紅油漆，當時還耀人眼目，自己倒成了異類、革命的對象。農村出身的窮孩子，不但成了「資產階級右派分子」，還要被灰溜溜地趕回出生地，我有何面目回去見江東父老？

喊天不應，欲哭無淚。回到宿舍，我躺到床上，腦子裡一片空白。生平第一次，沒吃晚飯。一連許多天，像見到父親鬼魂的哈姆雷特，反覆想的只有一件事，是活著回去見父母妻子，還是從人間徹底消失？

生死的抉擇還沒最後下定決心，新的指示又來了。

二月十日，在護衛的陪同下，又參加了一次右派會議。原來，上次的「一律開除」是試點，現在的處理意見是分別對待。據說，這是正式的決定。聶副校長的婆婆腔，再次嚴厲起來。他說，對於右派的處理，教職工分六類處理。有歷史問題的，老帳新帳一起算，一律逮捕法辦；等而下之是勞動教養、勞動考察、留用考察等。對學生的處理分四類：一，情節嚴重，拒不認罪者，開除學籍，勞動教養，或者保留學籍，但要去農場勞動鍛鍊；二，情節嚴重，態度惡劣者，保留學籍，留校察看；三，情節較輕，有悔改表現者，戴上帽子，免於處分；四，情節輕微，不戴帽子，免於處分。

很久以後才知道，中央研究對右派的處理時，鄧小平、彭真等人主張嚴懲：章伯鈞、羅隆基、儲安平、葛佩琦等幾十名大右派，以及人大的學生林希翎，北大的學生譚天榮等右派領袖，一律逮捕法辦。後來，大右派們除了所謂有歷史問題的葛佩琦等，進了監獄或勞教所，其餘的一個沒開除，只是把官職降了幾級，屁股下的椅子挪了個地方。而兩位學生領袖，似乎罪惡更大，一律開除勞教。但英明領袖毛澤東像發明「陽謀」一樣。又天才地創造了「反面教員」的稱謂。他們沒有去勞教，而是留在學校當了「反面教員」。果然，反面教員盡作反面事，不久便去了本來該去的地方。這是後話。

會後，立即進入了處理階段。潘俊民去了勞教所，李之傑、岳文伯、汪廷煌去了農場。剩下的是二類處分。伍伯涵、江澤純和本人，繼續留在學校察看。

緊接著新聞系六班召開全體會議，對右派做組織處理。左派右派，濟濟一堂。伍伯涵是預備黨員，其餘六人都是團員。材料已經準備妥當，從伍伯涵開始，念完了一個人的罪狀，便舉手通過。事前特地聲明，右派也參加表決。預備黨員伍伯涵是取消候補資格。其餘六人，統統開除團籍。令我不解的是，他們六人對於自己被取消後補資格也好，開除團籍也好，一律舉手贊成，全票通過。最後輪到我了。念完了條條罪狀，宣佈開除我的團籍。舉手通過的時候，我義憤填胸，居然沒舉手。支書于恩光大聲問道：

「有反對的沒有？」

「有！」我用力地應一聲，高高舉起了拳頭。

頓時全場驚訝，噓聲陣陣。雖然沒有人當面指責，但我的不認錯，從此出了名。

會後，伍伯涵批評說：「老弟，你是明白人，幹麼淨幹蠢事呢？上面決定了的事，你不舉手，除了自找麻煩，頂屁用！」

「強加罪名，還要你自己投贊成票，我嚥不下這口氣！」

「好漢不吃眼前虧，能屈能伸大丈夫。你公開對抗，說不定給你『官升一級』。那時，悔之晚矣。老弟，我勸你以後少幹那些荒唐事吧！」

老學兄的話語重心長，令人感動。我沒聽說新聞系乃至全校，還有第二個如此不識時務的傻蛋。無奈生性難改。此後，類似的荒唐事我幹了不止一件。

一天早晨剛起床，宿舍裡來了幾個陌生人，命令睡在我上鋪的潘俊民收拾行李。潘俊民似乎早有思想準備，一聲不吭，麻利地把鋪蓋捲兒捆起來，提起早已收拾好的竹箱子，頭也不回，跟著走了。

宿舍裡的人，都愣在了那裡。沒有人跟這位同窗一載的同學打一聲招呼，眼睜睜地看著他的身影在走廊盡頭消失。後來聽說是去了勞教所。具體去了什麼地方，我不便打聽，估計也沒有人知道。從此天各一方，生死不知！

新聞系的主要學生右派，除了潘俊民之外，據說虞耀麟、凌國星也是一類處分。潘進了勞教所，另外兩人也不見了。他們是在職進修，據說被學校開除後，送回原單位處理。我班兩位「請願團」成員被戴上「極右」帽子，受到二類處分。捲起鋪蓋，跟其他的極右一起，到北京市紅星農場勞動去了。至此，六班七個右派，還剩下三個：伍伯涵、江澤純和本人。全部享受「寬大處理」——留校察看。不到兩年，汪廷煌表現積極，從農場回到原班學習。三年後岳文伯回新聞系讀書。直到一九六三年秋天，即五年之後，李之傑方才告別鐵鍬搞頭，結束勞動考察。但他沒回新聞系，而是到中文系插班讀一年級。畢業時已經是三十四歲的中年人了。這是後話。

（二）

右派處理完畢，我仍然接受不了強加給自己的無端罪名，竟然作最後掙扎。

我素有寫日記的習慣，日記可是思想活動的真實記錄。我想借助日記本，為自己洗刷和正名。於是，便將入學前後的一個厚厚的、紅皮面的日記本，主動交給了黨支部書記于恩光，粗魯地說道：

「請你們看看，從裡面能找到一點反黨的影子不能？」

于恩光不解地瞪了我一陣子，伸手接過了本子，翻看起來。我又說道：

「用不著急，留下來慢慢看。不過，如果找不出反黨言論，我這頂右派帽子怎麼辦？」

于恩光再次莫測高深地抬頭望著我，不置可否。我被他的冷靜激怒了，提高聲音說道：

「到那時，只怕……」話沒說完，忽然想到自找麻煩的警告，又把話嚥回去，扭身走了出去。心想，反正不說出來，交出日記的目的，他們也該清楚。

三天後，日記被悄悄退了回來。不知經過了幾個人審查，上面畫滿了紅黑道道。我心裡暗暗高興，雞蛋裡沒有找到骨頭，看你們怎麼收場？不料，下一次批判時，又多了一條新罪狀：嚴重的資產階級思想，使自己走上了墮落的道路！我恍然大悟。原來，我在日記裡，多次剖露了自己的作家夢。有多處寫到要多讀書，積極練筆，爭取發表幾篇稿子等。一心想成名成家，不是資產階級名利思想是什麼？資產階級思想主導人的行動，你墮落成右派分子，不是必然的結果嗎？

啞巴吃黃連，我一時語塞。主動交日記，不但沒有得到任何解脫，反而給自己幫了倒忙——找到了當右派合理合法的依據。又一次不識時務，偷雞不著蝕把米，我後悔莫及！

可能因為六班有三個右派，監督教育的任務太繁重，不久，江澤純被調去七班。從此，我與伍伯涵老學兄一起，開始了在六班的被「看押」日子。

用了「看押」這個字眼，絕對不是對學校恩將仇報。名義上對右派是「敵我矛盾按人民內部矛盾處理」，仍然保留公民權，胸膛上還別著白底紅字的校徽：「中國人民大學」。走到街上，頗能吸來幾瞥讚美的目光。但自從頭上有了一頂鐵冠，比監外執行的犯人難熬得多。實際上，「留校察看」不如說留校看押更恰當。監外執行的犯人，回到家裡，有家人的噓寒問暖。在學校裡「察看」，與犯人的實質區別，就是身上沒有鐐銬。你的人權、尊嚴統統失掉了。除了可以找個角落聽課，其他一切的一切，跟別的學生宛如生活在兩個世界裡。政治課，你學得再好，永遠只能考三分（學蘇聯實行五分制），而且支書公開在班上宣佈：「右派政治上就是應該不及格！」不但沒有人敢跟你交談，到處是敵視的目光，還有專人分工負責監視。我的「監護」人是共產黨員劉鳳陽。此人來自東北，一雙小眼睛特別尖利明亮。詩興澎湃，寫出的革命詩歌，常常出現在壁報上。他上課不離左右，睡在我的對面。只要是沒睡著，時刻用審賊的眼光盯著我。

有一天，他忽然跟我要照片。

我不解地問：「要我的照片幹什麼？」

「叫你交，你就交，別多問！」

我估計沒有好事，冷冷地回答：「沒有！」

「老實點！連一張照片都沒有，怎麼可能！」

「本來有，都貼了登記表、借書證及學生證等。」其實照片我有好幾張，故意不給。不料，我的故意對抗，阻止不住人家的革命行動。

他的小眼一眨，厲聲吩咐道：「那就把學生證交出來！」

學生證可不能說沒有。我只得交出學生證。他把上面的照片撕下來，轉身走了。

不一會兒，紅樓走廊上出現了一張公告：在我的照片下面，將我的姓名、籍貫、年齡、身材、面貌特徵等，一一列出，跟通緝令毫無二致。並加上說明：「全系的革命同學，都要認清這個右派分子的反動面目，一起進行監督。」

中午吃飯的時候，我發現自己的座位上插了一面小白旗，上寫「右派分子房文齋」，名義上是吃飯時讓大家進行監督，實際是進行人身侮辱。這一切，越發激起我對所謂改造的反感。

許多會議右派是沒有資格參加的，宿舍的走廊和院子衛生便由右派包了下來。學生輪流值日從此自動取消。所幸，七天有一個禮拜，積極分子不願意作犧牲，囑咐完了「好好呆在學校，考慮如何加速改造，不准到處亂跑！」自己卻跑得無影無蹤。伍伯涵的夫人在全國婦聯工作，他禮拜天回了家。我像慶幸得到放風機會的罪囚，幾乎每個禮拜都偷偷約上江澤純，從後門溜出去，逛書店或去公園的偏僻處散心。從此，我倆成了無話不談的朋友。每當四顧無人，免不了傾吐一番心中的不平與委屈。江澤純性格內向，自從榮登右榜，始終鬱鬱寡歡，從來聽不到他的歡聲笑語。有時溜進一家他們老鄉開的川味小館，吃一毛錢一碗的「擔擔麵」，或者要上半斤二鍋頭，外加一小碟豆腐乾，一小碟鹹花生米，總共花上不到一元錢，兩人舉杯對酌，尋一個微醺。但借酒消愁愁更愁，常常喝著喝著，他憂前程，想親人，伏到桌上，唏噓不已。

過了不幾天，又發生了一件荒唐事。

（三）

一九五七年暑假到了。臨行前，他悄悄找我談話，認真向我徵求意見。他打算暑假回四川後，不再回來讀書了。說什麼，苦苦追求上進，上了大學，結果成了異己。不上大學，呆在原籍，當他的副區長，哪能倒這個楣？一失足成千古恨，他被讀書害苦了。他想回到家鄉，跟祖傳中醫的父親學點本事，自謀生路。我一時不知該如何回答，他讓我認真考慮後，寫信告訴他，說完，留下了他愛人的通信地址。

我何嘗不是感到前途無望，自小就不喜歡讓人流臭汗的莊稼活。只考慮了幾天，就給他回信，支持他的選擇。不料，暑假後，他按時回來了。原來，他沒有收到我的信，親人又不同意他自動退學，只得極不情願地返回來，繼續接受監督察看。真是瘸驢專走窟窿橋，我連連叫苦不迭。原來，當我的信還在郵局的信袋裡輾轉時，他的愛人卻被從四川三台縣，調到了另一個縣裡。那年月，郵局挺負責。我的信到了，卻投遞無著，只得原信退回。七班黨支部看到有人給自己班上的右派寫信，卻被退了回來，如獲至寶，立即拆看。不料，寫信人的簽名只有一個F。由於我跟江澤純的來往頻繁，早在監視者的視線之內，很快便懷疑寫信人是我，「黑信」馬上轉到了六班黨支部。一對筆跡，果然是我。對反右不滿，支持右派逃避改造，我又增加了兩條罪狀。

一九五八年二月十一日。新聞系從海運倉搬到了鐵獅子胡同一號。一九一二年，袁世凱曾將總統府設在這裡。一九二四年，段祺瑞擔任中華民國臨時執政，這裡是執政府衙門，著名的「三一八」慘案就發生在這裡。劉和珍君就倒在門前那只張著大口的石頭獅子旁邊。

許多同學為「喬遷」而高興。這裡房子條件不錯，一色英式建築。有漂亮的禮堂，寬敞的宿舍，木頭地板，雕花磚牆，離市中心也近，出街十分方便。但想到這裡曾經是慘殺請願學生的屠場，劉和珍等烈士為了民主自由的鮮血就是拋灑在這裡；而自己為國家民族貢獻幾句諍言，便成了籠中的囚徒。雖然沒有飲彈倒地，與先烈們不過百步與五十步的距離，觸景生情，絲毫沒有喬遷的愉悅。反倒覺得，遷居不會給自己帶來好運氣。無非是從一處監獄，挪到了另一處牢房。

三月十六日，全班到西郊校本部勞動，挖青年湖。看到有些積極分子，雙手緊握鐵鍬，咬牙切齒，吭哧半天，也紮不進土裡去，我在心裡暗笑：你們倒是拿出批右派的勁頭呀，看我這個「資產階級右派」怎麼制服堅硬的土層。我的鐵鍬彷彿沒有費力便「刷」地插進了土裡，但他們仍然不肯放下架子向我請教。我的監視者，劉鳳陽開腔了：

「房文齋，思想改造是多方面的。他們來自城市，不會鏟土，你在一旁看笑話，這是改造的態度問題！」

我只得「端正態度」，一面教給他們怎麼用鐵鍬，一面在心裡罵：這才是資產階級跟無產階級的真正差別呢！

說實話，自從被載入另冊，我一天也沒有「老實」過。反覆思忖，我那些所謂反動言論，沒有一句謊言，全是治病救人的苦口良藥。我惟一犯下的大錯，不是「惡毒攻擊」，而是輕信「聖者」。這是血的教訓，今後，不管是神仙皇帝，還是聖人賢哲，不管噴上多少香料，拌上多少蜜糖，都要認清，那不過是世界第一流的香屁，再也不可輕信上當，這是融化在血液裡的教訓。

無奈，嚴峻的形勢，可悲的處境，擺在面前。再不遽然轉變，後果不堪設想。不為自己，還得顧及父母妻孥。我開始強迫自己學會做戲：時刻作痛苦認罪狀，拼命往自己身上潑汙水。正所謂生性難改，由於脾氣暴躁，性格外向，不但很難入戲，而且往往增加新的罪狀。

一天，在食堂吃飯的時候，一個右派聽說學校搞軍訓，立刻報名學射擊，但被告知，不准右派報名，分明是對右派不放心。我在一旁憋不住了：

「哼！莫非當了右派就變成了胎裡壞，腦後生著反骨的魏延？老子當年一長一短，挎過兩支槍，要殺人早就殺了。」

說者無心，聽者有意，第二天就被叫到支部書記跟前談話，說我散佈不滿情緒，妨害右派改造。警告我「不要繼續犯錯誤！」原來是那個撈不到學射擊的同類打了小報告。我如夢方醒。原來，改變了處境，改變不了本性。右派也不都是俠義耿直漢子，為了自己立功，不止一個人，不惜出賣靈魂。從此，對同類也防著幾分。對一個直筒子來說，這也不易。與左派，已經不是同窗學友，而是專政與被專政的關係，無事從不交談。右派到了一起，總不能也作沒嘴葫蘆，連句閒談也沒有吧？那不得把人憋死！結果，閒談幾句，又給打小報告的人提供了炮彈。

有一天，那個從農場回到班上姓汪的同類，笑話我吃飯慢。我說這是老毛病。戰爭年代實行軍事化，吃飯時，從解散到集合只給十分鐘，小米乾飯硬得像沙子，我緊吃慢吃，吹了集合哨子，仍然沒吃飽。不料，小報告很快上達了，「汙蔑革命陣營吃不飽！」

不用說，我的罪行簿上又多了一筆。

分明是見我屢犯錯誤，心裡不認罪。一天，上次審查我日記的那位同學，忽然向我要日記看。我說沒再記日記。他說，你態度不老實，有人看到你繼續記日記。我說，那就明天交。他說，你要是擅自塗改，後果自負。我說，肯定不會塗改。上次的教訓我並沒有忘記，說實話，上當以後的日記，雖然找不到反黨的毒草，牢騷不滿肯定少不了。我寧肯賺個對抗，也不肯再給他們提供攻擊自己的彈藥。當天晚上，我把上次審查了之後寫的日記，統統撕下來，投進了大便坑裡，然後交給了他們。

「公開撕日記，對抗改造！」又招來一場批判會。日記隨著大便走了，他們只能放空炮。逼我交代思想，我理直氣壯地回答：熱愛黨的日記交出去，卻增加了個人主義、資產階級思想。現在的日記上那類東西肯定少不了，我再交出去，又不知要增加什麼罪過呢？日記是我的，我當然有權力撕了。

「你的膽子不小！」

「明目張膽抗拒改造！」

咆哮了好一陣子，不得不在「嚴厲警告」之後，宣佈散會。

（四）

挖青年湖兩手磨起的水泡剛剛消退，又來了另一件光榮任務。一九五八年四月五日，新聞系全體學生去十三陵水庫勞動。

列隊走在春意盎然的山路上，同學們個個精神抖擻。前幾天，以毛澤東為首的領袖們駕臨工地，揮鍬鏟土的大幅照片，登在報紙的顯要位置上，誰看了都是無比感動。能緊跟領袖的腳步，到同一個工地去改天換地，這是多大的光榮！一路上，笑語喧嘩，歌聲不斷，彷彿不是去勞動流汗，而是踏青郊遊。

我一聲不響低頭走在隊列中。我知道光榮永遠輪不到自己頭上，等待我等異類的，將是苦不堪言的苦役，和無處不在的白眼。心裡嘀咕，腳步沉重。扭頭向四周觀望，荒嶺上楊柳吐綠，和風拂面，幾隻喜鵲在枝頭喳喳叫著。深吸幾口氣，心情輕鬆了許多。忽見路邊有一片塋地，墳頭上壓著黃紙，墳前飄著青煙，我才記起今天是清明節。一陣旋風刮來，紙灰旋轉飛舞，被捲帶遠去，頃刻間無影無蹤。忽然，我感到自己的命運，就像這身不由己的黑紙灰，不知將被捲送到什麼地方。

我們班在離大壩大約五六里地的一個村子裡安頓下來。第二天一大早，吃過早飯，便奔向工地。我們的任務是挑沙子築壩，壩基已經築起了十多米高，坡度足有四五十度。沙土鬆軟，無法行走，上面鋪著半米寬的翹板。挑起兩筐沙土，一個跟一個，沿著翹板往上爬。不到半個時辰，輕鬆的號子聲，變成了呼哧呼哧的喘息聲。

右派們更是有苦難言。裝筐的人鍬頭有眼，別人的筐可以裝半筐，甚至少半筐，對需要改造的異類，則必須裝得尖尖的，直到往外流才停止。擔重坡陡，加之平時缺乏鍛鍊，雙腿像灌了鉛，每前進一步都要付出極大的努力。儘管肩膀上捆上了坐墊改造成的墊肩，一天乾下來，兩只肩頭，已是紅腫得不敢撫摸。散了工，還得走五六里地回到營地吃晚飯。回到住處，別人一頭躺到地鋪上歇息，打飯、挑水、掃院子等差事，便成了右派當然的義務。我雖然自幼就參加農業勞動，但已經十多年肩未挑，手未提。突然幹如此強度的勞動，再加上額外的差使，如何吃得消？生平第一次嘗到了極度疲憊的滋味，甚至擔心會一頭栽倒在工地上，再也爬不起來。所幸，十天光榮的勞動，好歹熬了過來。

（五）

回到學校，本以為可以安靜地上幾天課。不料，向蒼蠅、蚊子、麻雀、老鼠開戰的所謂「除四害講衛生」運動，忽然掀起高潮。

四月二十一日，學校再次停課。新聞系全體學生，一齊登上東直門城頭滅麻雀。像守城的戰士一樣，列陣佈防，擺開迎戰的陣勢。人人手持武器——臉盆或者鋁碗，嚴陣以待。不是親身經過的人，簡直不能想像那壯觀的場面。看到麻雀飛來了，緊敲猛喊。一時間，整座北京城像患了瘋癲症，男女老少，傾城上陣。報紙上登出了劉少奇打麻雀的照片，連國家主席都親自上陣，多麼令人振奮！北京城沸騰了。從早至晚，吶喊聲，叮咚聲，此起彼伏，直沖霄漢。

驚恐萬分，惶急逃命的「害人蟲」們，有窩不敢回，有樹不敢停。滿目強敵，大禍臨頭！不但無處覓食，哪裡也找不到停留一秒的喘息之地。直到疲憊不堪地飛到天壇公園等，幾處布下天羅地網、沒有設防的「空地」上空，背後的驅趕聲方才遠去。高閣紅牆，飛瓴矗天的天壇勝地，不僅闃無人跡，而且地上佈滿了散發著香氣的穀米，原來救命的福地在這裡。又餓又累的精靈們，感謝天無絕鳥之路，趕忙收翅落地，拼命啄食。不料，剛剛啄食了幾口，便瞪眼垂翅，伸腿死去。我看到報紙的照片上，有用卡車往外運麻雀屍體的大幅照片，足見滅麻雀的戰果是多麼輝煌。

物傷其類。當時，站在城頭，望著朝屠場方向飛去的一隻隻小生命，不由一陣悲哀襲上心頭。「老家賊」們的可悲遭遇，與右派分子的命運，何其相似乃爾。惟一的差別是，前者是一舉置於死地，後者是慢慢地折磨死去……

說實話，我當時的思想，就是這麼灰暗與反動。

三天滅麻雀殲滅戰，大獲全勝。我班再接再厲，發動了一場向老鼠進攻的新戰役。我班來到朝陽公社一個農村的場院裡。查囤底，翻秸稈，發現老鼠洞，就挑水猛灌。老鼠不亞於狡兔，竟也有三窟。從一個洞口灌進水去，另一個洞口或者第三個洞口，便有亡命之徒逃出來。一鐵鍬拍下去，登時氣絕。割下尾巴，回到系裡報戰績。一天下來，收穫的老鼠尾巴比去的人數還多，堪稱是戰果輝煌。

「四害」中的蒼蠅蚊子，學校裡幾乎不見，又不能到城牆上或者農村去捉，人民大學便在「講衛生」上大顯身手——停課兩天搞衛生。一間宿舍，七八個人，花費兩天時間搞衛生，有那麼多的灰塵可打掃嗎？灰塵無處不在，下細工夫嘛。牆壁用毛巾抹，玻璃用濕毛巾、乾報紙一遍又一遍地擦，直到從哪個角度都看不到一絲灰影為止。床底的鐺子也擦得一塵不染。鐵一號，是建於清代的房子，地板上油漆早已褪盡，板縫木紋，藏汙納垢，笤帚拖把，奈何不得，便用蘆根刷子，洗衣粉，一遍遍地刷，然後用清水沖。一天折騰下來，總支來人驗收，拿著白手絹到處抹，見到一點灰跡，馬上返工……

人民大學畢竟不同凡響，為了「革命的需要」，從來不關心學生的學業。如此下工夫的停課講衛生，記得連續搞了好幾次。從反右以來，為了揭右派，批右派，停課成了家常便飯。而清華和北大，雖然同樣積極打右派，停課的情況卻很少。難怪人民大學成了政治堡壘，被譽為「第二高級黨校」。

二、異類生涯

（一）

一九五八年春天，一股名叫「總路線、大躍進」的強勁罡風吹進了校園。

一開始，天天學習文件，然後開始了行動。學生如何「躍進」？上面提出勤工儉學。班上開會討論貫徹，無奈「勤工」不是耍嘴皮子，需要動手來真格的。結果，議論了半天也沒有拿出一個項目。聽說別的班準備理髮、搞編織，有人提出，不妨六班也照辦。大家一致擁護，可是，事在人為，討論了半天，竟然沒有一個人應聲報名。

我這個人沒有大出息，卻一生興趣廣泛。每次到理髮店理髮，喜歡仔細觀察，認為理髮沒有大不了的難度。我的兩隻手並不笨，難道制伏不了一把推子，幾撮頭髮？於是，便毛遂自薦：

「我可以給大家理髮。」

支書于恩光驚訝地問：「你會理髮嗎？」

我毫不含糊答道：「會！」

有人自稱有理髮的「技術」，儘管報名的是個右派，但給班上解決了一大難題。于恩光很高興，立即命人買來推子、剪子、刀子、梳子等一應工具，讓我立即上陣。

我只得臨時抱佛腳，立即跑到學校理髮室理了一次髮。連眼睛都不眨，認真看了理髮師傅的各種操作。回來便成了「理髮師」。支書帶頭，成了第一個試驗品。

不料，我犯下了一個狂妄的錯誤。世間許多事情，看起來容易，做起來就不是那回事了。連割草鋤地都是如此，何況是理髮！當我拿起推子，站到毛茸茸的腦袋前，立即產生了悔意。但大話已經說出，此時已無退路，只得硬著頭皮幹下去。儘管我仿照理髮師的動作，用上了全部心思，由於缺乏練習，心到手不到，等到理完了才發現，那「髮型」，就像戴了一頂瓜皮帽子，要多難看有多難看。萬幸，「試驗品」自己照了照鏡子，不但沒有發怒，指責我瞎吹，反而笑道：

「湊服，湊服，沒關係，熟能生巧。大膽的理就是。」

「你看他理的這髮型……」有人在小聲嘀咕。

于恩光打斷了那人的話：「孰能生巧，他越理，肯定會越好嘛。第二個就給你理！」

那年月，不論在任何地方，黨支部比一級政府的權威都大。支書發了話，那人也就只得勇敢地拿頭來讓我試驗。其實，我報名理髮，並不是故意惡作劇，潛意識裡是一種抗拒：你們什麼技術都不會，而我會理髮，雖是雕蟲小技，說明右派不比左派笨。你們平時昂首挺胸，對右派橫眉冷眼，理髮的時候，可要乖乖地把腦袋伸出來，讓我隨意收拾。

（二）

大躍進的罡風越吹越激烈。到處插紅旗，放衛星。左派們今天到這裡寫調查報告，明天到那裡辦報紙，此等革命性極強的工作，右派們自然不配參加。「顧客」不在身邊，我的理髮「技術」也就失去了用武之地。便與伍伯涵、江澤純、傅家訓、甘粹、雷凡、伍士傑、江之滸、朱紹武等難友一起，被安排到系資料室幫忙。任務是翻閱建國前的舊報紙，擇錄與新聞活動有關的資料做成卡片，為編寫《現代報刊史》作準備。具體負責的是新聞系資料室副主任王前，她是副校長聶真的夫人，劉少奇的前妻。不知是否因為遭遇過坎坷，深諳人的命運不可抗拒，人生的不幸難以預料。對右派們不僅沒有疾言厲色，而且溫和關注。對在她手下勞動改造的極右派林昭，更是關懷慈愛。甚至把自身的不幸與憤懣，偷偷向林昭傾訴。我就是在這裡認識了林昭。林昭來自北大，已經畢業，留校監督勞動。據說北大中文系新聞專業併入人大時，新聞專業的負責人羅列欣賞她的才氣，將她帶了過來。她有肺病，臉色蒼白，咳嗽聲聲，人稱「林妹妹」。但頭髮濃黑，神態莊重。一雙大眼睛，晶瑩有神。我倆說話挺投機，有時在一起竊竊私語，互相傾吐輕信的苦衷，考大學的失誤。

不久，這位二十六歲的姑娘，跟單身漢甘粹談起了戀愛。一個星期天，他們偷偷約我出去玩，在景山公園和團城，給他倆照了幾張照片。二〇〇九年三月五日，《南方週末》刊出的那篇〈我為林昭拍了一張照片〉，就是寫的這件事。孰料，他們的戀愛，受到了總支書記章南舍的嚴厲批評：「不老老實實地改造，卻要資產階級情調。你們想造反嗎？」兩人不服，索性申請結婚。章書記大怒：「右派有什麼資格結婚？」「我們有公民權為什麼不能結婚？」「你們認為給了公民權，就可以為所欲為？笑話！」本想追求幸福，卻招來了大禍。甘粹立即被發配新疆勞改農場，一去二十多年，差一點把小命扔在那裡。不久，林昭因病回蘇州休養，據說因反革命罪被捕，由於拒不認罪，被判無期徒刑，繼續不認罪，再次升格——死刑。一九六八年的一天，當局向她家要五分錢子彈費，父母才知道女兒被祕密處死，但不告訴遺體在哪裡。她的老父親經受不住打擊憤而自殺，當過蘇州市政協委員的老母親被刺激瘋了，披頭散髮，四處遊走，不久後，淒慘地死在大上海的馬路上……

為了超英趕美，全民的大煉鋼鐵運動進了校園。高等學府校園裡，到處建起了土高爐。到朝陽門城牆上拉土壘高爐，搬磚運鐵守爐子，右派們又派上了用場。至今清晰地記得，第一次拖著地排車，走在北京的馬路上，我竟然羞得抬不起頭。足見，資產階級思想多麼嚴重，多麼需要改造。後來進了工廠，當上了專職搬運工，掃街，挖廁所，什麼都幹過，不但再也沒感到丟人，嘴裡還整天哼著樣板戲。但遊街示眾時，我始終是昂頭挺胸，凜然無所懼。揪到臺上示眾，被按著脖子坐「噴氣式」，依然怒目而視。我發現，自己的劣根性簡直比石塊都堅硬。勞動改造了我的靈魂，再不以勞動為恥，卻始終接受不了人格侮辱。

超英趕美的大煉鋼鐵的狂潮，激蕩不已。儘管人們累彎了腰，熬紅了眼，投進去的破鍋爛鐵，被煉成了鐵坨坨——毫無用處的垃圾。我個人惟一的收穫是增加了一點常識。此前總認為爐火是通紅的。此時才發現，在鼓風機的勁吹下，爐膛裡竟然白花花，並有淡淡的青光在跳躍。我忽然貫通：原來所謂「白熱化」、「爐火純青」等辭彙，是從這裡來的。

（二）

緊接著，報紙上天天是農業放衛星的加紅報導。一天，在小禮堂聽躍進報告，當報告人講到，小麥畝產已經突破了兩萬斤時，我噗哧笑了出來。坐在旁邊的傅家訓低聲問：你笑什麼？我附在他的耳朵上說：「一派夢話。」散會後，小傅追根問底。我告訴他，兩萬斤小麥需要裝一百麻袋，撒在一畝地裡足有二指厚，天底下哪有如此高的產量？城市出身的小傅連連點頭稱是。殊不知，後來小麥「衛星」放到了十幾萬斤，水稻放到了幾十萬斤。簡直是彌天大謊，一派夢囈。我出身農村，又在基層工作了若干年，地裡能打多少糧食，騙不過我，我一開始就看穿了「皇帝的新衣」。但，自己心裡明白也就是了，竟然毫無戒備，忘記了自己就是因為說真話，成了不齒於人類的狗屎堆！多虧小傅不是出賣朋友的立功者。不然，後果不堪設想。無奈，我這個愣頭青，仍然不知戒備。有一天，在伙房的院子裡蹲著吃飯。傅家訓指指碗裡的米飯，低聲歎道：

「唉！再有這麼一碗，我的肚子才能不反抗呀。」

我冷笑道：「好好念佛吧，能永遠保住這一碗，就燒了高香了。」

「真的嗎？你有什麼根據？」

「不信走著瞧。」我扔下一句話，轉身走了。

畢業後，我去了貴州，分配到農學院圖書館。當時，定量已經降到每月二十三斤，每天不足八兩米。買醬油和鹽巴都要用票，饑餓伴著浮腫橫掃神州大地。一天，先我而去的傅家訓去看我。一見面，就奇怪地問我：

「老兄，你怎麼前年就知道往後要挨餓呢？」

「嘿，那是明擺著的事嘛。自從成立了合作社，糧食產量每況愈下。等到成立了所謂一大二公的人民公社，更是雪上加霜。大躍進時，農民被趕去修水庫，大煉鋼鐵，糧食爛在了地裡，公共食堂又搞放開肚子吃飯。你想，糧食收穫的少，支出的多，不是明擺著的事嘛。」

「咳，老兄不說，我真弄不明白，解放十多年，為什麼中國人忽然挨起餓來。」

現在說這些，並非誇耀我多麼高明。而且有先見之明。其實當時心裡明白的，大有人在。人家知道說真話的恐怖，不肯開口而已。這再次證明，我這人淺薄無知，不知利害。一九五九年的廬山會議上，彭德懷不就是說了幾句實話，反對盲目冒進，成了「右傾機會主義分子」，勇冠三軍的大元帥，眨眼成了階下囚嗎？

一九五九年，學校又開展了「雙反交心」運動。這雙反是反什麼，我始終也沒弄明白。可能是因為右派是異類，早已跟共產黨離心離德，打入另冊，不需要他們交黑心，有關會議自始至終不讓右派參加。那也好，因為那是又一次整人的運動。那些尚有資格參加「交心」的，同樣是說了實話，誤了自家。六班來自安徽的風維是同學，細高個，長方臉。一雙大眼睛炯炯有神，可惜仍然沒有識透箇中機關。她狠批自己的私心雜念，向黨誠懇交心，結果以思想落後的罪名，被開除團籍。足見，號召鳴放，是引蛇出洞的「陽謀」：動員「交心」，仍然是誅殺異己的「陽謀」的餘韻！

有一天，黨委書記胡錫奎深入下層，忽然來到六班宿舍。全班學生都集中在西北角最大的宿舍裡恭候迎接。胡錫奎進來了，全體熱烈鼓掌。他跟興高采烈的同學一一握手，我躲在西南角，面牆而立，既沒有鼓掌，也沒有向他做幸福的笑臉。肯定是我的怪異行動引起了這位高官的注意，竟然向我走來。于恩光急忙趨前幾步，附在他的耳朵上嘀咕了句什麼。胡錫奎走近來冷冷地問道：

「右派，你對運動是什麼看法？」

一聲「右派」，使我勃然大怒，雙眼瞪著這位老革命，粗魯地答道：「你們什麼會都不讓我們參加，我會有什麼看法！」

說罷扭頭向牆，不再搭理。胡錫奎碰了個軟釘子，一時語塞。什麼也沒說，訕訕地扭頭離開，向別人打招呼去了。

事後，難友伍伯涵再次批評我：「你這人呀，標準一個莽李逵！你怎麼敢當眾頂撞堂堂黨委書記呢？當時我真為你捏一把汗。多虧老幹部有涵養，不然……」

我粗魯地打斷他的話：「哼，他要是喊我一聲『同學』，我當然會好好地回答他的問話。可他當面喊我『右派』，你聽了能不生氣？」

「唉，你應該學會不氣——我們本來就是右派嘛。」

「身為黨委書記，竟然如此無禮，你還說他有涵養！他要是個充積極的『中右』可憐蟲倒也罷了。」

這話並不是假設，就在此前不久，停課搞衛生。一個來自遼寧的小個子管煜，平時特別喜歡竄街。那天他不知找了個什麼藉口，又溜了出去。回到宿舍時，我站在西北角的窗戶上擦玻璃，他沒看到，一進門就喊：

「房右呢，到哪兒逃避改造去了？」

我這是第二次聽到有人當面喊我右派。本想回敬他幾句，想到他是為了掩飾自己偷懶，而充積極，怪可憐的。沒有像頂撞胡錫奎那樣冷言相對，只是瞪了他一眼，並沒有頂撞和譏諷。所幸，那次頂撞黨委書記的犯上事件並沒有招來一次批判會，或一次警告性的談話。這也是認為于恩光對我有溫情的根據之一。

正所謂十年河東，十年河西。等到十年浩劫降臨，充耳是「老右」的喊聲，我不僅不再反抗，還順從地答應，也許這就是無產階級專政的威力。做夢也想不到的是，那位氣指頤使、睡過延安窯洞的老革命，竟然成了六十一個大叛徒之一。鐐銬加身，身陷囹圄，被關進秦城監獄許多年。平反後，官升一級，去西北局擔任書記處書記。

（四）

大躍進的狂濤巨浪席捲神州，六班的同學今天到四季青公社辦報紙，明天到石景山鋼廠調查，新聞系辦起了《新聞與出版》報。有了報紙就需要印刷，為了鍛鍊學生，也是勤工儉學需要，新聞系辦起了印刷廠。印自己編的報紙，也攬外活。從學校印刷廠調來崔、劉兩位老師傅，分別負責排字和印刷車間，指導學生勞動。這一來，右派又有了用場。我被安排到印刷車間在崔師傅的手下勞動。

印刷車間只有一台平板印刷機，可以印對開的大報紙。崔師傅年近六十，已經開始謝頂，幹活要帶老花鏡，卻臉色紅潤，精神矍鑠，對人很和氣，我絲毫沒有被歧視的感覺。在這樣一位老師傅的指導下勞動，有如在長輩身邊的親切感。

平板印刷機是坐著操作，機器開動起來，右手三個指頭，捏著一張對開新聞紙的一角，一張接一張地往裡遞。機器轉一圈，要遞進一張，時間要不早不遲，位置要不偏不倚。稍有偏差，便是廢品。這活看似輕快，可不容易對付。一開始，手忙腳亂，便先用廢報紙練習，直到準確無誤了，才能正式上機印報紙。有人半月二十天，仍然不能在規定的時間裡，將紙張準確地送到應有的位置。可能是我的雙手比較靈巧，不到一個禮拜，就能獨立上機操作，而且不出一張廢品。這使得老師傅更加喜歡我，無人的時候，常常跟我說說心裡話。一天，他搖晃著兩手說道：

「我是憑著這個吃飯，那位（他指指印刷車間的方向，然後指指伸出的舌頭，）憑的是這個。」言語間一副不屑的神氣。我才知道，排版的劉師傅是黨員。崔師傅對舌頭長的黨員蔑視，說明他是一位正直的硬漢子。能在他的手下工作，我感到很幸運。

崔師傅技術過硬，工作認真細緻，像愛護眼睛一般，愛護那台老機器。他的級別到了技師，卻仍然是個白脖子群眾。難得的是，他對所謂積極分子不屑一顧，對右派卻充滿了同情。有一天，他長歎一聲，低聲說道：「你們這些大學生，碰上了壞年月呦，毛主席不喜歡讀書人呀。」一個老工人說出這樣的話，我大感意外，唯唯點頭聽著，沒敢插一句話，心裡卻有遇到知音之感。

第二天，機器出了一個故障。上午一上班，印出的報紙在一個固定的地方，總有一片模糊的墨跡。老師傅一遍遍圍著機器找原因，卻總是找不著。其實，要是不管它，不過是三幾個字有些模糊，不會有人在意。但老人家對質量一絲不苟，非要找到原因並把它消除了不可。兩個鐘頭過去了，老人家的禿頂上冒出了顆顆汗珠。老花鏡戴了摘，摘了戴，那塊黑灰，依然據守在報紙上不肯挪動一步。老人氣得用廢紙擦擦手，坐在一邊抽煙喘粗氣。

我一直在旁邊仔細觀察，終於看出了門道。認為問題不在機器內部，而是外面的原因。我把看法說出來，老人連連搖頭：

「嘿，油墨、墨輥都在機器裡面，怎麼會是外面的原因呢？你說的不對！」

我堅持說：「崔師傅，我分析，問題是出在翻紙的竹牌子上。」

師傅仍然搖頭。我請他來到機器後面，指著翻紙竹牌子上的一個線繩疙瘩，說道：

「師傅，墨跡在固定的位置，肯定就是這疙瘩抹出來的。」

「嘿，怎麼能怨著這個疙瘩呢？」他仍然不住地搖頭。

我堅持說，肯定就是那個疙瘩搗的鬼。他只得說：

「要不你就試試看。」

我把疙瘩解開，重新結的小一些，並移到竹排子後面。然後開機印了一張。拿過來一看，果然，墨跡無影無蹤。再印一張，依然如此。老師傅摸著禿頂感歎道：

「房文齋，你小子真行！我這老幹家，跟印刷機打了大半輩子交道，從來沒遇到這樣的問題，竟然叫一個小疙瘩難住。可，怎麼突然跑出來這麼個討厭的疙瘩呢？」

「師傅，疙瘩早就有。不知是那位同學給挪了地方。」

「唔，肯定是這麼回事。以後他們來了，你得留心好生看著點。」

一個意外事故，不僅讓我露了一手，而且得到師傅的喜歡與信任。而「技術過硬」的名聲一出，政治上不僅絲毫沒有帶來好處，反而增添了不少麻煩。有好幾次，夜裡睡意正濃，忽然被叫醒，原來是印刷機耍起了脾氣。師傅的家離學校遠，值夜班的人玩不轉，便跑到宿舍裡向我告急。我只得揉揉惺忪的睡眼，爬起來跟著去排除故障。每次都是手到病除。老人家知道了，對我更是刮目相看。

有一天，他讓我坐在他的面前，語重心長地跟我談心。說什麼，毛主席共產黨既然不重視念書人，那麼多大知識份子都被整倒了，你們大學畢了業，也沒有什麼前途。哪跟上當個工人階級，既光榮又安全？見我沉吟不語。他又加了一句：

「你放心，你有兩隻巧手，又肯用心思，不用二年，我讓你當上三級工。不光養家糊口沒問題，用不到幾年，也能跟我一樣，混上個技師。你好好想想吧，想好了我跟學校說。」

崔師傅的美意，我反覆考慮過，但卻遲遲沒作答覆。我之所以放著光榮的工人階級不做，原因有三：第一，老婆孩子在山東，在北京當了工人，永遠別想全家團圓；第二，萬一共產黨還像三反、五反等運動那樣，來個糾偏一風吹，興許可以繼續當我的小幹部；第三，更重要的是，人民大學是我的傷心地，斷魂谷。寧肯遠走天涯海角，我也不願生活在欺騙、凌辱、摧殘過我的地方。「過硬」的技術，代替不了頑固的思維。我最終沒有接受崔師傅的勸告，放棄了光榮的工人階級。兩個月後，我又回到了六班。而楊教等三個排字的右派，卻正式留下來當了工人。不知是他們對前途看得更透徹，還是因為是單身漢無牽掛？

這時又來了一個運動——反右傾。彭德懷為首的彭懷德、黃克誠、張聞天、周小再右傾機會主義反黨集團，居然反對總路線、大躍進、人民公社所謂「三面紅旗」，汙蔑人民公社大批餓死人，有的地方甚至人吃人。新聞系副主任、一向實事求是的羅列，也成了「彭黨」，被拔了「白旗」。不知是否因為右派比右傾還反動，不必降格再批，我們只是跟著學文件，沒再逼著檢查右傾，寫深挖反動思想的贖罪檢查

（五）

可能是擔心右傾集團的流毒，已經毒害了廣大的基層老百姓，北京郊區要進行「整社」。一九六〇年一月，新聞系學生去朝陽公社進行為期三個月的社教。我盼望著繼續回印刷廠勞動，在慈祥的崔師傅手下當我的學徒與被人戲稱的「兼職師傅」，但卻遭到了拒絕：跟全班一起去受教育。我只得跟隨著大隊人馬下了鄉。六班分到了北京朝陽區八里莊大隊，被安排住在敬老院裡

的東廂房裡，男女同學分別睡通鋪，敬老院的炊事員兼理我們的伙食。

每天早晨，別人還在呼呼大睡，我就起床掃院子，裡裡外外掃乾淨了，然後到井上去挑水。多虧我是農村出身，不然到這深井上用擔杖鉤擺桶打水，那可是個大難題。等到敬老院的大水缸挑滿，別的同學也起床了。飯後，隨著他們訪貧問苦。出乎意料的是，貧下中農們，似乎都中了右傾分子的毒。反覆啟發，他們很少訴萬惡的舊社會的苦，反而埋怨每頓一碗「碗糕」吃不飽。所謂「碗糕」，就是用少量的玉米麵，放在碗裡加滿了水，放在籠屜上蒸，蒸熟了滿滿的一碗。有數量沒質量，吃下去，當時感覺飽了，撒潑尿又餓了，難怪社員們牢騷滿腹。我親耳聽到，一位姓常的老太太憶苦思甜時，竟然成了「九斤老太」。她滿臉怒容地說，新社會跟舊社會比，「黃鼠狼子下老鼠——一窩不如一窩！」我聽了，驚得打了個激靈。多虧她是老貧農，不然吃不了兜著走。

「社教」除了教育農民，還有宣傳社會主義新農村新氣象的任務。要求各班深入挖掘好人好事，寫出稿子上交。稿子越多越好，經北京市委宣傳部審查後，編輯出版，公開發行。班上開會動員大家報題目，誰發現了有價值的線索，立即報出來，然後深入採訪，寫成稿子上報。六班是先進班，應該處處領先。可是，研究了半天，也沒有幾個像樣的題目。有人說，八里莊有幾個大水塘，可以連成片修成公園，載上荷花，養上魚，再修幾座曲橋，幾個涼亭，供農民休閒遊樂。讓農村舊貌換新顏，體現建設社會主義新農村的美滿生活。這個題目得到全班一致的肯定，立即確定人選，動筆寫提綱。此外，再也拿不出個像樣的題目。其實，我心裡已經有個題目，但礙於身份不便開口。

自從成為另類，兩年多來，除了被逼著當眾檢查，交代罪錯，發言權早已被徹底剝奪。來到鄉下以後，處處小心翼翼，極力好好表現，沒有人無故找麻煩。這已經是萬幸，哪敢隨便開口？無奈，我這人生性淺薄直露，一顆心始終掛在臉上。可能目光敏銳的于恩光看出了端倪，望著我說道：

「房文齋，你有話，也可以大膽地說嘛。」

一時間，我忘記了自己的身份，貿然答道：「我也想到了個題目，不知當說不當說？」于恩光爽快地答道：「當然可以說。你快說，是個什麼題目？。」

我說，根據我的觀察，這個小隊的老貧農高永福，一心愛社，事蹟不少。我估計有值得一寫的價值，可以作為文章的題材。哪位同學感興趣，不妨採訪一下。

于恩光略一沉思，立即答道：「你是農村出身，對農民熟悉，就你自己寫。」

我大吃一驚，趕忙推託道：「我？光對農民熟悉可不行。我的思想水平……」

「你勇敢地寫就行嘛，我們會給你把關的。」于恩光打斷了我的話：

「哪，讓我寫，不合乎身份吧？萬一……」我仍然「勇敢」不起來。

「這是黨對你的信任，你顧慮什麼？」他指指坐在我旁邊的戴永泉，「你陪著，不，由你帶著房文齋。你們兩個，一定要努力完成這個任務！」

話說到這個份上，我無話可說，戴永泉更是唯唯聽命。此後幾天，在戴永泉的帶領下，開始了採訪。多次向高永福本人，他的家人、鄰居，以及隊幹部等做深入的調查。

戴永泉同學來自大城市天津，面貌清秀，像個大閨女，平時寡言少語。他出身工商業家庭，從來沒接觸過農民。採訪時，處處聽我指揮，一口一個「老房」。到了農民家裡，我與採訪對象交談，他一言不發，坐在一邊低頭飛速作記錄，帶隊人彷彿成了我的秘書。事後想想，那可能是支部的部署，讓一個異類去與社員接觸，畢竟是有危險的事。

我們的採訪對象，五十五歲，幾代老貧農，年輕時候被火車軋斷了左腿。左腿膝蓋以下是一截木頭，走路一扭一歪，咚咚作響，只能靠乞討活命。解放後翻了身，扔下了討飯棍。公社化後，隊裡安排他做積肥員。每天趕上一輛驢車，挨家挨戶收糞水。他人老實勤快，幹完本職工作，社員哪家有事情，他就主動去幫忙。

經過幾天的訪問，獲得大量生動的材料。我跟領頭人說，你該動筆啦。寫的過程中，還缺什麼材料，你吩咐，我再去跑。戴永泉一聽就笑了：

「開的什麼玩笑，我不過是個聾子耳朵。」

「咦？訪問時，我說的話多，可你記錄的多呀。材料在你手裡，寫起來，肯定更順手。」

「什麼呀，你們有些話，我根本就聽不懂。我認真記錄，不過是做樣子而已。你不要打著鴨子上架嘛。」

「可我的身份，不合適呀。」我故意推託。

「支部說是叫我帶你，我知道是要我當配角，你大膽地寫嘛。」

不是小戴謙遜，他對農民太缺少瞭解，與農民根本沒有共同語言。讓他執筆，確實是打著鴨子上架。

我只得服從：「好吧，我聽你的。不過，我拉出荒來，你可得把關——修改定稿。」

於是，我便趴在宿舍鋪上動筆寫根正苗紅的老貧農。戴永泉不離左右，陪在身邊。既像是監視，又像是認真學習。文章寫得很順手。三天後，五千字的〈愛社如家的高永福〉，便拉出了初稿。我讓帶隊人修改定稿，他一聲不響接過去，一字不易地清抄了一遍，交給了支部書記。結果，在班會上一念，全體通過。立刻派人和另一篇〈建設新農村遠景〉的稿子一起，送了上去。

幾天後，返回消息。送去的兩篇稿子，那篇建設新農村的稿子，需要再修改。只有〈愛社如家的高永福〉，被市里選中了，準備收進專輯裡。支部書記宣佈這個「好消息」時，面露喜色。淡淡地說了一句：「戴永泉他們幹得不錯。」「他們」自然包括一名被監視的右派在內，算是給足了面子。自從光榮加冕，這是第一次，也是唯一的一次，不挨辱罵受表揚。

會後，戴永泉跟我說：「那篇文章，署了咱倆的名字。我一個字沒寫，名字卻在前面。那可不是我……」

我急忙回答：「我理解。我的名字雖然寫在後面，正式出版時，還得刪去。」

不給署名，我心裡也很得意。那年月，右派哪有發表文章的權利。一九五七年暑假，我回老家探親，一個人到村南的鳳凰山麓散心。雲淡風輕，莊稼飄香，山溪朗朗，鳥聲婉轉。胸中的惆悵煩悶為之一掃，當即構思了一篇遊記：〈山鄉鳥歌〉，在老家寫出初稿，回來寄給了老舍擔任主編的《北京文藝》。很快便得到了回信：文章決定採用，但最後一段需再渲染一下，在調子上再高昂些，請抓緊修改寄來。我連夜加上了一段高級社的新氣象之類光明的尾巴，第二天寄了回去。能在老舍先生主編的刊物上發表文章，可不是容易的事，真是令人高興的好消息。一連幾天，腳步輕捷，夜夢甜美，耐心等待著好消息的來臨。

「好消息」很快就來了，快得出乎意料。打開一看，不是新出版的刊物，而是退稿！我怔在那裡許久，像重重地挨了一悶棍。繼而一想，恍然大悟。我修改稿子時，沒想到防範，結果被監視者劉鳳陽看了個明白。不用說，立即給刊物編輯部去了信：揭發文章是右派分子寫的，不能刊用！後來聽說，當時報刊接到投稿，一律先調查作者的背景，如階級出身、政治思想有問題，稿子再好，也只能填充廢紙簍。有了那次教訓，想當作家的野心徹底打消。從此，除了寫檢查，再沒寫一個有關文藝方面的文字。現在，全班惟一一篇被選中的文章，居然是本人執筆，證明所謂反黨反社會主義的右派分子，不是孬種！我得意了許多日子。六班的同學大都健在，他們會證明這不是吹牛。

寫到這裡，又想起了一個小插曲。開攝影課的時候，組織到北京國棉二廠實習。一眼望不到頭的織布車間，機器嘩嘩響，震耳如聾。工人們手忙腳亂，沒人理會你，一時不知該拍些什麼。我拍了幾張不同角度的車間全景，還拍了女工接線頭、操作機器、做記錄等現場作業鏡頭。而有的同學居然始終沒有撳動快門。據說，不知該照些什麼。回校後，六班在走廊上搞了個小展覽，總共不過二十幾張照片，居然有四五張是我拍的。我的不平心理，再次得到了安慰。

在八里莊期間，天寒地凍，還參加了修水庫和開水渠的勞動，由於處處賣力氣，總算沒有被抓住什麼把柄。雖然受凍受累，吃了不少苦，終於安全地度過來了。

三、遠徙苗山

（一）

不久，人民大學「剪報公司」宣告成立。單位初創，四處招人，在資料室幫過忙的右派兄弟，被派去擔任編輯：其他的人員，由人民日報、中國青年報，社科院、全國婦聯等協作單位支援，並在社會上招了一批臨時工。劉愛芝老師兼職管理，宋來未具體負責。

顧名思義，剪報公司就是剪報紙。訂下許多種中央級報紙，每種訂上若干份，編輯認為有價值的文章，用紅筆圈出來，由女工剪下來，黏貼到十六開新聞紙上。分門別類，根據每個部門的需要，將有關文章賣給他們。雖然是花錢買資料，但用起來很方便，自然有許多部門願意購買。一時間，客戶激增，十分忙碌。後來有了影印機，剪報才完成了使命。現在，享譽全國的人大複印資料，就是在剪報公司的基礎上發展起來的。

剪報公司的的資料，既然是「賣」，便跟客戶有經濟來往，需要建帳。我是會計出身，便被委以重任——當了會計。現金出納，是人民日報財務處來的董會計。公司沒有現成的帳本和會計科目可資參考，我根據公司的業務需要，建起了日記帳、分戶帳，總帳等，以及應有的票據。公司很快運轉了起來。人員來自各單位，他們雖然都知道我們的異己身份，但都很熱情，稱呼我們時，總是在姓氏前面加個「老」字。一時間，我成了「老房」。這使我們感到很溫暖，加之學生下鄉離校，八位難友住到了一起，身份相同，平等和氣。雖然沒有人敢當眾表示對「陽謀」不滿，但同病相憐，互相關懷。歇班時，結伴逛公園，進餐館，失去許久的人間溫暖，再次回了我們身邊。有一天，我忽發奇想。提議難友們拍張合影，紀念這次愉快的團聚。我們八個人，來到學校附近一個名叫「七姊妹」的小照相館，拍下了一張清一色的右派合影。這八個人是：伍伯涵、甘粹、雷凡、傅家訓、伍士傑、江之滸、朱紹武和本人。這是難得的，大概也是罕見的一張右派合影。因為那年月，異類沒有多少人有雅興留影，何況是八人合影。這張寶貴的合影，逃過文革浩劫，保留下來。現在附在書前，讀者們可以一睹異類們的可憎面目。

不是自誇，我的會計業務很熟練，很快便得到領導好評。特別是劉愛芝老師，對我很欣賞。見了面，溫語關注，宛如長輩。得知我會拉胡琴，把自己的一把京胡拿來，讓我「過過癮」。我剛拉了〈西皮小開門〉、〈夜深沉〉等幾支曲牌，老人家便連稱「有味兒」，當即要將京胡送給我。我受寵若驚，不敢接受。他說：

「同樣是這擔胡琴，我就從來沒拉出你這味兒，足見我不是這個材料。——送給你啦。」我連聲拒絕。他正色道：「咳，放在我手裡，虧待了這擔好胡琴！寶劍贈英雄。別客氣，它是你的啦。」

說罷，把胡琴塞給我，揚長而去。盛情難卻，我只得接受了他的饋贈。

臨時工中有兩位婦女會唱鬚生。休息時，常常唱上一段〈甘露寺〉，或〈借東風〉、〈捉放曹〉啥的。聽起來，有板有眼，韻味挺足，很受歡迎，心裡美滋滋的。雖然是苦中作樂，每當揮弓撚弦，幾乎忘記今夕何夕。

已經扔下十多年的會計業務，算盤也手生了。但我很快找補了回來，帳目合理，算盤熟練。年逾半百的董會計，對我讚不絕口。一天，我在結帳，她在旁邊觀察了好一陣子，長歎一聲說道：

「你的算盤打的真溜。我這二十年的老會計，望塵莫及！」她還多次當眾感歎：「我們處長比你的水平差遠了。老房，你要是……唉！」我理解她「要是」的含義，心裡很得意。

其實，那時真正對右派痛恨的，並不是每一個人。有人不僅不痛恨，還頗為同情和友好。值得一提的是，公司的兩位姑娘。一位姓司，二十歲，來自人民日報。一位姓王，十六歲，剛剛小學畢業，由於家庭困難，失學幹了臨時工。有一次下班晚了，司姑娘說害怕，要求我送她回家。我不好拒絕，但提出下不為例。她問為什麼？我明確告訴她，我送她不方便，不僅是右派，而且老家還有老婆孩子。她不以為然：「那些事俺都知道，不就送送嗎，俺又不是跟你……俺都不怕，你怕什麼？」

此後，她繼續約我遊公園，逛商店。我一再堅辭，才不來難為我了。那個姓王的小姑娘，有事沒事愛往會計室裡跑。雖然屋裡有出納和一個姓黃的老收發，次數多了，便有人指指戳戳。難友告訴我，有人說，因為我長得帥，她是衝我去的。我感到了危險，立即勸她不要隨便來。這話分明傷害了她，從此不但無事不進會計室，見了面連話也不說了。

舒心的日子過了一個多月，劉愛芝老師不來了，換上了一位臉色嚴肅的胖女人，據說她是一位頭頭的太太。此人個子不高，覺悟卻很高。來到之後，立刻加強了政治思想工作。有些成分不好的臨時工被辭退，兩位會唱京劇的中年婦女，也流著眼淚走了。據說兩人有歷史問題——是傅作義部隊的軍官太太。胖書記警惕性特高，始終用審視的目光，打量我們這群受難者。有一天，她竟然組織了一次批判會，發動幾個年輕人，亂批一通。一個從人民日報來的姓賀的年輕女人，有個富有詩意的名字——夢珂。不止一次，我拉胡琴，她唱「樹上的鳥兒成雙對」，掌聲四起，她滿臉得意。而且多次誇我拉的胡琴「真好聽」。現在，在胖書記的調教下，覺悟突然提高，竟然跳出來，提名道姓，一口一個「右派分子」，雞蛋裡找骨頭，說他們如何不規矩，不老實。竟然說我，「拉起胡琴來，搖頭晃腦，一副對抗相！」這真是人不在時喝口涼水也塞牙。再次證明，一旦成為異類，便成了人人可以隨意詆毀的賤民。處處是冷眼，再無快樂可言。多幸，兩個月後，我們便離開了親手創建的剪報公司，回到了各自的班級。這時已經離畢業不遠了。

不料，到了畢業鑑定時，黨支部到剪報公司瞭解我的那段表現。我那些開創性的成績不見了，調查的人回來後，繃著臉找我談話，詢問我與那個小姑娘的「關係」！

本來以為，在剪報公司的表現無可挑剔，肯定能給畢業鑑定和離校前的摘帽子帶來轉機，想不到，嫌棄的仍然是資產階級思想，不老實改造的詆毀和潑汙。我這人雖然性格魯莽，缺乏涵養，但行動上處處小心，生怕再被抓了辮子。想不到，辮子永遠攥在人家手裡。我憤怒地把飛旋在頭頂上的流言，逕直頂了回去。談話人，紅著臉，訕訕地走了。

那年月，政治異類等同於敗類。一朝鐵冠壓頂，宛如臉上刺了字，機器釘上了金屬銘牌。原罪滲透肌肉，鋼造鐵鑄。有了好事與你無干，出了壞事你肯定脫不掉干係。但做夢也想不到，臨近畢業前夕，我又當上了「偷書賊」。

（二）

回到六班後，我抓緊畢業前有限的時間，認真聽課，積極閱讀課外書籍，想儘量多充實自己。我從圖書館借到一本王朝聞的戲劇評論集《以一當十》。觀點精闢，文筆優美，我非常喜歡。一天下午，帶著它到校園的僻靜處閱讀。去了一趟廁所，回來時，放在門外石階上的書本不翼而飛了。校園人來人往，哪裡找去？只有怨自己粗心，徒喚奈何。

到了還書的日子，仍不見書的蹤影。下午下了課，我直奔王府井新華書店。多虧《以一當十》還有存貨，我十分慶幸地買了一本，準備回校賠償圖書館。想到畢業後不知被分配到哪裡，很難有喜歡的書可讀。便轉到東安市場舊書攤，想淘兩本削價的舊書。在一個攤位上選了一本拜倫的《華倫斯坦》、一本狄更斯的《雙城記》，滿興而歸。

第二天，便去圖書館，申明我借的書給弄丟了，只得另買一本賠上。圖書館很爽快地給辦了手續，把借書證也退給了我。不料，幾天後，那本失蹤的書，又回到了我的手上。原來是難友江澤純經過那裡，遠遠見我進了廁所，順手牽羊，把書拿走，故意捉弄我這個急性子。得知我花錢買書賠償時，反倒向我賠起了不是。這一次「霹靂火」沒有爆炸，反而安慰他：

「這是我特別喜歡的書，因為囊中羞澀，下不了決心買。你作了一件好事，幫我下了決心呢。」

當天晚上，我在宿舍裡把失而復得的《一以當十》的標籤和書卡撕了去，寫上了自己的名字。孰料，熄燈之後，便有兩個人影來到我的書桌前，拿了桌上的幾本書，走了出去。我不吭聲，心想，那又不是日記，你們鬼鬼祟祟白費心機。可是，他們拿書出去幹什麼呢？我百思不得其解。忽然想到，我撕借書標籤的時候，被劉鳳陽偷眼看到了，肯定認為我偷了圖書館的書。我在心裡發笑：疑心生暗鬼，你們自尋無趣去吧。可是，他們拿到走廊上的燈光下一看，果然是圖書館的書。捉賊要贓。確鑿無疑，這是一件偷盜案！

抓住了偷書賊，發現了新敵情。劉鳳陽、唐忠樸、吳志高等革命左派，興奮無比。第二天，立刻開我的批判會，氣勢洶洶，追查三本書的來歷。我做出嚴肅狀，詳細交代了事情的經過。他們看到無懈可擊，只得散會。

當天，他們便去圖書館調查，得到的答覆是，該人丟了書，又買了一本賠上了，屬於正常情況。左派們仍不甘心。向圖書館要來我賠上的那本新書，拿著去了新華書店。那位女售貨員清楚地記得，前幾天確實賣過這本書，不是被偷走的。但他們仍不甘心，又去了東安市場。皇天不負有心人，舊書攤竟然不承認賣過《華倫斯坦》等兩本書。沒賣就是被偷走了。這一下贓證俱全，立功的機會來了，剩下的就是讓罪犯供認不諱了。

於是，第二天下午便在宿舍裡開我的鬥爭會。為了加強火力，兵力增加到七八個，一副旗開必勝的架勢。我再次詳細介紹了那天買書的經過和細節。包括攤位的位置，賣書人的面貌、年齡、衣著，以及我交的是什麼毛票，他接過錢放在哪個口袋裡等一一作了介紹。但是他們根本聽不進去，劈頭便是一片斥責聲。劉鳳陽慷慨激昂：

「你這個頑固的傢伙，果然擅長編故事。怪不得，你把貧農高永福幾乎描繪成了英雄。現在你又編起了故事！我問你……」

我憤怒地打斷了他的話：「你這是汙蔑老貧農，一同採訪的戴永泉同學可以作證，我哪一點是編故事，故意拔高，沒有實事求是？」

吳志高高聲反問：「你不要轉移話題。你不承認偷竊，人家書沒賣，卻到了你的手裡，你怎麼解釋？」

我也反問：「明明是賣掉的書，卻矢口抵賴，你們怎麼解釋？恕我直言，我懷疑你們沒找對那個攤位，要不就是賣書人耍無賴！」

劉鳳陽猛拍桌子：「你認為只有自己才是諸葛亮，別人都是阿斗？我們會連個攤位都找不對！」

所幸，捆書的紙繩沒扔，防備有點什麼用處。我伸手拉開抽屜，摸出來，摔到桌子上：「你們看，捆書的紙繩還在，難道，這不是買書的證據嗎？」

會場冷了片刻，立刻又火爆起來。劉鳳陽站起來唾沫橫飛，氣勢洶洶，一副不認罪馬上銬走架勢：

「你一貫拒不認罪，公開抗拒改造：第一，公然撕毀日記，消滅罪證；第二，寫信鼓勵右派退學，逃避改造；第三，尤其可惡的是，竟敢當眾頂撞我們敬愛的胡書記，簡直是斗膽包天，猖狂之極！試問，那個右派敢如此囂張？我們仁至義盡，對你寬大處理，讓你留校考察，並一再給你悔罪的機會，但是你變本加厲，頑抗到底。告訴你，坦白從寬，抗拒從嚴。再不老實交代，後果跟潘俊民一樣！」

惜乎，子彈橫飛的陣勢，十多歲我就經歷過。齜牙咧嘴的威脅，從前當積極分子時，我也對別人施展過。現在來這一套，豈能使我就範。我憤怒之極，看看腕上的錶，拍案而起：「多說廢話沒用，時間還來得及。走，我帶你們去那個書攤，找那個售貨員當面對質。如果他敢撒謊，就找他的領導。再不行，我到法院告他！」

不知是我的凜然正氣，壓倒了好漢們的「革命鬥志」，還是擔心證據不扎實，當場出醜，最終沒敢讓我去對質。

可是，畢業鑑定時，居然作為一條罪狀，寫在了鑑定上：「偷了兩本書，拒不承認」。我當即憤怒地抗議，他們無言以對。估計誣陷之詞肯定被塞進了檔案。

因為說實話當了右派，被說成是思想反動，我只是感到冤枉，氣憤，但並不覺得丟人。而被誣為「偷書賊」，卻是對人格的侮辱！區區兩本舊書不過一塊多錢。一連許多天，心口堵塞，義憤填膺。這使我不由想到不久前看的印度電影《流浪者》。主人公拉茲因為父親是賊，便被看成是「賊種」，無論怎樣努力無私助人，但不論走到哪裡，仍然被看成是「賊」。最終，他失掉了與命運抗爭的勇氣，破罐子破摔，真的當了賊。說實話，我甚至想當一次拉茲：偷上兩本書，一求心理平衡，二報被誣陷之仇。我現在不怕丟醜，當時確實是這麼想的。足見，一個人的人性，被扭曲到何種程度！此後許多年，每當聽到「到處流浪」的〈拉茲之歌〉，我的心就隱隱作痛。

難友江澤純看到我情緒不正常，禮拜天拖著我去遊人很少的香山散心。我把被噴狗血的經過詳細說了。他氣忿地狠罵：

「我等誤入賊窟，焉得不被賊欺！如果七班發生盜案或什麼壞事，我同樣首當其衝，被懷疑是案犯。我們已經掉進了糞坑，要想身上沒有臭氣，比登天還難！」

我回答道：「是的。一個人一旦有了『原罪』，便失掉了做人的尊嚴，被當成無惡不作的『賊』，沒有什麼奇怪的！」

話是這麼說，心裡仍然憋悶得不行。於是，朝著不遠處、直插雲霄的「鬼見愁」大吼：「我冤枉呀！」

「鬼見愁」彷彿理解我的痛苦，跟著一起呼喊：「我……冤……枉呀！」

（三）

一九六〇年八月二十日，北京的全體高校應屆畢業生，到人民大會堂聽市委書記彭真作形勢報告。這位高官說，中國雖然遇到了百年不遇的特大自然災害，但困難是暫時的，形勢依然大好，藉以給畢業生鼓氣。他不點名地批判蘇修，什麼忘恩負義，違約撤專家，索要債款，掐我們的脖子，加重了我們的困難等等。文過飾非，理直氣壯。說實話，我對這位高官，已經失掉了信任。三年前，要不是對他傳達的毛澤東在最高國務會議上的講話，信以為真，我絕不會挖空心思提意見，「努力爭取，好好表現」，結果當上了右派。今天，他又在堂皇的人民大會堂大撒其謊，把亙古未見的人禍說成是天災，簡直是無恥之尤。早在兩年前，我就料到形勢會「越來越好」。歷經長達三年的「淨火」焚燒，人確實已經「脫胎換骨」。弔詭的是，不是說謊造假的本領更加逼真，而是靈魂更加純潔，識別謊言的能力更加提高。我徹底認清了，所謂政治家，不是心硬如鐵的劊子手，就是鼓舌如簧的謊言家。正在低頭「腹誹」，臺上突然宣佈，周總理百忙中，專程來看望大家。話音剛落，周恩來大步走了出來。會場頓時沸騰了。全場起立，掌聲雷動，一致要求總理講話。周恩來站到台前，招手致意：

「還是由彭真同志繼續講。我只是來看看大家，我很忙，還有別的事情等我。」

大家猛烈鼓掌，掌聲如驚濤春雷。但他頻頻揮手，就是不肯講一句。一面揮著手，飄然離去。

於是，我們繼續聽彭真的謊言。這次坐進人民大會堂的惟一收穫是，近距離（我坐在中路二十一排）看清了彭市長的真面目，近距離見到了敬仰的周總理。

不怕露醜，再補充一個當時的插曲：聽到去人民大會堂聽報告，以及「右派也去」的補充通知，用革命的語言形容，確實是一股暖流湧上心頭。但一進入大會堂，不離左右的劉鳳陽即警告，「不准亂走」！此時才注意到，除了這位幹將，身邊還有幾個「貼身侍衛」。如此嚴密防護，意味著什麼，不言自明。本來澎湃的暖流，瞬間結成了冰塊……

中途休息時，趁著護衛們不注意，我倏地鑽進人叢，進了瀰漫著香氣的廁所。生平第一次知道，茅房不但可以不臭，還能清香撲鼻。我慢騰騰地紮好褲帶，並不急於離去，來到窗前，繼續品味沁人心脾的馨香。心想，讓「侍衛們」著急去。果然，不一會兒，傳來喊我名字的吼叫聲。緊接著，劉鳳陽氣急敗壞地衝了進來，朝著我吼道：

「來的時候，怎麼跟你交代的？解手也不說聲，到處亂跑！你想幹什麼？嗯？」

我心裡發笑，故作驚訝：「可你們沒說，拉屎撒尿，也得打報告呀？」

「別廢話——快走！」他伸手拖著我走出廁所，押回原處，結束了這齣小鬧劇。

緊接著傳來好消息，畢業鑑定完了，要給一批右派摘帽子。但我並不抱希望。儘管是印刷廠的技術能手，剪報公司財務奠基人，六班惟一一篇爭榮譽的文章是我親筆寫的（另一篇最後流產了）。由於頑性難更，動不動捧臉子，出冷語，公開頂撞，加之有眾所周知的劉鳳陽給歸納的「三大奇蹟」，想回到人民的隊伍，肯定是奢望。出乎意料的是，一向小心謹慎的伍伯涵，沉默寡言的江澤純，同樣超生無緣，鐵帽子依然在頭上巋然不動。雖然准予畢業，並分配工作，卻不給畢業文憑。要帶著帽子，走上工作崗位。那個崗位是什麼，可想而知。

奇怪的是，從農場勞動回來半年多的一個姓汪的極右派，不僅摘掉了帽子，而且拿到了紅彤彤的畢業文憑。憑心而論，他的「出色表現」，除了規規矩矩，就是打難友的小報告。就這樣，我們便成了沒有畢業文憑的「畢業生」。直到二十二年之後，我已經四十六歲，方才拿到了華國鋒題寫封面的「中國人民大學畢業證書」，另外還有一張「恢復團籍」的證明。

離校前夕，有兩件事，至今牢記心頭。

（四）

畢業典禮舉行完了，系裡在禮堂前面照集體畢業照。事前通知，右派不參加。不一會兒，又來了新命令：「右派也去」。難友們興高采烈地尾隨而去，誰知，還沒走到集合點，再次宣佈「右派離開」。離開就離開！與胡錫奎、章南舍等所謂領導和左派站在一起，我還沒興致呢！因為有一件事，始終刺痛我的心。

新聞系第一屆運動會上，六班得了亞軍，全班運動員與安崗主任及體育老師一起照了合影。後來左右分明，人成兩極，有人竟然把異類從照片上摳去，合影成了一張剪紙，卻繼續陳列在宿舍裡的醒目處。目的無非是對異類施加刺激，並表現自己堅定的無產階級立場。現在不讓照合影正好，免得再次被當成「剪紙」。不料，我們剛灰溜溜地回到宿舍，又來了第三道命令：「快去，你們也參加！」眼看要離校了，對右派還是這麼折騰！這絕不是造謠，新聞系的右派大都建在，諒他們不會忘記那種「恩惠」。

想不到，更大的折騰還在後面。

畢業前夕填志願，我再次惡作劇。明知自己是賤民身份，卻故意「不識高低」。我按照自己的愛好，填了《戲劇報》、《旅行家》、《大眾攝影》等政治性相對差的單位。最後一公佈，自然是南轅北轍。江澤純和汪廷煌去貴州支邊，我和伍伯涵留在傷心地——北京。具體到什麼單位，十天後到北京市人事局報到時才能知道。

我抓緊時間回山東看望家人。妻子早已知道我被打入另冊，但怕老人傷心，始終沒敢告訴真相，他們反而為兒子能留在首都工作而興奮不已。十天後，按時返校，準備取行李去北京人事局報到，方才得知，一些政治條件差的學生，被退了「貨」，理由是北京市精簡機構。我們只得住在學校等待第二次分配。

五天後，重新分配的名單宣佈了。我去山西，伍伯涵則去遙遠的貴州。

不啻是晴天霹靂。一聽到這個決定，伍伯涵悲痛欲絕。他把我拉到校園僻靜處，流著淚，訴說他的苦衷。由於受他的連累，妻子從全國婦聯被趕到東城區椿樹胡同小學，當了被人側目的教員。這已經對不住妻子，如再發配到八千里之外的夜郎國，天涯睽隔，就是給假期，只發給生活費，如何探家？跟離婚何異？他常跟我說起兩個兒子如何可愛，妻子如何溫柔賢慧。而眼下，因為一方落難而離婚的大有人在。不知他美麗而要強的妻子孫瑜，是否向他透露過分手的意向，反正他憂心忡忡，痛苦異常。我深知他對妻孥的深情，對他的痛苦深感同情，便忍不住問道：

「老兄，我有個想法，你如果同意，也許能減卻幾分痛苦。」

他繼續搖頭歎氣：「唉，現在誰也救不了祥子！」

我說：「我當然救不了祥子，但很想幫祥子一把。」

他不解地望著我：「到了這個地步，你還開玩笑！你能有什麼辦法？」

「反正右派扔到哪裡都是一個樣，咱們兩個對換，估計他們不會阻攔。」

分明是我的建議太出乎他的意料，老伍許久低頭不語。

我繼續說道：「山西離北京不過千把里，一夜就可以返回溫暖的家。路費也能支持。這是一條可行的路呀！」

老伍揩揩眼淚：「你的家屬在山東，你去貴州，同樣是天涯睽隔呀，家屬能同意嗎？」

我說：「我那位性情溫柔，我決定的事，估計她不會反對。那，咱們現在就去總支說？。」

「好。」老伍站起來，跟著我就走。

正所謂無巧不成書，剛走了不遠，總支陳秘書走過來了。我近前說道：

「陳秘書，我們正想到總支辦公室找您，有件事向您匯報。」

「什麼事？」

我敘說了想要對換的理由。他扭頭問老伍：

「這是你的要求吧？」

我搶著答道：「不，是我主動提出的。」

「你的家屬在哪裡？」

「在山東。」

「山東離貴州跟北京差不多，你就不怕離家遠？」

我回道：「我不怕離家遠。老伍年紀大，有肺病，還是讓他近一些好。」

陳秘書不假思索地答道：「既然你們兩個自願對換，可不准後悔呀！你們不須去總支，我們研究了之後，馬上通知你們。」

第二天就得到答覆：同意對換。老伍緊緊握住我的手，一時間語無倫次：「感謝老弟，無私救助，兩肋插刀……」

其實，我沒有感到這是什麼兩肋插刀的俠舉義行，也沒有做出多大的犧牲。只是看到在一起受歧視三年之久的難友悲痛欲絕，於心不忍而已。細細分析，也有幾分私心：我對山西沒有好印象，既然發配，去天涯海角又有何妨？從北京去貴州，途經河北、河南、兩湖、廣西（當時沒修湘黔鐵路）、貴州六省，不僅可以欣賞沿途風光，還有一種奢想：邊遠地區文化落後，對知識份子也許會少些殘酷，多些人道，自己的日子好過些。

我當即向陳秘書請求，繞道津浦路，回山東跟家人說明後，單獨去貴州。不知是考慮到我曾經「捨己為人」，還是知道我無處可逃，加之偏不了多少路，他爽快地答應了。

（五）

一九六〇年九月十七日，我收拾行李，離開了「母校」——「培養」了我整整四年的中國人民大學。

我把母校加上引號，並不是褻瀆，實乃內心感情的真實流露。

母校呀，母校！由於跟「母」字連到一起，提起母校，誰不渾身發熱，心頭顫動？可是，提起人民大學，我的心就發緊，我實在舉不出它哪裡像母校。人大不乏「傳道授業解惑」的好教師。可是他們的嘴不是被貼上封條，傳道授業解惑的權力被剝奪，就是成了驚弓之鳥。整整四年，真正上課的日子，加到一起不過兩年。除了第一學年的少數幾門課，大部分課程只講了一部分，甚至剛開了個頭。編輯、採訪等專業課，更是蜻蜓點水，一帶而過。而人民大學傳給學生的「道」，除了跟風起鬨，說謊臉不紅，（我親眼看到，胡錫奎就有這樣過硬的本領。大庭廣眾之下，他矢口否認赫魯曉夫有個祕密報告，就是一次傑出的表演）就是落井下石，用他人的鮮血，染紅自己的「頂子」，至少染紅自己的派遣證。

當初，投入人大的懷抱時，哪個不是意氣風發、單位一再挽留的業務骨幹。進了人大，也是才華橫溢的優秀學子。而四年後離開時，成了被打入另冊的政治犯！鐵冠加頂，臭氣沖天，無形的鐐銬叮咚作響。兩百三十五名愛國知識份子，被人大「成功」地塑造成鬼魅，到了哪裡都是過街老鼠。厄運寸步不離，鞭子時時飛舞，渾身傷痕累累，性命時刻不保……

不錯，迫害知識份子的罪惡，根子在毛澤東，但人大卻做了出色的幫凶。試問，全國哪座高校，動輒停課搞運動，打右派的比例（百分之三）如此之高？全是黨團員的新聞系，右派加上中右，竟占到百分之二十五，創造了戕害無辜的歷史紀錄。不知那些被揉搓得累累傷痕的人，有幾個是懷著感激之情離開人民大學的？提起母校，誰不渾身發熱，心頭顫動？可是，母校人大呀，你雖然和「母」字連在一起，恕我不敬，我對人民大學這個「母校」，實在愛不起來。因為它玷汙了「母校」這個偉大的稱號，連帶對首都也失掉了應有的感情。提起人大，便脊背發冷。自從一九六〇年離開北京後，一絲留戀之情都沒有。

一九八六年，在老伴的要求下，我帶著她到北京轉了幾個景點。只拜訪了兩位難友，對母校躲得遠遠的。直到三十二年後的一九九二年，我才重新踏進了人大的門檻。那還是因為同學聚會，我渴望見到長別三十多年的幾位老同學，特別是幾位共同受難的不幸者。在同樣的動機下，後來我又參加了兩次校慶。

不幸，我對「母校」，又產生了新的不理解。隆重的校慶大會，有幸登上主席臺的，除了幾位耆老，基本上都是省部級以上幹部。其餘的，不管你有多大的學術貢獻，都得乖乖地在台下作聽眾。官本位的流毒，無所不在。這使我對「母校」進一步產生了不屑與隔膜。

回到山東，妻子對我的慷慨「義舉」，雖然感到意外，但並沒有埋怨。三天後，我孤身一人踏上了奔赴苗山的漫漫長路。五天後，列車停下，「天無三日晴」的「貴陽之州」。

我這個新聞專業的畢業生，像扔垃圾一般，竟然被分配到貴州農學院繼續我的改造生涯。

二〇〇九年十月一日初稿，二〇一一年九月十五日改

第肆章　柔腸何曾忘蒼生——記林希翎在人大分校的一次發言

驚悉林希翎於二〇〇九年九月二十一日，於巴黎駕鶴西去，驚詫惋惜之情，難以言表。讓傑出的右派代表、民族精英，終生與專制獨裁搏鬥，為民主自由獻身的勇士，匆匆棄我們而去，蒼天何其慳吝！

本人有幸，當年收藏的所謂右派言論集，浩劫抄家沒有被劫走。下面摘抄一些她當年的犯忌遭劫文字，讓天下人看看，她是怎麼「猖狂反黨」的。她遭受的冷眼摧殘，牢獄之苦，應該不應該？一正視聽，二為女英雄寄託悼念深情。

林希翎比我還小兩歲，是同一個時期的人大校友。罹難時，她讀法律系四年級，我讀新聞系一年級。分住北京西郊、城裡兩地，平時沒有機會見面。但入學不久，即得知她的大名。聽說早在兩年前，她就在《文藝報》上發表長文，對法國著名作家巴爾扎克進行評介。而我當時剛剛知道巴氏的名字，一個學法律的年輕女孩子，竟然有如此高深的文藝理論水平，確實令人敬佩和驚訝。後來她又撰文批評蘇聯著名刊物《共產黨人》，對老大哥批判指疵，自然引起國內衛道者的聲討。她為此進行了不懈地抗爭，在胡耀邦、吳玉章等幾位明智領導的關注下，終於討回公道。

因此我對這位有著傳奇色彩的女同學，十分敬佩，但始終沒有機會晤面。

一九五七年五月，當「引蛇出洞」的「陽謀」尚未被識破，校黨委假惺惺地反覆動員，「竭誠歡迎對三害進行猛烈批評」時，人們信疑參半，鳴放並不熱烈。就在這時，傳來一個意外的消息：林希翎五月二十三日，在北大作報告，引起巨大轟動。

林希翎是浙江溫嶺人，十三歲參軍，時年二十三歲。聽說，前幾天她去北大看大字報，兩派正在辯論，她自動加入其中。人們見她言語暢達犀利，有理有據，便請她作了個講演。不料，一舉轟動了北大。「有膽有識的才女」、「整風闖將」、「勇敢的化身」、「帶刺的玫瑰」等等美譽，不脛而走！

人大的同學作了那麼生動的演講，卻是在人家北大！人民大學的學生坐不住了，紛紛向黨委提意見，要求林希翎回本校作報告。

請求好歹得到了批准。

五月三十日上午，心儀已久的林希翎終於站到了海運倉禮堂的講臺上。

乍見之下，我不由心存狐疑：站在面前的「闖將」，竟然是一個相貌極其平常的弱女子。她身材瘦削，身高不過一米六，上身穿白布襯衣，下身是褪了色的綠軍褲，腳蹬偏帶鞋。臉色白皙，紮著兩隻齊肩小刷子。眼睛不大，顧盼有神，但並無逼人的光芒。說實話，這位「才女闖將」一亮相，頗使我有幾分失望。

不料，她發言不久，情況很快起了變化。掌聲此起彼落，說會場激越沸騰，絲毫不是誇張。

林希翎的開場白，是先給人大整風提意見。她說，鄒校長作報告，告訴同學不要混亂，要注意考驗鍛鍊。我認為一方面要考驗群眾，但也要考驗領導。一開始，學校就有顧慮。運動開始還有人神經衰弱，說北大鬧得混亂不堪，怕引起波匈事件。這是無根據的，怎能把匈牙利和北大相提並論？北大沒有推翻社會主義的人。還有人怕鳴放把自己的問題揭露出來。

接著，她談了下面一系列的問題：

她說，我國上層建築的某些部分不能適應公有制的經濟基礎。「三害」的根本原因，就在於此。目前，我國哲學、文學、藝術各領域，教條主義非常嚴重，這是管理機制問題。人事制度不合理，宗派主義反映最明顯。不是以德才衡量品質，而是論資格，看是否是黨團員。有些人把不好的東西歸於舊社會，但是新社會提高也很少。有些黨員為了享受特權，跑到黨內，不入黨就沒有出路。有人叫我入團，說你不入黨入團，你的前途、地位、婚姻如何解決？我聽了很生氣，要那樣，我一輩子不入團！

她銳敏地指出，我們的等級制度已深入到各個方面。有病要治，但要十三級才行。產生「三害」的原因就是等級制度、人事制度，與保密擴大化。這些小的制度，構成了總的制度。這些制度本身產生三害，與公有制根本不適應，是私有制的產物。

她說，教條主義表現在只宣傳光明的一面，有些人還說誇大黑暗面。說王蒙（後來成了著名右派作家）是歪曲事實，這使得單純的青年人，到了社會上看到反面現象會大吃一驚，甚至會消沉下去。說教條主義害人，一點也不奇怪。現在基礎改變了，但思想意識仍是以前的。三害和過去的封建性、買辦性、法西斯性有聯繫。教條主義與買辦性有關，對蘇聯學習也是如此。中蘇友誼不可破，但把蘇聯的東西亂搬，就太教條主義了。有人說，人民大學是教條主義的大蜂窩，我看是教條主義的大本營。蘇聯是教條主義的策源地，蘇聯不贊成我們整風，不登陸定一的講話（即關於「百家爭鳴，百花齊放」的講話），大登陳其通等「反對百家爭鳴」的文章。蘇聯在鳴放問題上不如我們大膽，他們應向我們學習。我不贊成改良主義，要在鞏固基礎的條件下改革政治制度。統治階級都有共同的局限性，這是一個客觀規律。在社會上存在階級時，這個規律便起作用。在私有制時，與統治階級是對抗矛盾，矛盾根本不可克服，只有推翻私有制。社會主義社會這個規律仍起作用，在許多條件下，政黨起決定性作用。

她又說，在社會主義社會，工人階級和廣大人民利益是一致的，但也有人民內部矛盾。矛盾本身，表現在統治與被統治之間（領導與被領導），我認為領導與被領導就有矛盾。這是非對抗性矛盾，但發展下去，由量變到質變會爆發成對抗性，中國發生了小匈牙利事件（玉門罷工）。假如不加主觀能動性克服的話，問題就會發展。不同的地位產生的看法不同，一旦爬上統治地位（工人爬到廠長），說話的口氣也不同了，一切也就變了。以文藝界為例：從被統治的下層提到上層後，照例變了樣。文藝界最大的問題是愚昧文人、宮廷文人掌握實權，眼睛向上。一個真正有良心的作家，應該反映人民的要求。

她又談到對現實不滿的問題。她說，我認為對現實不滿是一個好現象，應該鼓勵人們對現實不滿。滿足現實的哲學，是黑格爾靈魂的復活。黑格爾有絕對觀念，現在有些領導也成了黑格爾。說社會主義是最好、最高、最美好的社會，這個「最」字就是形而上學的。如果說對現實不滿不好，但滿意現實，社會就不會發展。猴子要滿意現實的話，我們現在仍然都是猴子。而現在有一些先生唱一些廉價的讚美詩，成天和國民黨、資本主義比較，向後看，不向前看。有人說，不滿現實，會失去人民對社會主義的信心。我看這不對。當然，真正的歌頌是好的。但不能要公式化的歌頌，吹牛的歌頌，這樣會敗壞人心，害人不淺。要把問題，老實地告訴人民。群眾知道會更好地建設社會主義。但是過去的許多宣傳卻是欺騙。例如，上海工人支援西北玉門的時候，曾用物質引誘。但玉門是非常艱苦的，房子、燈光不夠，非常嚴重，所以問題就爆發了。應該把真實問題說出來，真正獻身社會主義的人是會去的。報紙也在吹牛，許多事情不是真實的報導。匈牙利事件說是有幾個青年喝醉了，糊裡糊塗去參加遊行。這真是撒謊不高明，有統治者存在，統治者有局限性的客觀規律也就存在。要把真實情況告訴人民，重大改革要發動人民來討論。社會主義是人民的，不只是黨員的。應該讓全民提意見，盡情地提。現在的「鳴放」，只是在上層，這是不行的。我看上面的老頭子們，不大膽，世故深，為了鞏固現有的地位，不敢和共產黨鬧翻。要讓廣大群眾討論提出意見。

林希翎還談到了與她學習的專業有關的法制問題。她指責處處以黨代政，現在的法律是形式主義，蘇聯憲法更虛假，史達林完全可以破壞法制。蘇共十七次黨代會錯捕中委一百七十人，七十八人被槍決。十七大代表一九六六名，一一〇八名被搞掉。史達林摧毀了列寧培養的一代幹部。中國當然是好多了，肅反殺了七十七萬，也不少，冤枉的人也有七十二萬，相當於一個小國家。胡風問題很棘手，因為和主席有關係。胡風的意見書和三批材料，都不是確切的證據。當然胡風有些論點我不同意，其小嘍囉尤其可恨，罵黨中央這是不對的。但，罵人也是反革命嗎？胡風的建設性意見是正確的，文藝競賽是對的。這方面我向主席進一言，在這方面主席是有錯誤的。前一陣子，上面決定對所有案子要大檢查。公安局、法院急忙塗改過去的案卷，怕被人民代表發現。《十五貫》的現象太多。現在，對領導有意見就是反領導，反領導就是反組織，反組織就是反黨，反黨則反人民，反人民則反革命。完全是史達林的公式。

她又談到了國際問題：匈牙利事件，蘇聯第一次出兵是火上加油。第二次是沒有辦法，關係到整個社會主義陣營與世界和平，我贊成。南斯拉夫的問題，是社會主義民主。在史達林之前蘇聯沒有民主。我過去對史達林印象很好，廿大對他批判我也很生氣。但我看到祕密報告以後，才看穿了史達林。對史達林的評價，不能歸到個人崇拜，要從制度本身去找。如「三害」就是這樣。赫魯曉夫把錯誤歸到史達林個人，為什麼當時一點不提，以後又一棍子打死？史達林的錯誤，在肅反問題上最嚴重，在伏老（伏洛希羅夫）的家裡都按上竊聽器。史達林召集開會，他們就很緊張，不知是死是活。史達林看農業都是在電影上，其實農民生活很苦。第二次大戰前，邱吉爾打電報給史達林，說德國要打蘇聯，但他不做準備，打到莫斯科，他又完全喪失了信心，說，列寧締造的社會主義完蛋了。這就是史達林的「軍事天才」！

那麼，上述問題用什麼措施來改革呢？林希翎揮著小巧的右手，彷彿胸有成竹。

她說，如果黨是完全的共產主義者，不要政府亦可，完全可以以黨代政。我認為問題不在形式。團、婦聯、人代大會、工會，這些扭帶都是形式。實際上公民得到多少權利？根本的改革，要發揮群眾的智慧，要真正的社會主義。黨中央、團中央應該在整風基礎上抓緊整黨、整團。整黨問題不僅是黨內的是事情，人民也要管。因為黨在人民中享有崇高的威信，執政黨掌握著人民的命運，所以每人都要來過問。要真正發揮黨的作用，必須保證黨的質量。解放後真正為共產主義入黨的有多少？向上爬者倒不少。過去的黨員強調「老實」，給愛人寫封信也要匯報，成天談思想。對於不起作用者，動員他們退黨，退團。入黨、入團應該有百分之七十以上的群眾表示同意。入黨入團不僅是要黨團批准，而對不起作用者群眾還可以罷免他。黨團不應有任何特權，他的特權應是人民給的信任，應吃苦在前，享受在後，不要在物質上給以特權。使真正為人民服務、為共產主義事業奮鬥的人入黨多好？

現在報上刊登的職工代表大會我很同意，把企業交給職工這很好。南斯拉夫的工人委員會就很好，很值得研究。但裡面也有些缺點，缺點想辦法克服嘛。應該叫人民做主，同志們：過去你們感覺到做過主嗎？我可沒有做過主，我沒感到是主人。

幹部的提拔一定要群眾同意，有些幹部只是靠老資格吃飯。資產階級國家的幹部們可以辭職，可以罷免。我們的幹部，只是上提，不能下放。過去下放的，是犯了錯誤，升上去就高高在上。這樣繼續向上升，還能都當毛主席嗎？幹部經常換一下也好，借鑑資產階級的兩黨制，可以競爭一下。

她最後談到了等級制：高幹的太太和子弟特權不少，這樣免不了培養一些敗家子。這毒害了下一代，等於叫下一代不要社會主義。

林希翎整整講了一個上午。她的發言，有論點，有事實，慷慨激昂，鞭辟入裡，很有說服力。她的許多話，不是聞所未聞，就是沒有人敢於說出。因此，自始至終，鼓掌聲、叫好聲，此起彼伏。說實話，我長到二十五歲，參加的會議數不清，從沒聽到如此坦誠直率的發言，從未見到如此熱烈的會場。在她之前，幾位老先生的發言，雖然令人信服，但總給人一種因為受到冷落或對房子、職稱有怨氣，進行發洩的感覺。林希翎雖然也曾因為寫稿子，受到過報紙的汙蔑攻擊，但自始至終，沒感到她有個人恩怨。她的發言，雖然不無偏頗之處，卻完全是一個關注國計民生的熱血愛國青年的坦誠忠告。一個連團員也不是的弱女子，竟然如此關心黨和國家的健康發展，她哪裡來的如許廣泛觀察，哪裡來的如許膽識？這簡直是一種英雄行為！自己年齡比她大，受黨教育十多年，建團第一天就入了團。此後，一直極力爭取入黨。而比之林希翎的見解，簡直是滄海小溪，巨人侏儒，自愧弗如！

為了讓天下人都看看，這個頭號大右派，當初到底放了寫什麼毒，我在寫這篇悼念文章時，仍然冒著作「文抄公」之嫌，把她演講的主要內容摘要披露出來。請天下人看看，她對共產黨、毛澤東、社會主義，到底是仇恨還是熱愛？（她的發言全文刊登在人大編印的《社會主義思想教育參考資料選輯》五什九至七十一頁。為了存真，除了錯別字，一律未敢擅改。）

林希翎的講演給年輕的學子擦亮了眼睛，鼓起了勇氣。一個弱女子有如此膽識，我們再不急起直追，真正是對不起黨中央苦心發動鳴放的初衷呀。同學們個個摩拳擦掌，躍躍欲試。彷彿給列車加足了煤炭，轟隆隆飛馳起來。會後，鳴放像燎原的烈火，越燒越旺。塵封心底的意見及不滿噴薄而出。學校停了課，校園裡出現了上百米長的大字報欄，上面貼滿了各式各樣的「進言」。溫和的，尖銳的，甚至譏諷的都有。新聞系八班的連載諷刺小說《西遊後記》，諷刺學校對鳴放的態度是「跳小腳女人舞」，更是吸引了裡三層外三層的觀眾。我也是它的積極讀者，很為編者的才氣而感歎。登載學校鳴放情況的《人大週報》，一反受冷落的局面，成了人人爭搶的最佳讀物。學生宿舍也成了鳴放的「會場」，熄燈鈴打過許久，依然聽到熱烈的爭鳴聲。

兩天後，我在班上作了發言，歷數所看到的歷次政治運動的問題。結果被打入另冊，成了右派。許多受到鼓舞的同學，積極鳴放，同樣難逃「加冕」的命運，不能不說是與林希翎有著密不可分的聯繫。

林希翎的第二次講演，變成了批判會。人們不解、憤懣，議論紛紛。新聞系一班的共產黨員虞耀麟憤而上書毛澤東，反映學校對一個熱血青年的打壓。

虞耀麟可能做夢也想不到，他成了「告御狀」的罪人。他的上書沒有到達御前，就被轉了回來。白紙黑字，成了推不掉的罪狀。於是，成為被加冕並被趕回原單位（他是在職生）的惡毒「極右」。

六班的李之傑、潘俊民兩位同學，憤而去北京市委上訪，反映學校打壓林希翎、不積極進行整風的情況。結果，上訪成了「請願鬧事」。不用說，兩人統統成了「極右」。潘俊民直接去了勞教所，李之傑去農場勞動改造。到了算總帳的時候，新聞系六班二十七個學生，打了十幾個右派，占總人數的四分之一強，如加上十幾個中右，則幾乎占總人數的三分之二。這些人，至少在鳴放的決心與膽量上，都不同程度地受到林希翎的影響。

我這樣說，並沒有埋怨的意思。本人雖然為一頂鐵冠付出了血的代價，但仍然感激林希翎給了我不跪著活的骨氣。二十二年摘不掉帽子，也就理所當然。十年浩劫期間，百般凌辱，無日休止。求生不得，求死不能，憤而出走，亡命長白山長達三年之久，人成「盲流」，歷盡磨難，總算活了下來。而我班的難友潘俊民、伍伯涵，都被「文化」革去了性命。江澤純掙扎著活過文革，卻因病傷纏身，十多年前即含恨而去。

毫無疑問，林希翎君的過早離世，與長達五十二年的摧殘折磨分不開！

灑淚搦管，寫下這篇回憶文字，一瓣心香，萬里遙祭，希翎君在天之靈，當能知悉！

於鳶城昨是居　二〇〇九年九月二十六日

第伍章　獻盡忠悃成魑魅——記幾位落入「網罟」的大學同學

一

一九五七年，那個乍暖還寒的春天，人大法律系的林希翎，先後在北大和人大作了幾次鳴放發言。她激情昂揚，披肝瀝膽。給剛剛開始的大鳴大放，鼓起了勁，加足了燃料。鳴放像燎原的烈火，越燒越旺。塵封心底的意見及不滿，可謂噴薄而出。學校停了課。校園裡出現了上百米長的大字報欄，上面貼滿了各式各樣的批判和「進言」，溫和的，尖銳的，甚至譏諷的都有。新聞系八班的連載諷刺小說《西遊後記》，更是吸引了裡三層外三層的觀眾。我也是它的積極讀者，很為編者的才氣而感歎。登載學校鳴放情況的《人大週報》，一反受冷落的局面，成了人人爭搶的最佳讀物。學生宿舍也成了鳴放的「會場」，熄燈鈴打過許久，依然聽到熱烈的爭鳴聲。

我一方面參與這自由的爭鳴，一面考慮在六班的鳴放會上，該怎樣「積極幫助黨整風」。其實，我最為關心的不是除三害，而是如何好好表現，爭取早日入黨。

正在此時，我從《整風資料》二十四期上，讀到了一年級九班楊教的發言。他對國家生活坦承自己的看法，對黨提了不少意見。情意殷殷，語重心長，使我很受啟發。

他在班會上說道，在新社會，青年的個性發展受到阻礙，與國家制度有矛盾。黨在理論上允許青年個性發展，回顧這幾年來，青年的個性並未得到充分的發展。有許多似是而非的論調，給青年以壓力。如強調政治熱情，青年必須服從組織，在服從組織的口號下，掩蓋工作上的不合理現象。學非所用，亂調動，踢皮球，使人不能專門從事某一方面的研究，造成大批萬金油幹部。有許多清規戒律，把青年的言行圈死了，把路子堵死了，結果都成了小老頭子。在批評與自我批評上，形式主義，庸俗化。因此青年的個性發展是受到阻礙的，把青年的稜角磨光了，使他們人云亦云，滿足現狀，對新鮮事物缺乏敏感。我同意林希翎的觀點：青年人應該永遠對現實不滿。如果滿足，就不能夠前進了。青年人應該有偏激，這是客觀存在。青年人有赤誠之心，生活經驗差，如果要求不偏激，就是不允許青年人說話。

他認為，黨有蛻化腐敗的萌芽。表現在：

第一，個人崇拜和停滯現象。外國記者說，在中國，毛主席的話，就等於法律。實際上比法律的作用還大。毛主席說了才算數，這不是個人崇拜嗎？黨內長期存在盲目服從的氣氛，參加組織生活，只能討論如何貫徹，不能對決議本身提出意見。即使提出了，要受到批判責難。

第二，教條主義傾向。不僅表現在理論上，而且表現在日常生活上，印象最深的是「會議搬家」。組織發展也是教條主義，老老實實的被吸收入黨了，調皮的被關在門外。黨依靠的就是老實人，我過去愛提意見，被認為是個人主義瘋狂的人，竟然派黨員監視我。

第三，腐朽的官僚習氣。很多黨員做了官，就有了官僚習氣。地委書記下鄉，只聽匯報，不到農民中去。黨氣越來越少，官氣越來越多。造成很腐朽的等級觀念。有些負責幹部犯了錯誤也有照顧，跟黨外不一樣。報喜不報憂，有盲目樂觀情緒，包括毛主席在內。有反革命分子在，就有毀滅國家的危險，不能太樂觀了。

宗派主義問題：宗派主義造成黨員的特殊優越條件。有能力的非黨幹部不能充分發揮作用。應該廢除等級制度，按工作職務給不同的待遇。有什麼本領幹什麼工作，沒本事的就滾蛋，不能憑政治資本吃飯。人的生活各有特色，不能一切蒙上政治色彩，影響人的正常關係。解放後，除了愛人，就沒有知心朋友。政治代替了一切，跟什麼人結婚都要考慮政治條件。

楊教的這些話，不但句句說到了我的心裡，而且有許多事情，有著同樣的經歷，可是我從來沒想說出來。他的真摯坦誠，令人感動。更為令我驚訝的是，他還是一個十六歲入黨的工人黨員。他在發言的後面特地聲明：「我是黨員，工人出身，家庭沒有被鎮壓的，對黨沒有偏見。我的發言稿，寫到夜裡十二點。看到黨的這些缺點，我很痛心，可能提的較尖銳些，但都是從愛黨出發的。」

他的話，可謂是耿耿忠言，一片丹心。

二

六班的鳴放會上，大膽提意見的，首先是從部隊來的岳文伯。

岳文伯是全班年齡最小的一名共青團員，一九四八年參軍時只有十二歲。他的發言給人的最大印象是思想單純，嫉惡如仇。他率直地說道：

為了階級鬥爭的需要，黨不能不組織龐大的統治機構。這個機構自覺不自覺地被腐蝕，逐漸脫離了他的生命源泉——人民。現在的黨員，沒有領導群眾的能力。現在起作用的是黨中央和某些黨委會。黨的危機不僅是「三害」。（一）上層建築是不健全的，沒有一個適應它的倫理道德。從建國到現在，沒有多少變化。（二）經濟建設存在致命缺點，農業發展相對落後。農民的貧困，將使任何事業癱瘓。（三）人與人之間政治經濟地位過於懸殊。……黨現階段的危機是歷史上最嚴重的。黨脫離了人民。假使不解決這些矛盾，人民的不滿將比武裝敵人的威脅大千倍萬倍。因為黨再沒有力量反抗了。應當幫助黨脫離險境。

作為一個公民，我除了有責任要求擴大整風範圍外，還要：（一）徹底整頓領導機構，改造官僚機構，不稱職的官員要撤掉。清除為人不善的一切黨員。（二）黨的錯誤要向人民公開，消除任何懷疑，懷疑在人民內部是比導彈都可怕的。

黨的先進性是不夠的。現在黨員中有許多男盜女娼的現象。這種現象甚至已經成為合理的了。作一個共產黨員容易，作一個正直的人就不容易。這種不正直的人，在黨內並不占少數。黨既然是領導者，那麼，在階級鬥爭結束後，就應當精銳再精銳。

少數民族問題：漢族幹部歧視藏族。據說土改在西藏引起很大騷動。要藏民反對喇嘛，分他們的土地，農民是不願意的。同時西藏宗教勢力強，應當考慮每個民族的具體特點。在西藏與上層分子團結得好，對下層團結不夠。

部隊政治質量有提高，科學文化上不一定。……探照燈在現代戰爭中沒有用。有些將軍沒有將軍風度，指揮原子戰爭就不一定適合。知識份子在部隊吃不開，軍隊學蘇聯學壞了，把解放軍的許多光榮傳統都丟掉了。

文學藝術的公式就是反映黨的領導。現在文學和人民基本是脫離的，人民中農民占大多數，現在出版的文藝作品，有哪幾部是被農民接受的？電影也是如此，只滿足城市居民的需要，這實際上是一種資產階級思想。我對現在的文學是悲觀的，它已經成為空中樓閣了。在農民中過去那種敢於堅持正義的人消沉了。我要求有個性自由發展的餘地。如果說每個人只學了馬列主義就能建設社會主義，那麼只要「人大」就成了。生活中總要有個公式約束人的思想……惟命是從是約束人的，服從不等於黨性，這種黨性是庸俗黨性，個人主義黨性。現在黨有點反對獨立思考。在階級鬥爭時，盲目服從是必要的，現在就沒有必要了。黨的思想領導應該正面些。我國人民生活不如資本主義國家，可以公開告訴人們嘛，黨卻不願講。

經常開會，動不動就整人一頓，被批評的人很惱火，很傷心。斷送了人的生命，葬送了人的青春，這種無形的鎖鏈壓迫著人。這種情況在康藏公路工程局特別嚴重，那裡黨、團、工會動不動就把人抓起來鬥一陣。一開口就是「鞏固國防要吃苦耐勞」。如有罷工的，立即逮捕，當反革命分子懲治，這樣鬥死的很多，很多人就是「說服教育」給說死了。這是說服教育嗎？

在資本主義國家，工人有跳廠的自由。而我們的國家呢？幹部想改行，不行；農民呢？受了災，要想遷移也遷移不了。學生也應該有轉校和退學的自由。在舊社會，人們都有這樣的自由，而現在為什麼沒有呢？就因為經濟命脈掌握在人家手裡，所以沒有自由。正因為吃人家的，所以把自由出賣了。由於唐代制度上的大發展，人們有了自由地發展個性的要求，於是形成了唐詩的大發展。現在人們對個性自由發展的要求更迫切，但制度對人民有約束，應當加以改革。人的生活不光是吃、喝、玩，更重要的是思想上的解放。現在的農村，農民沒有思想自由，動不動就給人家扣上一頂「富農思想」的帽子。

人民的言論自由也應當擴大。新聞要自由，這個意見不僅在知識份子中有，在工人農民中也都有這個要求。要求在報紙上開闢自由論壇，使黨走群眾路線。私營報刊太少了，我們青年團想要自己辦個報，就規定要這個同意，那個同意。在舊社會，私人辦報的就很多。憲法上規定了人民有那些自由，但沒有物質保證。總而言之，人民要取得自由，阻礙重重，若是出了點問題，就又要查歷史了。團內選舉也不平等，參加「三大」的代表我們沒有選，新團章也未經我們討論。

可能是年輕的緣故，岳文伯的發言，坦誠直露，甚至有些火藥味。當時聽了，同樣感到很吃驚。

三

班上年齡最大的伍伯涵，緊跟著也發了言。這位臉頰瘦削，鬍茬青青，性格剛直的空軍中尉，不乏小弟弟的激憤，更有著深刻的理性思考。他說：

聽說南京解放時，美國大使遲遲不走，希望與中國建立外交關係，拉中國一把。後來因我國的政策太消極，所以沒成。中央在這件事上犯了錯誤，一九四九年，我們不該放過了和美國建立外交關係的機會，對人家採取了一棍子打死的態度。卻不去慎重的考慮，既然美國想利用我們，我們為什麼不利用他們呢？要不然我們早就加入聯合國了，我覺得埃及做的很聰明，他們加入聯合國前不敢承認中國，加入聯大後就承認了我們，所以這是個策略問題。

給資產階級以定息，這是黨的策略，並不是資本家的要求，定息不是剝削……

解放後大學生水平比解放前低。這是因為第一流的學者（胡適等）都跑到臺灣區了……

解放後的文藝工作是失敗的，根本就沒有一部好的作品。一九五三年以來，我根本就不看中國電影。有人說高寶玉是作家，我聽了都頭痛。解放後文藝工作中的教條主義如此嚴重，這和周楊有關。我認為周楊當選為黨中央後補委員是很不恰當的。

匈牙利事件納吉聲明退出華沙條約，要求聯合國保護，這不能算是叛變。這是匈牙利人民反蘇反共的要求，政府不得已不能不依從。納吉的處境很困難，是迷途的羔羊，是犧牲品，是個悲劇……

我認為鐵托的演說有很多精闢的看法，起碼也有個合理內核。比如匈牙利事件，內因是主要的。……個人崇拜的產生就是和社會主義制度有關。匈牙利事件就是史達林政策的結果。史達林是國際主義的偉人，也是罪人。

資本主義國家的法制傳統就是比較優良。據說法國有個領袖犯了法，照樣受審判，在法律面前人人平等。而蘇聯，特別是在史達林時代，是最沒有法制的。

我對軍隊學習蘇聯很反感。軍隊學蘇聯學壞了，把解放軍的許多光榮傳統都丟掉了，比如官兵的關係就不如從前好了。蘇聯根本就沒有航空母艦，向他學什麼？

辯證法，對於某些人來說是混淆是非的工具，成了陰陽八卦。

聽罷伍伯涵老大哥的發言，我感觸頗深：第一，這位空軍中尉的發言雖然簡短，但對文藝問題尤其是對於國際問題竟然有著那麼多的關注和成熟思考。甚至對辯證法也敢說三道四，真是大膽。第二，我們班三分之一以上是黨員，他們要末緘口不語，要末雞毛蒜皮。伍伯涵是一位預備黨員，卻如此剖露心曲，如此率直而赤誠地向黨提意見，我從心裡無比敬佩。

四

接下來發言的是李之傑。這位江南秀才，上海解放不久，便考入西南服務團文藝大隊，隨部隊解放大西南，在那裡工作了七年，為百廢待興的重慶出了不少力。他戴一副近視眼鏡，面貌清秀，目光銳敏。我曾經教他和成美等唱京劇《拾玉鐲》，雖然以往毫無京劇基礎，但一教就會。說明他們十分聰明。他的發言，犀利深刻，可謂切中要害。他說：

我反對有領導的自由和集中指導下的民主，我嚮往資本主義自由。去年反對侵略埃及遊行時，我在日記上寫道：這是黨叫去的，不然我不會去。這種自由束縛了我。現在搞報還得黨委批准。普選時，我沒有感到興奮和激動。今天的選舉和過去的選舉沒有什麼兩樣，提名選舉是圈定。

黨干涉我的自由和創造性。我起草一個報告要到市委審查。這有什麼必要呢？報告上非有這樣的公式：「在黨的領導下」。可我的同事中，沒有黨員呀！

黨首先是為自己的黨員、特別是高幹謀福利的。這些黨員「先天下之樂而樂」。……黨不是工人階級的先鋒隊，而是一個自私自利的政治集團。我懷疑黨是不是光榮、偉大、正確的。蘇共犯了錯誤，為什麼中共就沒有錯誤呢？難道中共沒有個人崇拜嗎？中共就是毛主席說了算。黨表面上謙遜，實際上黨中央就自高自大。

舊社會人的地位高低，是看有錢沒有錢。現在呢？要看是不是黨員。黨員地位高，到處受歡迎。這對非黨人士來說，確實是個很大的壓力。團員就不如黨員的社會地位高，民主人士就更不用說了，不入黨甚至連對象都找不到。

我們黨要把青年培養成什麼樣的人，大有疑問。黨的領導只喜歡那些唯唯諾諾、光而滑的所謂「老實人」。而那些有稜角（當然也有個人英雄主義）的人，都往往被一棍子打死，領導上根本不看他們的本質和主流，他們要想入黨更是困難。

黨對青年的思想教育是片面的，它起了很壞的作用。只管強調「謙遜」，而對那些有朝氣的，所謂「不好領導」的人，卻一棍子打死，把他們的稜角磨掉，使得青年人逐漸虛偽起來，正義感不斷減弱。

娜斯嘉的精神，為什麼不能在中國青年中大大發揚？這就是共青團工作的大失敗。肅反擴大化了。一九五五年肅反，有兩大錯誤：（一）理論上的錯誤，來源於史達林的階級鬥爭尖銳化的理論；（二）毛主席的5％的比例是主觀主義的。把小問題看成大問題，大問題看成了反革命。到處亂調查，花了許多錢，捕風捉影。所謂「大膽懷疑，小心求證」，影響極壞。

過去中央對梁漱溟的態度，現在應該很好檢查。在我看來，梁漱溟對農民生活狀況的反映，不完全是代表資產階級的利益。而我們的黨中央，卻對人家採取一棍子打死的態度。

黨對大知識份子重視，因為黨要發展科學，而對於我們這些小知識份子，黨就不重視，不積極發展他們入黨，這是既要馬兒跑，又要馬兒不吃草。黨只是利用知識份子的才，這是很傷害我們自尊心的。

農業合作化，反了右傾以後，又出現了冒進的傾向。表現在：一方面超越了農民的覺悟；另一方面，幹部能力弱。合作化運動的發展是強迫命令的，盲目的。現在，合作社攤子大，領導差，公有制內部有嚴重矛盾。

李之傑的發言，幾乎全部引起我的共鳴。於是，積極考慮自己該鳴些什麼。同寢室的汪廷煌，發言比較晚。他說：

新聞報導，報導好的是必要的，但很少揭發壞的現象。如果在報紙上批評一個廳長，那可就不得了。許多重要消息不讓人民知道，這就涉及到一個新聞自由問題。我國新聞是否自由？我回答是有，但是很不夠。有一些事，人民應該知道的，或是某一部分應該知道的，但是不知道。有些在我們國內發生的事情，國外通訊社都在大談特談，但是我們的新聞封鎖得緊緊的，人民不知道。如四川少數民族發生暴亂——武裝衝突，當總理到印度時，外國記者問總理，我們才知道。但是究竟是怎麼一回事？仍然不詳細。又如，北大的整風運動，搞得那麼轟轟烈烈，但是人民日報沒有作一點報導，卻在路透社報導了很多。人民日報對某些新鮮事物是很保守的。如對「鳴放」的宣傳。《人民日報》就沒有《文匯報》積極……總的來說，我認為新聞自由應該擴大。

安崗（作者按：系主任）好自吹自擂，放空炮，耍兩面派。安崗第一次對我們說，授課是因材施教，實際上是教條主義的施教。教學改革要求獨立思考，只是形式。由於教條主義施教，我們幾乎變成了小教條主義，考試光是背誦。許夢雄說（作者按：教授。後來成了右派）人大是教條主義大蜂窩的話，有一定的道理。

這位來自安徽的共青團員，學習努力，平時寡言少語。雖然只長岳文伯兩歲，給我是印象是，思想成熟，少年老成。據說他有個什麼親屬坐過牢。也許是因為背著社會關係的包袱，故而謹言慎行。他的發言很短，只觸及到新聞真實和課程安排問題。但就是這箇短的發言，仍然使他在劫難逃。可能是因為參加了請願的緣故，比我等還高了一個級別——極右。

五

正在這時，在《人大週報》上刊出了一封寫給黨中央毛主席的「告狀」信。寫信人是業務一班的學員虞耀麟，他在信中寫道：

毛澤東同志：作為一個共產黨員，這兩天我的心情很沉重。因為在我們中國人民大學，黨不是發動群眾幫助黨整風，黨是在整學生的思想。

我們學校群眾性的整風運動，是五月二十七日開始的。到今天才是第四天。從整風的第一天起，同學們就表現了極高的熱情。……可是，就在這幾天裡，我們學校的整風運動，遭受到了來自黨內的巨大壓力。當校內接到北大同學可能來人大活動的消息時，校黨委竟錯誤地佈置：如果北大同學不講理，散佈反動思想，可以把他們轟回去。聶真副校長也在大會上宣稱：北大整風搞亂了，出了偏差，各種反動口號都出來了。對北大整風完全否定。造成的後果是，很多黨員在整風到來時，缺乏思想準備，不僅不傾聽群眾意見，鼓勵群眾消除顧慮大鳴大放，而是處於戒備狀態，嚴陣以待，一心一意除毒草。……有人貼了一張廣告，題目是『黨的危機』，報告還沒作，廣告旁邊就貼滿了駁斥的大字報。大喊『黨沒有危機』。人們只能對學校裡的雞毛蒜皮發表意見，至於有關國家政治生活的問題，就很少有人敢說了。

不過，學校中也有思想比較活躍、比較勇敢的人。法律系的同學林希翎，就是這樣一個人。她根據自己接觸的一些事實，揭露了黨的工作中不少比較嚴重的缺點，並且提出了自己的看法。在她的意見中，有不少正確的東西，也有極多看來是不正確的論點。但不管怎樣，她那種大膽揭發、獨立思考的精神，正是整風中特別提倡的。堅決支持林希翎，就能啟發同學們進一步打消顧慮，打破教條主義的思想束縛。然而，我們的校黨委卻不這樣做，讓學生舉行了一兩千人參加的辯論會，辯論林希翎的思想。

實際上，這怎麼能算辯論會？林希翎只是一個二十三歲的女孩子，她又是一個普通的學生，看問題自然有著極大的局限性。而她在發表自己的意見時，接觸的問題，涉及國家生活的一切方面。如果要駁斥她，當然有很多可以駁斥的地方。我們就這樣在一二千人的大會上，一字一句地駁斥一個非黨非團的姑娘。並且很大一部分駁斥者，還常常歪曲林希翎的原意，斷章取義地批駁。於是，辯論會基本上成了林希翎思想的鬥爭大會。這個會開了兩天，其後果是給許多想鳴放的同學的心頭籠上了陰影。這就是我們學校的整個情況。

敬愛的毛澤東同志，我建議中央立刻派出檢查組，檢查高等學校中的整風情況。在我們人民大學，在很多黨員中，教條主義、宗派主義的思想情緒，仍占著統治地位。這種情況不改變，整風運動無法開展。（載《社會主義思想教育參考資料》第四輯一五一至一五三頁）

虞耀麟的信，引起我極大的共鳴。他平和的語氣，公正的態度，不愧是一位有正義、有涵養的共產黨員。他提出的問題，我同樣感到非常符合學校的實際。一開始，許多人都感到學校整風缺乏誠意。正像虞耀麟所說的，黨員似乎集體失語，對林希翎的所謂辯論，不折不扣，是一場聲勢浩大的批鬥會。

林希翎在城內的第二次發言，是在鐵獅子胡同一號的露天舞臺上，不僅有她的支部書記「作陪」，黨委書記胡錫奎也親臨「把場」。在熱烈的掌聲中，登臺批駁她的人義憤填膺，理直氣壯。林希翎的低聲反駁，換來的是一陣陣譏笑與噓聲。至今記憶猶新的一個情節是，有人質問林希翎，到底有沒有赫魯曉夫的祕密報告？她作了肯定的回答。此時，坐在後面的胡錫奎立即走到台前，義正詞嚴地響亮說道：

「我身為黨委書記，從來沒有聽說有什麼祕密報告。不知林希翎是從美國之音還是路透社得到的資訊？」

於是，「林希翎惡毒反黨，造謠汙蔑」等聲討斥責聲，直沖霄漢。年輕的姑娘，四顧茫然，頓時失聲。從此成了過街老鼠，到處遭到斥責詈罵，甚至挨過拳頭。

虞耀麟可能做夢也想不到，他成了「告御狀」的罪人。他的上書沒有到達御前，就被轉了回來。白紙黑字，成了推不掉的罪狀。於是，成為被加冕並被趕回原單位的可怕「毒蛇」！

前面引用了七八位同學的發言，全部轉錄自「引蛇出洞」之後黨委審閱之後的正式出版物，為了證明毒蛇們是如何猖狂向黨進攻的，編輯們自然是儘量刪削善意與關注，而突出尖銳與惡毒。現在，為了節省篇幅，我雖然儘量作了摘錄，仍不免有「文抄公」之嫌。為了存真，我不敢漏掉他們發言的主要內容，更不敢改變原意。除了錯別字，和不通的詞句。一律保持原樣，不做修辭方面的改動。健在的難友，看到我的慎重引用，是會認同的。年輕的讀者也可從中看到，儘管反動的右派們的話，不是百分之百的正確，但他們是多麼地事實求是，個個心懷赤誠，一片丹心。哪裡有「向黨猖狂進攻」的影子？他們又是怎樣「反黨反社會主義」的？

自從反右運動取得偉大勝利之後，在中國的大地上，以言治罪的妖風越刮越烈，萬花凋零，白鳥噤聲。就像《紅樓夢》說的，只剩下一片白花花的大地真乾淨。

我在心裡暗暗慶幸，雖然心裡支持很多右派分子的觀點，但沒有再赤膊上陣。潘李兩人的「情願」孽行，也只是在心裡支持，沒有投入行動。不然，肯定要改寫申余書記的評價，完全「跟他們一樣」了。從此，我到了會場上，找個角落坐下，不再吭一聲。無奈，樹欲靜而風不止。接連發生的事，讓我愈來愈感到難以忍受，終於按捺不住。一天傍晚，找支部書記于恩光，疾言厲色地攤牌：

「你們違背了毛主席關於整風指示的精神，從今天晚上開始，本人退出反右運動，並與支部劃清界限！」

在共產黨的領導下，居然要與黨支部劃清界限，簡直是荒唐之極！說明自己是多麼的幼稚無知。無奈，反右運動不但不允許你「退出」。還與自己發生了更加密切的關係。不過，與黨支部的界限，倒是越劃越清了。不久之後，鐵冠加頂，成了貨真價實的反黨異類。

這是我一生中，最愚蠢的行動之一。

我哪裡知道，此時「陽謀」已經出籠，整風開始轉向。虛心聽取群眾意見、認真進行整風的共產黨，已經祭起了「打退右派分子猖狂進攻」的大旗，擺開了掃蕩異類的血腥戰場。而那些坦誠進言的年輕學子，無一例外地陷入「人民戰爭的汪洋大海」之中，後悔不迭，逃脫無計。乖乖地被戴上右派帽子，成了蛇蠍般可怕的魑魅，異類。

二〇〇九年九月九日。

第陸章　無罪者的贖罪——留校右派學生的「賤民」生涯

近年來，雖然文網越收越緊，維穩的罡風橫掃神州大地，從可憐的夾縫中，躲躲藏藏的幾家自費刊物上，仍然讀到不少回憶文章，從而瞭解了一些被「陽謀」戕害的大批難友的悲慘往事，嗅到了一點當年的血腥氣息：北大荒的苦役，夾邊溝的饑餓，黑牢房裡的酷刑，趕回農村的慘劇……使人驚心動魄，不寒而慄。相形之下，自己「蒙恩」留校察看，還是個幸運兒。所受的折磨和凌辱，不過是小巫見大巫。我不是個忘恩負義的人，但我對在人大新聞系四年大學生涯，除了第一年，陶醉在跳過龍門、蟾宮折桂的夢幻中。後三年，可以說是在摧殘與屈辱中度過的。毫不誇張地說，三年蒙恩，實則是贖罪。人格被侮辱，尊嚴被蕩盡……

半個多世紀過去了，我對母校中國人民大學的印象，依然深刻清晰。恕我直言，那不是培育的艱辛，授業的忙碌，而是，肆意摧殘的勇武，棄如敝屣的感慨。

現在，撿拾幾片破碎的記憶，簡略複述一些當年的情景，讓年青一代看看，當年他們的同齡人，是如何在解放了的新中國，享受社會主義的幸福的。

一

一九五七年暖春剛過，在毛澤東對馬列主義偉大發展、所謂英明「陽謀」的指導、在鄧小平的直接指揮下，席捲神州大地的反右派運動，以共產黨的徹底勝利而告終。資產階級右派分子的猖狂進攻被打退了，腦後生著反骨的另類，被一個個揪了出來，打翻在地，晾在了光天化日之下。據公安部公佈的數字是挖出了五十五萬名右派，據說，更可靠的數字是三百多萬。

從互聯網上得知，最近，反右檔案已經解密。一九五八年五月三日，中共中央召開政治局擴大會議，宣佈反右鬥爭取得了階段性的勝利。輝煌的戰果是：

挖出右派分子三一七八四七〇人；其中黨員二七八九三二人；中右分子一四三七五六二人；高等院校教職工右派三六四二八人，學生右派二〇七四五人。右派集團二二〇七一個，右傾集團一七四三三個，反黨集團四一二七個，非正常死亡四一一七人。

這就是說，比原來堂堂代表國家的公安部公佈的右派數字，多出了六倍之多！簡直令人難以置信。而一九四九年，大陸上的知識份子據說只有五百萬。剛剛過了八年，一九五七年，竟然打了三百多萬右派，不知占當時的知識份子比例多少？當然右派分子不光出產在知識界，工商界、宗教界仇恨共產黨的也大有人在。記得被揪出來的異類中，四川就有叫釋悟能、釋隆光的和尚，光榮「加冕」，被奪去手中的經卷，趕到遠離蓮台、適合改造的地方。

反黨的異類如此之多，面目如此凶惡，罪行個個十惡難赦，不加以逮捕關押，勞教管制，不：足以消解人民的痛恨，抵償他們犯下的累累罪惡。但是，該怎麼稱呼這些政治犯呢？

據報載，當異類們紛紛被前赴後繼、「勝利」揪出，就要走上「公判」舞臺，伏地聆聽宣判時，還沒有個合適的稱號：殺人，放火，強姦，偷搶，貪汙、腐化與他們不搭界。他們不過是一群搖搖舌頭，噴噴口水，或者，自認為是輸誠泣血、實則是鴉片鴆毒的諫言，寫在紙上的書呆子夢囈，與刑事犯罪根本不沾邊。叫他們歷史反革命，卻是眼前的犯罪；叫他們是現行反革命，他們沒有造謠惑眾，更沒有策劃於密室，點火於基層。稱為「胡風分子」，胡風早已鋃鐺入獄。稱作「章羅分子」，分明抬舉了章伯鈞、羅隆基輩。古人云：欲加之罪，何患無辭。這一回，老革命遇到了新問題。雖然想出了「欲加之罪」——反黨反社會主義。但那個名正言順的「辭」，一時想不妥帖。

偉大的謀略家、天之驕子，也有心勞計拙的時候。正在頻撚煙蒂，望空歎息，紫禁城出現了救星。不知是冥思苦想的結果，還是不經意間來了靈感。反正，隨意幻成了傑出的創造，偶然成了顛撲不破的經典。孫中山的戰友、廖仲愷的夫人何香凝站出來了，她老人家在怒斥右派時，喊出了「資產階級右派分子」這個曠古未聞的新名詞。那不僅為中國語言豐富了辭彙，也為那幫異類取了個貼切的名字。據說謀略家極為欣賞，立即拍板定案。從此，異類們有了嶄新的「名諱」。從此之後，「資產階級右派分子」，不僅成了漢語辭彙寶庫中的一員。有幸入彀的秀才們，不論他的老子放過牛，討過飯，本人是紅小鬼，還是土八路，統統有了整齊劃一的階級出身——資產階級。

有了名諱，立即全體「加冕」。本人也成了資產階級陣營裡的一員！

一開始，我並不認為自己有進入右列的厄運。一天，指名去參加會議，去了之後才發現，出席的都是清一色的右派，才知道自己也光榮地成了資產階級右派分子。一個放過牛的窮孩子竟然成了剝削階級的一份子，簡直是滑天下之大稽。真不知是該哭還是該笑。但彷彿是吃了一顆定心丸，從此不再抱僥倖，堅信自己實實在在入了右陣。

我這樣說，可能有的人不理解。直到我的所謂右傾檢討過了關，仍然不相信自己已經入彀。人大不同於北大等校，一旦決定給某人加冕，像科舉時代「報祿」似的，一紙右派通知書，立即飛到他們的父母手中，不僅是報告「喜訊」，而且要家屬幫助監視、改造云云。這絕不是造謠，我親眼看到過一份北大難友的通知書。不知是因為忙，還是別的原因，我的家屬就沒有接到人大的「報祿」單。我自己始終說不出自己從哪一天開始，成了反黨反社會主義的右派分子。

在新聞系總結反右鬥爭取得偉大勝利的大會上，新聞系反右的總指揮——把自己親愛的老婆從滅頂的泥淖中拖了上來的總支書記章南舍，照舊以得意的腔調，慷慨陳詞。他大談反右鬥爭的偉大意義，勝利來之不易。有了這偉大的勝利，將推動社會主義的經濟建設，提高中國人民的覺悟，促進學校的教學，也能提高中國在國際上光榮而偉大的地位。列舉完了種種不平凡的盛世偉業之後，他用從延安窯洞學來的馬列主義辯證法，深挖右派翻天的根源。他聲調鏗鏘地說，天底下沒有無緣無故的愛，也沒有無緣無故的恨。撒下什麼種子發什麼芽，結什麼果。一些人之所以「墮落」成反黨反社會主義的右派分子，都有他們自己的階級原因。

我對這個問題很感興趣。很想知道自己「墮落」的階級根源是什麼。不由側耳細聽。這位光頭書記，不愧是上綱上線的高手，他說，張三有個親戚鎮反時被槍斃了；李四的一個表舅跟著國民黨逃去臺灣；王五的家庭出身是個破落地主；孫某的家庭是個老富農。孫某是我山東的老鄉。他曾告訴我，他的父親幼年吃盡苦頭，省吃儉用，方才積攢了十幾畝地。

足見，新聞系四十三個右派，沒有一個真正是對共產黨充滿了階級仇恨的剝削家庭出身。章書記列舉的反黨階級根源，理由太不充足。但這難不倒反右英雄，他把大批沒有階級根源的右派，無一例外地歸結為滿腦子資產階級思想，因此，墮落成為右派理所當然。我以為，自己一定就是因為滿腦子「資思」，而「墮落」成右派的一分子的。不料，章南舍緊接著提名道姓地提到了本人。他說：

「至於那個一直不承認自己是右派的房文齋，則是因為參加革命十多年沒讓他入黨，心懷不滿而墮落的。」

我聽了這妙論，幾乎當眾笑出聲來。

一個人執著地想成為一名共產黨員，因為還沒有達到目的，便去反對它！天底下有這樣的邏輯嗎？然而，就是這絕妙高論帶來的厄運，讓我整整被專了二十二年政！

不平，憤懣，內心暗暗發狠：你們認為我是右派就是落後分子？騎毛驢看唱本——走著瞧。不妨比試比試，到了畢業的時候，看誰的學習成績好，誰能寫出像樣的作品！

過分自信，便是幼稚無知。毛驢沒有「走」多遠，天色忽然變暗！

右派們榮膺新的階級出身，頭上也有了一頂鋼製的「桂冠」，「好運氣」便大搖大擺地來關照了。首先是人格的凌辱，從此連本人的名姓也省略了，甚至被直呼「老右」。前面曾經提到，一個從遼寧來的學生管煜，就有這個「愛好」，多次當眾喊「房右」。經過十年浩劫，挨打罰跪成了家常便飯，已經忘記什麼是做人的尊嚴，幾乎修煉到唾面自乾的道行。可那時沒經過那種「煉獄燒烤」，一句侮辱話，便怒髮衝冠。每當聽到尖細的「房右」聲在耳邊迴響，我的手心就癢癢，很不得朝那個金魚眼的矮傢伙的臉上，狠抽幾個嘴巴。

二

自古，烏紗頂戴是分品級的。鐵冠加頂的右派，同樣享受等級分明的「品級」。政治特強的人民大學，成了劃等級的試點單位。學校分別在校本部和鐵獅子胡同分校召開大會，隆重部署對右派分子處分。

一到會場便感到氣氛不對。入會者，大部分低頭垂腦，滿臉哭相，彷彿大禍就要臨頭。我仍然認為他們是膽小過慮。那麼多右派，還有許多的名人教授，不成他們能棄之不用？可是，黨委副書記兼副校長聶真一開口，便給了我當頭一棒。

他聲色俱厲地說道：資產階級右派，是反動派，也就是反革命。革命的人民大學怎能讓反革命繼續毒害年輕一代呢？因此，右派教師，該滾蛋的滾蛋，該開除的開除，像葛佩琦那樣的歷史反革命，馬上逮捕法辦，嚴厲懲處！

醍醐灌頂！被賜名「右派」的人，統統成了十惡不赦的罪人！他們哪個有罪？不過是進了幾句逆耳的忠言，有人僅僅是「腹誹」。在偉大的共產黨治下，從此拉開了以言治罪，甚至以思治罪的新篇章。

我被這莊嚴的宣判擊懵了！聶真後面的話，幾乎一句沒有聽見。忽然想到應該留意對學生的處分意見。急忙收神，側耳細聽，只聽他不無氣憤地說道：

「至於反黨反社會主義的右派學生，同樣不配做社會主義的大學生。同志們想一想，我們應該花費錢財和精力去培養他們嗎？他們能做革命的接班人嗎？因此，對右派學生只有一種處理方式——一律開除！」

像在曠野裡聽到山谷回聲。「一律開除……一律開除！」我被驚得雙耳轟鳴，兩眼發呆。彷佛天塌地陷，又像從萬丈高樓跌入無底深淵！不知道何時散了會，自己怎麼走回了宿舍的。至今清晰記得的是，身子重重地往床鋪上一摔，長長呻吟了一聲：「完了！」

怎麼不是「完了」呢？十一歲接受被罵為「共匪」的地下工作人員的鼓動，閱讀了不少革命宣傳品。接受洗腦筋，並偷偷學唱抗日歌曲。十三歲當上村裡的第一任兒童團長，站崗放哨，四處為共產黨奔波效力。十四歲正式穿上「二尺半」（地方工作人員服裝的俗稱），成了「地拱子」（老百姓對地方幹部的蔑稱）。背上馬牌手槍，為奮力消滅「蔣匪軍」的「解放軍」籌集糧草。二十二歲混上了同齡人歆羨的「區營級」。

雖然沒經過懸樑刺股，十數年業餘拼搏，二十四歲上，以優秀的成績考上了驕人的中國人民大學。

在政治高於一切的年月，人大可是非同等閒地方。它年年單獨招生，捷足先登，把頂尖人才選走了，方才輪到北大和清華等「選優」。似乎一邁進人大的門檻，便「政治掛了帥」，彷彿貼上一層金箔的神像，光閃閃耀人眼目。連走路的聲音，都像樂譜的重音。而人民大學的新聞系，更是花中之魁，鳥中鳳凰。處處享受著尊重和優待。國慶遊行做標兵，站在緊挨領袖們的腳下，周恩來接見，彭真講話，座位在人民大會堂的前排。不僅領袖們的教誨聲聲入耳，連他們的音容笑貌，也歷歷在目。因為他們考新聞系時，有兩個先決條件：黨團員，三年以上革命歷史。因此，不論放到什麼重要敏感的位置，領導盡可放心。讓他們讀美國記者斯諾的《史達林時代》、

《南共綱領》和「參考消息」，也不會中毒，新聞系的學生，先天就有免疫力。

可是，誰也不曾想到，就是在這群天之驕子中，揪出的階級敵人最多。總支書記章南舍為了爭冠軍，把新聞系搞得幾乎是「洪洞縣裡沒好人」。三百多人的新聞系，竟然打了四十三個右派，「中右」四十餘人，全部受到黨紀團紀處分。新聞系的異類占四分之一強。弔詭的是，他正在品味勝利的喜悅，他的老婆忽然被所在單位的左派揪了出來。這一下，章南舍急了，依仗老延安的社會關係，一番奔波求情，化險為夷。夫婦二人，依舊是響噹噹的「左派」。足見，疏而不漏的天網，對鐵桿關係，也得禮讓三分。而我等，爹媽是遠在千里之外的文盲農民，找誰說情去？看來，老婆孩子是顧不得了，十年革命歷史也要付諸東流。惟一的出路，就是帶著右派桂冠，回到父母身邊刨黃土去。

這是做夢也想不到的悲劇！

欲哭無淚，生平第一次，整整一夜沒有合眼。弄得監視者共產黨員劉鳳陽，也沒睡安穩。顯然是身負監視重任，夜裡起夜，發現他在床上仍然瞪大了雙眼，也真難為了那位革命的左派。

求告無門，哀哭無益，我開始考慮下一步的行動。

當初圓了黃金夢的書籍，再也派不上用場，今後能與自己為伍的大概只能是鋤鐮鍬钁了。書籍文具等勞什子，留著儘是累贅。索性讓它們去換幾元錢，在衣食無著時，做出點貢獻。連厚厚的《世界語詞典》，也進了東安市場的舊書攤。

說起《世界語詞典》，也是一場春夢。由於先天不足，只上到小學五年級便失了學，後來雖然上過半年洗腦筋的初中，入大學時僅僅認識二十六個英文字母。此時才發現，自幼被誇為聰明、有天分等，都是廉價的奉承，自己記單詞的能力，簡直是個標準的低能兒。無奈，只得改弦易轍，改學「世界語」。這是一位波蘭大夫柴蒙霍夫創造的人工語言，比英語規範，難度小得多。心想，努力學好了天下通行的世界語，將來當了記者，如魚得水，不論走到世界什麼地方，都不愁找到談話的對象，何其美哉！現在說起來，簡直是極大的諷刺。

我正在緊鑼密鼓地「輕裝」，又召開了一次新的「處理右派大會」。

三

還是那位副校長聶真親臨講話。

他一登場，我就發現，今天的臉色有點陰轉晴的感覺，像一位優秀的川劇變臉演員，他的方圓臉，乍看和藹慈祥，像一位老婆婆。倏忽之間，便成了一位威嚴的將軍。當初動員鳴放，他面綻桃花，溫文爾雅；號召向右派分子猛烈反擊時，卻是威武莊嚴，一派殺氣。我充分體會到共產黨的領導幹部的含而不露與善於變臉的本事。其實，不是他們「善變」，而是背後有一隻大手提著線，他們不過是沒有靈魂的木偶、別人手裡的傳聲筒而已。看來，今天，他可能再一次表演變臉。果然，他一開口，語氣便緩和了許多，露著幾分和善甚至慈祥。跟上次佈置對右派要嚴厲處分時的凶狠和肅殺之氣，有了一百八十度的變化。俗話說：天有時刻陰晴，人有旦夕禍福。從校長臉上的陰晴變化，我感到今天興許有好消息。

趕忙打起精神，側耳細聽。

聶真先講了一通大好形勢。他說，經過了偉大的反右運動，提高了人民的覺悟，擦亮了人們的眼睛，掀起了社會主義建設新高潮。右派分子陷入了人民戰爭的汪洋大海之中，除了極少數頑固不化以及有著歷史罪惡的傢伙，自絕於人民，自絕於黨，廣大右派則紛紛繳械投降，向黨向人民認罪。而我們黨對犯錯誤的人一向都是抱著治病救人的善意。凡是願意認罪改過的，我們不是一棍子打死，而是給出路，伸出雙手進行挽救。根據他們的錯誤程度，分別給予應得的處分，讓他們在新的、合適的崗位上，改造自己。偉大領袖毛主席說，經過三五年的改造，他們的立場變了，可以摘掉帽子，重新回到人民的隊伍……

我幾乎不相信自己的耳朵。但字字句句，聽得清清楚楚。這就是說，處理政策從一律開除，變成了根據錯誤輕重，區別對待，即分別等級量刑。我繼續認真聽下去。得知幹部和教師右派，與學生是兩套辦法，前者分為六類，後者分外四類。我牢牢記住的是有關學生的四類處理辦法。

第一類，進勞教所，或者去學校農場勞動；這是極右；

第二類，戴上帽子，不開除，給予留校察看處分；

第三類，只戴帽子，不予處分；繼續留校學習；

第四類，不戴帽子，免於處分。這是實在湊不夠罪惡，把人家搞錯了的一種托詞。

我的一顆心，懸在空中足有一個多禮拜，頃刻之間回到了胸腔裡。本人是班上最末一個被「加冕」的，深信不僅進不了一類，不予處分都是可能的，充其量是個二類。那就是說，留校繼續學習是沒有問題了！

毫不誇張地說，用「高興」二字，不足以形容當時的喜悅之情。不是坐在會場上，我會高呼幾聲萬歲！那絲毫不亞於當年接到人大的錄取通知書時的狂喜。考上大學，不過是人生的升遷和得意，而不被開除回家種地，不僅關乎名譽和威信，而且生死攸關。不然，我這自幼追隨共產黨的進步分子，如何面對家鄉父老？怎麼有臉見人？更不要說，為自己丈夫背上沉重政治包袱的妻子和兒女。

一想到妻孥，立即冷汗涔涔。我自尊心特強，對家庭也是一往情深。

在焦急等待中，處分決定終於公佈了。我所在的六班，四個極右，三個右派。前者是：潘俊民，汪廷煌，岳文伯，李之傑。後者是：江澤純，伍伯涵與本人。與品級對等的發落是：潘俊民進了勞教所，汪、岳、李三人去了農場。剩下三個一般右派，是「開除學籍，留校查看」。

右派們各得其所，支部立即吩咐每人寫出改造計畫，爭取早日摘掉帽子，回到人民隊伍。

此時，當初的不服氣，下決心跟左派們比試一番等心底豪語，一掃而光。擺在面前的路，除了規規矩矩接受改造，也就是接受無產階級專政，沒有別的選擇。不要說是逮捕法辦，去勞教所，一聲一律開除，便嚇得魂不守舍，惶惶然如喪家之犬。我體會到了從人到囚的難堪，嘗到了共產黨的厲害！生平第一次知道了什麼叫恐怖。

處理右派告一段落，懸著的心放了下來。不僅是我一人，得到寬大處理的異類，神色中無不露出慶幸。沒有像潘俊民們那樣，去農場或荒原流盡臭汗，而是繼續呆在書聲琅琅的課堂和校園裡，這是多麼大的幸運！有比較方才顯示出差異，差異體現了黨的寬大與仁政。犯下了反黨反社會主義的大罪，還能繼續作大學生，誰不感激涕零？

緊接著，進行了學員調整，六班走了四個極右，還留下三個異類，中右也有十多個（中右不公佈，具體數目說不準），占了總人數的一半多。左、中、右搭配極不合理，階級組成失調。「敵情」依然太嚴重，便從別的班，調進幾個骨幹，調出一些渣滓。右派江澤純便被調到了打右派不多的七班。這樣，六班只剩下我與伍伯涵兩個異類。直到畢業，我們兩個始終是「親密戰友」，雖然無力互相保護，但誰也沒有出賣過對方。畢業的時候，他為分到貴州而痛苦焦急，我毅然將自己分到山西的名額讓給了他。他熱淚盈眶，握著我的手，一再「感謝老弟的關心與憐憫」。這是後話。

從一律開除變成「留校察看」，這是多麼幸運的事，簡直不啻是死而復生。慶幸之餘，決心改變自己。亡羊補牢，猶未為晚。力爭收起自尊，打掉魯莽，彎下腰肢，裝足笑臉，唾面不惱，辱罵不驚。像《法門寺》裡的大太監賈桂那樣，作出一副奴才相，只學會說一個字——「喳」。

正所謂，江山易改，本性難移。後來的改造證明，牙齒縫裡不漏出半個否字，目光中不露出一點遊移，只會喊「喳」，對一個性情倔強的人來說，實在不是易事。我高興得太早了。

四

「左」「右」的壁壘一旦分明，不同的待遇緊跟而至。

首先發生了針對右派分子的「尋人」事件。既然右派分子是反動派，那就惡賽虎狼，臭如狗屎，躲之憂恐不及，丟一個是去一害，丟一群是去了一大害。誰還去主動去尋找呢。殊不知，那是一種新發明，是讓每一個革命的學生一眼就能從人堆裡，識別哪個傢伙是反黨反社會主義的右派分子。辦法多多，都是聞所未聞的新創造。

首先發生的是「插白旗」事件。即在右派吃飯的座位上插上了一枝黃泥做底座的白旗，上書右派分子的姓名。名義上是讓廣大同學認識異類的真面目，便於劃清界限，進行監督。實則是進行人身侮辱。同時出現的是「尋人事件」。

宿舍的大門口，迎面牆上增加了幾張新大字報，題目是「尋找右派分子」。不僅有名諱，而且貼著照片，開列著生理特徵：而本人的大名，就在開頭的位置。山東口音，瘦高個，黑面皮……理由相同，為了區別和監督。

原以為，成了低人一頭的右派，除了在學習上不能居於人後，其他方面也要有突出的表現，無非是主動多幹一些勞動活。農村孩子出身，那並不可怕。何況在高等學校，也不會有多少勞動任務。

殊不知，我再次犯了頭腦簡單的毛病。

異類們首先享到的，是勞動的優先權。

現在，被稱為建國前的老幹部們，包括本人在內，都經歷了跟隨共產黨打天下，奪取政權的殊死搏鬥。奪權之初，害怕印把子不穩固，進行了大規模地反特，鎮反，肅反等。下指標，定計劃，大搞殺人競賽。所謂階級異己分子，被清理得差不多了。但對剩下的仍然不放心，害怕他們腦後仍有反骨，要進行所謂改造，讓他們脫胎換骨。改造的靈方妙藥，就是勞動。當時的口號是，勞動可以改變人的世界觀，勞動創造世界。據說，猴子之所以能變成人，就是因為它們學會了用雙手勞動的緣故。於是，犯下罪行的人，關進監獄，要編進勞改隊進行勞動。等而下之的進了勞教所，勞動同樣是他們的主修課。直到史無前例的無產階級文化大革命，勞動同樣是改造人的主要手段。被打倒的「走資派」要去五七幹校流臭汗，遭到橫掃的「牛鬼蛇神」，拉車、掃街、挖廁所。巴金、冰心、沈從文等傑出作家及全部「反動學術權威」，都曾把十數年的光輝歲月，獻給了馬路，稻田，牛群，廁所……但從他們的大量回憶文章裡，根本讀不到勞動能改變世界觀的記載。充斥其間的，儘是遭摧殘和折磨的血淚文字。

勞動，充其量，能讓不辨五穀、不知一粥一飯來自何處的城裡人，知道「汗滴禾下土」的滋味。但絕不能使浩浩蒙冤者，認識到他們真正犯過罪，有過貨真價實的所謂罪惡。我很早就懷疑，勞動改造思想的口號，乃是共產黨創造的神話。要不然，為何外國沒有勞改隊、勞教所？其實共產黨自己也不相信，勞動是能夠改造世界觀的靈丹聖藥，為什麼革命左派不去勞動改造？說穿了，不過是用冠冕堂皇的華美謊言，掩蓋壓制懲罰的真實目的。

懷疑只能深藏心底。絲毫不能露出半點不虔誠的樣子。於是，留校右派們，大量時間便耗費在「勞動改造」裡。

人大的勞動任務，可謂比比皆是。日常的清掃衛生等勞動任務不必說，新創造出來的勞動項目，五花八門。修水庫，挖人工湖，修水渠，打掃豬圈，清理倉庫。甚至打麻雀，滅老鼠，都成了可以堂皇停下課來去完成的光榮革命任務，當然也是改造右派的有效措施。有人會說，那些活動，我們（左派）也都參加呀，總不能說成是對右派的懲罰吧？不錯，許多勞動確實是全體同學都參加，可是，任何勞動都是有輕有重，有勞有逸。右派不僅要在最艱苦的位置，往往不給你休息的機會。

以在北京十三陵水庫勞動為例。新聞系的同學擔任築壩，往筐裡裝沙子的任務，有左派和女同學擔任，右派只能進入擔沙上壩的行列。別人的筐裡沙子不過一半，我輩的筐裡卻是滿滿當當，重量幾乎差一倍。一百多斤的重量，壓到沒有鍛鍊的肩頭上，沿著足有四五十度的斜坡依次上行，一天下來，不只是腰酸背痛，簡直邁步都十分困難。可是，回到十幾里的駐地後，別人往草鋪上一倒，等待開飯，右派們要到伙房去打飯打水。飯後打來開水，侍候他們洗腳。請看，這是在平等的勞動嗎？有些看似沒法分輕重的活，要求也不一樣，在城樓上趕麻雀，為了不讓「害人蟲」休息，手裡的銅鐵響器，一刻也不能停下，會飛的麻雀能累死，人同樣會累。但是，如果你放慢了敲打的頻率，「偷懶！對除四害有抵觸情緒，不積極進行改造」的喝斥，立刻會伴著唾沫星子飛到你的臉上。

五

除了用勞動懲罰右派，就是讓他們不斷地匯報思想，特別是要檢舉同類的反動言行。本人性格粗疏，一直沒有學會舌頭尖設崗，結果，常常成了同類立功邀寵的匯報對象。一天吃飯的時候，一個戴眼鏡的楊姓右派，向另一個同類低聲訴苦。此人原先是黨員，處處高人一頭，不幸榮登另冊。他說報名參加學射擊，沒有被批准。連聲歎氣，臉色十分痛苦。我在一旁，發表了議論：

我說，讓異類掌握了武器，可能是不安全吧。身為異類，何必難過呢？不過，當年我身挎手槍，肩扛長槍，也沒有去殺人！對方一言未贊，彷彿沒聽到我的話。不料，很快支部書記便找我談話：指責我到處散佈不滿情緒，影響思想改造，要深刻地進行檢查！

一次在水渠工地勞動，我跟本班姓汪的同類閒談，說到自己從小吃飯慢，戰爭年代實行軍事化，吃飯只給十分鐘，經常吃不飽。不料，一席閒談，而且說的是戰爭年代的事，這位同類居然當成牢騷不滿，汙蔑現實，向上作了匯報。我自然是又得到一次不好好進行思想改造的訓斥。後來，又發現他繼續匯報我跟伍伯涵兩位同類，只得遠遠躲著他。這位仁兄，去農場勞動剛滿一年，因為表現好，蒙恩赦回，仍然回到原班學習。而跟他一起入農場的李之傑，一直在農場幹了五年多。原班人馬早就畢了業，他只能去中文系從頭另讀。汪君沒有超常的勞動本領，如何「表現好」？肯定就是憑著一副順風耳，三寸不爛舌。不斷匯報，積極向黨靠攏的結果。皇天不負有心人，就是憑著這副本領，畢業時他再創奇蹟，身為「極右」，居然成了新聞系極少幾個摘帽的典型。而我班的三個一般右派，都是戴著鐵冠離開學校的。惜乎，文革妖風勁吹，帽子摘了仍是「摘帽右派」，他同樣進了牛棚，被專了好幾年政，燒火放牛都幹過。多年後，他談起這段往事，依然聲音哽咽，面色慘澹。

除了通過賣身投靠者的小報告，掌握右派的思想動向。招兒還有許多。名義上，給右派分子保留公民權，可是憲法給予一個公民的權利，在右派身上，統統成了一紙空文。他們的信件隨意被偷拆，日記常常被偷看，那可是發現不軌甚至反動思想的寶庫。白紙黑字昭示的忤逆不馴言論，可是推不掉，洗不清。這就來了令人耳目一新的好戲：宛如戲臺上的出將入相，有人頭一天還在臺上氣勢洶洶地大批反動右派，第二天，自己便站到了被批判者的位置。不僅滑稽可笑，而且令人驚恐。名之為「赤色恐怖」，絕對不是汙蔑。從批判會上得知，此人的角色速換，原因很簡單：一封天外飛鴻，便讓他紅臉變黑臉，乖乖地打入了另一個陣營！

那年月，要認清一個人的真面目，談何容易！人與人之間的真情與友誼，做人的誠信，在中國大地上，從此迅速絕跡。為後來顛倒黑白的反右傾，吹破牛皮的大躍進，掃清了道路。從此赤縣無口，九州噤聲。只有一個神仙的符咒，在中國的天空，自在飄蕩……

在日記和信件上，有「公民權」的右派們，同樣有名無實。本人也在這方面栽過大跟頭。

當有人當眾高喊我是右派，但沒有正式公佈時，我心裡惴惴然，挖空心思尋覓逃脫厄運的妙計。無奈，自己既不像睡過延安窯洞的章南舍，有著可以救愛妻於泥沼的親密戰友，也不是秀色可餐的年輕姑娘，可以用獻誠（身）換取寬恕。一連幾天，苦思冥想，忽然出了妙計：交出日記。不錯，自己愛黨勝過親生父母，每當唱起「黨啊，我的親娘」！用心潮澎湃、熱淚盈眶來形容，一點也不是誇張。在我的日記上，除了大量記載的愛黨誦黨文字，就是傾吐夢想成為一名共產黨員的迫切渴望。那不是一個標準的鐵桿愛黨分子的自白嗎？好極啦！交出日記，不啻是癩蛤蟆變成了三足金蟬，烏鴉身上塗滿了金粉。不僅可以搭救自己，很可能喚來一頂左派帽子。於是，信心十足地把日記交給了黨支部，並且自賣自誇：「請支部仔細看看我的日記，本人到底是黨的孝順兒女，還是反黨的右派分子？」

這一回，沒用苦苦等待，那本紅皮面日記，很快就回到了我手上。打開一看，裡面增加了很多不同筆跡的道道。顯然，被不只一個人審閱過。

正在等待紅本本給我帶來好運，緊跟而來的不僅是批判會，而且增加了新的罪過：嚴重的資產階級成名成家思想！一個出身不錯，歷史清白的人，之所以墮落成反黨反社會主義的右派分子，根源就在於此！有的左派得意地歡呼他們的「意外收穫」。

這真是沒打著皮子（黃鼠狼）落一身騷！交出日記的結果是，為自己的「墮落」，提供了理論根據。偷雞不著蝕把米。他們嘗到了甜頭，我卻後悔莫及。因此，當他們發現我不僅頭低得不夠標準，還經常對管教者譏諷挖苦時，再次想到了我的日記。我一聽就在心裡暗笑：哼，想再從裡面找「反動對抗」呀，別想！我立即跑到廁所裡，把反右以來，所有寫下的反感與不滿，統統撕了下來，投進了大便坑。結局不言而喻，招來一通劈頭痛罵：公開對抗，毫無改造誠意！

本人自幼有寫日記的習慣。遭到這次打擊之後，整整一年多沒有寫日記。等到重新撿起日記，不由感慨繫之。寫下一首滿含辛酸的順口溜：〈致日記〉

一年來疏遠了你，我的心裡是多麼哀傷。
忍痛破壞過你，受到了嚴厲的鞭笞！
今天又重逢了——我的故知。

只有你對我忠誠，只有你始終如一，
只有你是我生活的真實印記。
重歸舊好要鼓起勇氣，但顧你不再給我帶來憂戚，
作鐵一般的見證人吧，如果你能永遠忠實！

詩後注明：日記曾遭抄檢，忿而撕碎若干頁。一九五八年國慶日。後來發生了一件通信遭審查事件，再次證明了我的「沒有改造誠意」。

六

一九五八年暑假前夕，江澤純偷偷約我出去，談了他的一個「重要祕密」：他享受了一年留校察看的寬恕，卻認為自己成了不折不扣的賤民。這位入學前已經升為副區長的四川漢子，滿臉惱怒，口帶髒字：「他媽的，這哪裡是寬大為懷，分明是拿人不當人。我看明白了，在人大熬到畢業，也得不到做人的尊嚴。我對於上大學徹底失望了，已經考慮好，決定暑假後，不上學了。

我問，你回去幹什麼？他說，條件許可的話，回家一面種地，一面跟父親學中醫，爾後自謀

生路。他問我，有什麼看法？我愣在那裡，一時不知該如何作答。他說，我知道你不可能有成熟的看法。你考慮好了，一定寫信告訴我。

說罷，把寫著家鄉地址的一片紙條塞到我手裡，匆匆走了。

其實，江澤純的「決定」，正是我心裡反覆想過的問題。自己性情倔強，早就忍受不了天天被呼來喝去、牛馬般的生活。之所以沒有下定決心自動退學，是沒有勇氣見家鄉父老，也害怕面朝黃土背朝天的苦日子。要是有個中醫父親，我也會下定決心，拂袖而去。於是，我很快給他覆信。發洩了一通人不如畜的牢騷之後，表示完全支持他的退學決定。信末還叮嚀了一句：古人云：不為良相，便為良醫。黨不讓我們醫國，你可以醫人嘛。老弟，希望你學好祖國醫學，早日成為妙手回春的一方名醫。

信發走了多日，不見老江的回復。心裡正焦急，支部書記于恩光找我談話來了。他一開口，便問我最近做了哪些不利於改造的違法活動。一時間，丈二和尚摸不著頭腦，我愣在那裡許久。為了有利於思想改造，他們暑假不准我回家，我無條件地服從了。心裡不快，整天泡在閱覽室裡，哪裡有什麼時間去搞「違法活動」呀！

見我遲遲不作答，于恩光冷笑道：隱瞞是沒有用的，證據在我們手裡。不交代，只能說明你頑固的立場絲毫沒有改變。瘸驢單走窟窿橋！倒楣的事都讓自己碰上了。原來，我給江澤純寫的那封被退回的信件，之所以沒有回到我的手裡，是被七班截留了。根據我與老江的關係，雖然寫信人只署了一個「F」，他們仍然猜到，寫信人是我。便夥同六班支部，對我進行教訓。足見，右派連通信的自由都沒有。私拆死人信件本屬犯法，他們反倒氣勢洶洶地成了審判官。我很生氣，既然沒署真名，又不是什麼重大反革命信件，不會用什麼高級技術偵破，索性來個不承認主義。反覆追問無結果，他們也奈何不得。但，我知道，檔案上增加一筆「抗拒改造」的罪行，恐怕在所難免。

七

老實人做老實事。江澤純因為得不到做人的尊嚴，不屑於作賤民，而決定退學回家翻黃土。有人的反抗更決絕，索性連中國人也不想當了。

記得，有一位右派同學，忘記了他的姓名。帶上右派帽子不久，忍無可忍，便鋌而走險。趁著黑夜，溜進了北京英國大使館，向驚詫莫名的老外，痛哭流涕，磕頭作揖，請求政治避難。無奈，大英帝國政府雖然頗為理解和同情這位年輕人的請求，並為他的信任而欣慰。但攤開雙手，表示無能為力。顯然，他們不會為了區區一介無名學子，得罪中國政府。他被客客氣氣送了出來，他回到了出逃的單位。那年月，外逃就是「叛國」，立即去了應該去的地方。學校裡減少了一個抗拒改進的典型，監獄裡多了一個重點看押的犯人。

無獨有偶，幾乎在同時，未名湖畔傳來消息，北大數學系一名叫陳奉孝的右派學生，忍受不了白眼和凌辱，攀樹進了南斯拉夫大使館，請求政治避難。當時，因為南斯拉夫「變修」[1]了，受到中國的大力聲討，兩國關係極為緊張。他以數學家的頭腦分析，一定會得到收留，並設法將自己送到國外。當他從高高的大樹上，落到了地下，得到的確實是客客氣氣的禮遇：牛奶麵包，熱情攀談。最終，仍然是「愛莫能助」，因為「修正主義者」也沒有辦法把他安全地送到國外。最終，被客客氣氣地藏進汽車後尾箱，混過大門口的崗哨，送到一個安全的地方，把他放下，讓他自己另想辦法。他又回到了起步點。

求告無門，他盤桓街頭，不知路在何方？但他再也不想回到學校過屈辱的贖罪日子。他想到了最近的天津港那裡應該有他的逃生之路。碼頭上，外籍貨輪不斷停靠，總會有機可尋。趁黑夜混上去，藏進貨物堆裡，何愁不被帶到海外？主意已定，他立即行動。坐上火車，直奔天津。下了火車，看看後面沒有尾巴，放心地去了碼頭。

無奈，人算不如黨算，他正在碼頭上觀察，尋找機會，忽然被從後面摁倒地下。一雙大手，緊緊掐住了他的脖子。嘩啦一聲，雙手被緊緊銬住，押回北京後，沒讓他回北大，直接關進了監獄。

1 變修：指不信奉馬列主義，走西方資本主義的道路，就叫變成「修正主義」了。

原來，他「失蹤」後，北京大學立即報案。公安部門布下了天羅地網。他去天津時，在火車站就被盯上了。為了觀察他的動向，緊緊跟隨，並不驚動。直到弄明白了他在打外輪的主意，外逃的意向已明，方才動手抓捕。時當一九五七年六月十六日。

他以現行反革命罪，被判刑十五年，受盡非人折磨。多次被戴背拷，關小號，載重鐐。算他命根子壯，有幸活了下來。按照常規，刑滿應該釋放。但熬過十五年牢獄生涯，他得到的並不是「釋放」。而是帶著「反革命」帽子，留場「就業」，又當了八年被稱作「二勞改」的準罪犯。熬到右派改正，方才死裡逃生。

五年前，讀到他的自傳《夢斷未名湖——二十二年勞改生涯記實》。方才知道，他大難不死。所受的摧殘折磨，罄竹難書。經歷之淒慘，使人驚心動魄，不忍卒睹。他是濰坊人，竟然是我的準同鄉。他不僅是當年北大整風的學生領袖，高考也有傳奇色彩。這位濰坊一中的高材生，沒經過高考，被北大免試錄了去。但這個矮個子青年，不僅有著數學天才，對國家的不足，黨的缺點，同樣洞若觀火，心憂如焚。幾句儻言，幾聲呼喊，便鑄就了不可饒恕的罪惡，最美好的人生，交付給了鐵柵與鐐銬，整整度過了二十二年煉獄生涯。

平反後，他重整舊業，登臺授徒，成了一位優秀的數學老師。

近幾年，他為民主自由不懈呼籲，前年還在《零八憲章》上簽了名。不知是否也像別的覺醒者一樣，重新被打入「另冊」？電話被竊聽，通信遭檢查，今天「請喝茶」、明天「被旅遊」，成了一名監獄外的囚徒……

上世紀八十年代，我聽一位姓李的女難友說過，她的也是「五七戰士」的丈夫，加冕之初，同樣走上了尋找自由之路。依仗極好的游泳技術，他游過鴨綠江，順利到了朝鮮。不料，甫一登岸，便被抓住送了回來。不用說，跟上面提到的幾位尋覓自由的勇士一樣，享盡了鐵窗風味。

上世紀七十年代初，我在上班的路上，恰遇公判大會的遊行車隊，一輛輛卡車上，裝滿了囚犯，他們的脖子上都掛著一個大牌子，寫明犯的何罪，以及罪犯的名字。記得殺人、盜竊等罪犯很少，大部分是「現行反革命」。有一個青年人的牌子特別醒目：「叛國投修犯」[2]。他跟幾個凶惡的「現反」一樣，都是判處死刑，立即執行。不久，在我所住的北下河街上，一個名叫王晉龍的文弱青年，也犯下了「立即執行」的大罪。據說，這個愣頭青斗膽包天，竟然在大街的某處牆壁上，寫下「打倒毛澤東」的反標，時當文革期間，自然是死有餘辜。使我不理解的是，叛國投修，怎麼能跟反對偉大領袖一樣，立即槍斃呢？那位「叛國投朝」的而且是異類，都活下性命，為什麼「投修」的，卻立即殺頭呢？也許是朝鮮是友邦，蘇聯已經修正「主義」的緣故？誰知道呢！

2 叛國投修：中共與蘇共六十年代反目後，「老大哥」變成了敵人，便稱蘇聯是「蘇修」，誰想逃向蘇聯，就叫「叛國投修」。

八

那些想徹底做個自由人的勇敢者，一個個進了可以被自由折騰的牢獄。他們不僅自己無期贖罪，而且給有幸留在學校贖罪的同類們，留下一筆「遺產」。在聲嘶力竭地批判時，經常聽到這樣的妙論：你們這些被勝利揪出來的資產階級右派分子們，連叛國都能幹出來，還有什麼壞事不敢幹？

親愛的黨，把右派視為洪水猛獸，多方設防就是理所當然的了。用最為形象的語言來描繪則是，右派們時刻都在窺測方向，以求以逞。當時，流行的邏輯是，思想不反動，不會做右派，作了右派，自然是好事不做，壞事做盡。

因此，不論發生了什麼事情，當然必須是壞事情，如設施遭到破壞，財物被偷竊等，不用說，什九是右派幹的。這是有理論根據的：立場不反動，品質不惡劣，不會墮落成反黨分子。

新聞系有一個班發生了盜案，一個名叫陸白木的右派成了重點懷疑對象。幾次會議逼著坦白交代，但此人堅決不承認。可能是追逼得太緊，他一怒之下出走了，不知是否也想外逃，反正也是坐車去了天津。住旅館的時候，害怕暴露自己的身份，將學生證的名字進行塗改：「白」「木」各加了一橫，改成「自」「本」。這樣一來，無私也有了弊。被認為是改名換姓，想通過塘沽港叛國外逃。因為不是一個班，具體情節記不太清楚，反正此人從此在人大消失了。不知是被開除，還是進了勞教所，甚至勞改隊。

由於成了資產階級右派，從此品行惡劣，無惡不作。學個當下的新名詞：本人也有幸「被做賊」一次。

畢業前夕，我從圖書館借了一本王朝聞的《以一當十》，是關於戲劇藝術的一本論文集，說理充分，文筆優美，內容極其精彩，我反覆閱讀，愛不釋手。上課的時候偷偷地讀，課餘時間也在院子裡讀。不料，被不知什麼人，順手牽羊拿走了。借來的書，不翼而飛，我很焦急。第二天就去王府井新華書店買了一本，準備回來立即賠上。順路到東安商場舊書攤轉悠了一陣子。買回了《華倫斯坦》等兩本舊書。不料，是好朋友的惡作劇。新書賠上之後，丟的書又回到了我的手上。我認為理所當然地屬於我所有，便在宿舍裡將書上的卡片袋撕去，圖書館的印章也用小刀刮去。殊不知，我的「反常行動」都落進了監視者的眼裡。毀壞圖書館的書，不用說，是偷來的。那兩本新出現的舊書，肯定也是來路不正！

這就是敵情。立即召開會議，逼著我「坦白交代偷書的罪行」。我的倔脾氣豈能容忍此等侮辱。語氣僵硬地質問，他們有什麼根據侮辱我的人格？當然我也認真解釋了三本書的來歷。丟了公家的書，立即買來賠償，右派分子哪來的此等優秀品質？他們自然是不相信。到圖書館一問，借書處出示了剛剛收到的、我賠回去的新書。於是，又召開了第二次會議：要我老實交代到書店和舊書攤偷書的經過。會議開了許久，我依然「頑固對抗」。為了抓住真髒實據，他們帶上「贓物」，去了新華書店和舊書攤調查。結果，書店的售貨員不但清楚認得賣出的那本書，連買書大學生（我胸佩校徽）的摸樣也清楚記得。他們挨了當頭一棒，灰溜溜往回走。

可是，他們在東安市場舊書攤，卻有了巨大的收穫。一個守攤的中年男子，看了「贓物」之後，一口咬定，書是他的，但不記得什麼時候賣過。好極啦！沒賣，就是偷走的。正所謂有恃無恐，緊接著，進行了更加猛烈的追逼。我只能耐心解釋買書的各種細節，但怎麼解釋，他們也不信。換來的仍然是一片喝斥：頑固對抗，死硬到底！我怒不可遏。吼叫似地喊道：

「既然你們不相信我說的是事實，走，現在我就去跟那傢伙對質。我就不相信，他的記憶力會如此之壞，心腸會如此惡劣！」

如果是在文革期間，我立刻會被打翻在地，甚至打個半死。那時候，「武鬥」，「文攻武衛」等革命行動，尚未在神州大地普及。我的出格反抗，反而成了一種震懾。積極分子們大眼瞪小眼，一時都愣在那裡。

我繼續憤怒地催促：「你們不去做認真地調查，反說我頑抗到底，這是欲加之罪，毫無根據。我絕不會接受！」

沒有人願意跟我去對質，只能散會了事。我認為是不了了之。不料，等到畢業鑑定，赫然在目，成了我沒有改造好的罪行之一：「偷了兩本書，證據確鑿，但始終不肯交代。」

請看，這就是右派們被寬大處理後，留校察看時的真實的處境和遭遇。他們本來是一群被冤枉的無辜者，像華鳳蘭所說的，是「國家的精英，人民的好子孫。」可，親愛的黨，把他們當成盜賊賤民、牲畜不如的垃圾。叫他們怎麼「感恩」？歷歷往事，錐心刺骨，事情過去五十多年，之所以至今依然連細節都清晰記得，就是因為心靈被傷害得太厲害了。

九

有了壞事，首當其衝，懷疑老右。有了好事，不僅沒有右派的份兒，還要趁機再來一番詆毀。許多老右，對那些靠整人起家的尖腦袋，從心裡不屑一顧。在極大的心理壓力下，他們仍然抓緊學習，即使不是榮譽的需要，也是為了證明自己的價值。到了考試的時候，老左們的優越感，往往大打折扣。不少人的成績，都在「孫山」之後。但「黨史」、「政治經濟學」、「歷史唯物主義與辯證唯物主義」等政治課，則是另一副面目。右派的卷子答得跟標準答案一字不差，充其量也只能得三分（學蘇聯實行五分制）。可笑的是，在班上公佈分數時，支部書記的開場白，有趣得很，忘不了加以強調：本次考試，我班考得很好。但，幾個右派政治課考得都很差，勉強合格。這也是很正常的，反黨反社會主義的右派分子，如果政治合格，豈不是天方夜譚？

老右們不僅政治合格是天方夜譚。在別的方面做出成績，同樣不可思議。往往刪掉你的名字，將成果變成別人的。開攝影課的時候，每人發給一台蘇聯的「卓爾基」牌相機實習。我如魚得水，不僅熟練地掌握了相機，彷彿對照相也特別有天賦。國慶大典，我沒有資格參加，夜裡一個人溜到中山公園拍焰火。沒有三角架，便把相機依託在樹幹或太湖石上。洗出來之後，發現有幾張蠻有味道。去北京國棉二廠攝影實習，好幾個老左，空手而回。說什麼，沒有發現可拍的。我倒拍回了好幾張，如女工操作，接線頭，做記錄等。班上為了檢驗大家攝影課的成績，搞了一個小型展覽，不到二十張展品，我的占了幾乎三分之一。有趣的是，別人的照片下有名字，我的照片空著，成了無名氏作品

一次，去北京朝陽區八里莊大隊搞社會調查。本人有幸隨隊前往。我們一同住在敬老院的空房子裡。不同的是，臨近拂曉，別人尚在夢鄉，我便得悄然起床把院子打掃得乾乾淨淨，然後把水缸挑的滿滿當當。

此次調查，有一個重要的任務，謳歌新社會。如果發現了新人新事，要立即寫出文章，上交北京市委宣傳部。本人跟一個天津籍、名叫戴永泉的同學結對。此人沉默寡言，像個大閨女，對我客客氣氣。我們倆深入農戶，調查常青藤上向陽花們的幸福生活時，特別注意有無好人好事。我很快發現，一個名叫高永福的社員，忠厚老實，思想先進，堪稱是雷鋒式的人物。他的左腿失去了下半截，接上一段木頭，走路蹬蹬響。他的任務是，趕著一頭驢車，收集全大隊的糞尿。此人不但幹活認真，見到可以幫忙的事，總是一瘸一顛地上前幫忙，因此口碑極佳。我感到他的事

蹟值得一寫，便向支部匯報。結果得到大力支持，定為班上的選題之一。

於是，我便跟戴同學一起，走家串戶，深入瞭解。本人出身農村，與農民有著共同語言，接觸很容易，表面上東拉西扯，很快得到不少資料。老戴坐在一旁靜聽，低頭記錄，很少插話。

採訪完畢，該動筆了，我當然是請他執筆。他的頭搖得像貨郎鼓：說我是趕著鴨子上架。我何嘗不知道他寫不了。對一個老實人，我不過是收起倔強與譏諷，極力禮貌周到而已。幾天後，草稿寫出，題目是：〈愛社如家的高永福〉。我請老戴修改。他點頭答應，但拿過去就抄。似乎沒聽到請他修改的請求。稿子交到班上後，沒做任何改動，一致通過。跟另一篇文章一起交給學校，轉報給了北京市委宣傳部。

很快得到消息，〈愛社如家的高永福〉被選中留用，另一篇被退回，補充修改後重新上報。而其他幾個班一篇也沒選上。這讓六班大大地露了臉。此時，老戴才說，雖然文章署了他的名字，但那文章是房某寫的，他一個字也沒改。老右執筆的文章，竟然首當其衝入選，興奮立刻變成了尷尬。但為了六班的榮譽，急忙叮囑，不要把真相說出去。反正文章的名字，上報時署的就是戴永泉。何況，那年月誰都知道，右派沒有舞文弄墨的權力，沒有人會懷疑。後來聽說，那篇文章入選北京市委宣傳部編寫的《紅旗飄飄》，但我並沒看到。此事細節分毫不差，比我年小好幾歲的老戴，肯定建在，可以作證。

後來，左派及「準左派」們，今天去農村整社，明天去進行社會主義教育。被稱作「老右」的學生，自然沒有涉足政治活動的資格，便留在學校裡打雜。

我們先被放到系資料室幫忙，在這裡認識了林昭與甘粹。當他倆偷偷約我出去給他們拍照時，我愉快應允。發表在二〇〇九年春《南方週末》上林昭與甘粹的唯一合影，就是本人的作品。想不到，在景山公園高閣前，兩人攜手幸福微笑的那張合照，在許多報刊轉載後，流傳全世界，成了林昭少數遺照中的珍貴紀念。林昭的英名感動神州大地，享譽全世界，我這拍照者，也感到無比光榮。（見附圖2）

後來，我成了攝影迷。每當舉起相機，不僅有一種過把照相癮的幸福感，還有進行報復的愉悅：你們不屑於掛我輩的照片，我們自己可以大拍特拍，說不定還能流傳後世呢。

系裡勤工儉學成立印刷廠，我們又被安排到印刷廠勞動。學校組建「剪報公司」（人大報刊複印資料部前身），老右們又成了公司的創建者。就在這時，在我的建議下，八位創業的老右，欣然去鐵獅子胡同旁邊的「七姊妹照相館」，照了一張合影。七姊妹拍攝的八兄弟，好玩得很。個個衣衫筆挺，神色從容。我們自己都感到彌足珍貴，時間是一九五九年四月四日。拿到照片時，我在照片的後面題了一首絕句，〈題八難友照片〉：

不識龍門是深淵，同檻誰敢怨鐵冠。
帝京三月花飛早，望盡天涯八呆漢。

下署：一九五九年四月四日，合影於七姊妹照相館。

歷經浩劫，好幾位難友不僅將照片保存了下來，而且印在了自傳或者紀念冊上。如此大規模的老右集體合影，在人大歷史上恐怕是空前絕後。（見附圖3）

開了攝影課之後，第一次親手摸到相機，感到是入學以來最幸福的時刻。除了給吳士傑、朱紹武等難友單獨拍過寫真，還拍了一些北京風光。此後，攝影成了終生的愛好，只要有條件，總是相機不離身。離休後居然成了「中國藝術攝影學會會員」，部分作品先後出現在報紙的版面和攝影展覽上。

說到照相，還與感情最為融洽的難友江澤純，認真拍過一張合影。在王府井大街，有一家照相館，名字是「大上海」。大上海畢竟不同於小店「七姊妹」。上鏡之前，攝影師要我們先「整容」，由專職理髮師修剪了髮型，吹風擦油，方才登臺入境。雖然費用比「七姊妹」高許多，表情反比「七姊妹」更呆板。這張合影，逃過浩劫，保留下來，那是我終生唯一認真打扮過的留影。無奈，油頭粉面，十分做作，之所以保留至今，是為了對江澤純的紀念。（見附圖6）他已經作古近二十年。每當翻看這張舊照，當年一同歷劫、豬狗不如的人生，便歷歷如在眼前。惜乎，天人兩隔。逝者長已矣，只能在夢裡傾談。

老右們，不但寫出文章，要署上別人名字，作出成績也要記在別人的帳上。在印刷廠勞動時，我被分配在印刷車間。整天在平盤印刷機上跟紙張和油墨打交道。技術活做不得假，機器也不認「左」「右」。誰操作得體，機器就乖乖聽誰的。我的技術很快過關，坐在機器上，嘩嘩啦啦，順利地操作，不但沒有勞累的感覺，反而感到很瀟灑。來車間勞動的學生玩不轉的時候，一副恭敬狀，笑嘻嘻地「請教」。我實際成了實習學生的「師傅」。老師傅姓崔，五十多歲，已經謝頂，整天煙斗不離手。樂得我替他應付，他坐在一邊，笑咪咪地看著我指手劃腳。

好多次，半夜睡夢中忽然被叫醒。原來，老師傅夜裡回了家，機器停了擺，或者印出的報紙成了大花臉，我便得立刻去救火——向機器作笑臉。所幸，一次也沒有被難住，全部順利解決。難怪，我的技術一再得到崔師傅的誇獎。有幾次出了意外的事故，居然是我找到了原因。崔師傅摸著禿頂，笑罵：「你小子，從哪兒學來的這麼多鬼心眼呀？」

我成了印刷車間的主力、崔師傅的愛徒，能體現一個人的價值，自己也很得意。可是，有一天，忽然通知我，第二天放假一天，我可以隨便出去玩。

這是從來沒有的事。多年來總是別人悠閒，老右忙活。今天是怎麼啦？見我愣在那裡，崔師傅悄悄告訴說，中央新聞電影製片廠，明天要來拍片子，宣傳人大勤工儉學印刷廠辦得好，成績突出。我一聽恍然大悟：右派豈能上電影成為表揚的對象。如此重大的光彩場合，自然要退避三舍。

其實，右派也有「榮登」螢幕的例外。

還是這個中央新聞電影製片廠，一年前，曾讓全國聞名的右派學生人大的林希翎、北大的譚天榮，在鏡頭前充分亮過相。可惜，那跟把老右的照片貼到牆上公示一樣，不是讓他們出風頭。而是讓全國人民認識，兩個反黨反社會主義急先鋒的醜惡面目。

足見，自從「光榮加冕」，痛打落水狗的鬧劇一再搬演。右派們土頭灰腦，個個像嚴霜打焉的茄子，沒有過一天舒心日子。

十一

戴上脖鎖、關進鐵籠子的動物，尚可抓耳搔腮，打打鬧鬧，自取其樂。甚至公然做愛，製造出幾個新的同類，傳宗接代。作為高等動物的右派，身上的動物本能自然也沒有泯滅，不會放過任何可以自由放鬆的機會。禮拜六的晚上，禮拜天一整天，便是他們的節日。單獨一個人或幾個人在一起，偷偷溜出學校，在約定的地方集合，可以盡情地放鬆一番。餓了，幾塊麵包，一包榨菜，便讓轆轆饑腸消停下來。草坪上一躺，欄杆上一歪，彷彿一切屈辱和煩惱，都跑到了九霄雲外。

我更喜歡獨立特行。北海公園離鐵獅子胡同不遠。那裡的波光塔影，經常是我度過痛苦長日、銜恨夜晚的避風港。北海邊的長凳，五龍亭上，是我最愛流連的地方。宿舍裡那一雙雙鷹隼般窺伺的眼睛，躲開的時間越長越好，常常響過了清園鈴，驅客的手電筒光在身邊一再閃灼，方才依依不捨地離開。

異類們的另一種節日，便是偷偷溜出去聚餐。找一個不容易給發現的偏僻小店，要上鹹豆腐乾、醃花生米，或炸黃豆等幾個小菜，外加半斤二鍋頭，兩三個同類，便可以開懷暢飲，花費不過一兩元錢。可以將時刻不離身的的歧視與白眼暫時忘卻。每月二十五元的助學金，誰買單，都消受得起。有時去寬街，吃一毛錢一碗的四川擔擔麵，也是一次幸福的「牙祭」。

除了逛公園，最好的去處是舊書店，掏回幾本便宜的讀物，也是消磨有限業餘時間的寶貝。不過，自從因為兩本舊書落下洗不淨的賊名。我對舊書攤頓生恐懼，再也不想光顧。

有的人落難前愛好跳舞。禮拜六的夜晚，不收費的露天舞場上，常常有他們翩翩起舞的身影。那裡遇不到盯梢的眼睛，可以放心大膽地「咚嚓」一番。我不擅此道，不敢下場子，卻跟著作了幾回觀眾，過足了眼癮。

不料，好幾個異類，在香風陣陣、音樂繚繞中栽了跟頭。

來自上海的八班異類傅家訓，雖然頭上有一頂帽子，不知是因為沒受處分，算是正式學員壓力小些，還是有跳舞癮，在剪報公司勞動的時候，常常跟一個姓嚴的姑娘進舞場。小嚴神通廣大，有一次，竟然弄到了兩張政協禮堂的舞票。兩人結伴而去，大過其舞癮。

不料，第二天，這位舞神便被一位姓劉的領導，當眾狠訓一頓：

「傅家訓，你知道不知道，政協禮堂是個什麼地方？」

「開會跳舞的地方唄。」小傅態度很鎮靜。

「什麼人可以去開會，什麼人可以去跳舞？嗯？」

「我認為只要有入場券，誰都可以去。不然，何必發票？」

「你別裝糊塗！那是你們去的地方嗎？」

「不就是去跳個舞嗎？有什麼了不起！」

「哼，說得倒輕巧！一旦發生了問題，你敢負責？」

「我當然負不了責。不過，在我身上發生不了問題。」小傅口齒伶俐，寸步不讓。

我在一旁聽著，深為這位江南小個子叫好：有骨氣。

「哼，告訴你傅家訓，不要認為沒受處分，就是個普通的大學生。別忘了你頭上的帽子！再不深刻認識錯誤，嚴厲的處分在等著你！」

這話很有威懾力。小傅的「骨氣」立即消了下去，沒敢再吱聲。他雖然沒有因此被加碼，但直到畢業，一個沒受處分的右派居然沒有摘帽子，說不定是與他的不馴有關。因為人大的右派進了政協禮堂跳舞，新聞系領導挨了批評，便追查票子的來源，並加以嚴厲地批評。足見，小傅的不馴，領導們是不好意思忘記的。

十二

新聞系有個姓葉的右派，也是個舞迷。有舞必去，去則盡興而歸。一來二去，交上了個梳著兩隻大辮子、嫵媚漂亮的女舞伴。可能是兩人在舞廳裡多次彩蝶翩飛，產生了感情，一天，趁著左派下鄉整社，他們溜回宿舍，效雙飛之樂。不料，被努力表現的同類告發了。糟糕的是，一調查，那女的竟是個軍人未婚妻。但葉某此前一字不知。何況，他不過是想交個異性朋友，銷魂一番而已。那年月，「破壞軍婚」，少說判三年。多虧那女的是「未婚」，而且承認是自己主動。葉君方才有沒進勞改隊，去勞教所改造了十多年，直到全國的右派改正，才爭取了個「改正右派」。回到原籍獲得了一份工作，並找到了個老婆。聽說退休後，自己開了個卡拉ＯＫ兼舞廳，過起了與歌舞為伴的瀟灑生活。

政治高壓可以將一個無辜青年，輕易地塑造成罪犯。但成了「罪犯」的熱血青年，不僅有著動物的本能，而且照舊能得到異類的青睞。說來不可思議，六班原來三個留校的右派學生，竟然無一例外，都經歷了一段「風流韻事」。

在剪報公司勞動時，老大哥伍伯涵被一個白皙豐滿、風韻綽約的中年女人相中，多次約他去偏僻的公園遊玩。應之膽虛，拒之不忍。老伍居然兩次赴約。月下花前，肺腑盡傾。歸來心下忐忑，也不乏悔意，竟然向我請教對策。

那女人的丈夫是高校的體育教師，面貌端正，四肢魁梧。卻應了那句「四肢發達，頭腦簡單」的俗語。看似郎才女貌的理想姻緣，原來是同床異夢的苦命鴛鴦。那女人雖然生了個人見人愛的漂亮女兒，但彌補不了心頭的空虛，話不投機的惆悵。日日面對語言幽默、軒昂瀟灑的原空軍中尉，苦悶的女人忘記了人母、人妻的藩籬。眉梢眼底，免不了透露幾點傾慕的訊息。一個已婚男子，當然知道女人的心事。但想到自己已有妻室兒女，噴發的激情頓時消退乾淨。特別是顧忌到自己的身份，想到葉萌的悲劇，更是心下忐忑，腳步踟躕。勉強赴約，左右顧盼。除了談心和推不開的擁抱接吻，據說沒敢越雷池一步。

我當時質問他：「你就不想想後果多麼可怕？」

「怎麼能不想呢。可是，她不僅風韻綽約，修眉緊鎖的悽楚，也讓人不忍拒絕。說實話，聽她娓娓耳語，含淚傾吐，我就想跟她抱頭痛哭一場。」

「你就沒想到老婆孩子？良心沒有受到過譴責？」

「怎麼會沒有呢。可是，不是滿懷恐懼，恐怕早就越界了。」

「趁著沒越界，趕快懸崖勒馬。不然，必然引火焚身！」

老伍長噗一聲，痛苦地點點頭。

十三

六班的另一位同類江澤純，比之伍伯涵的豔遇，更富傳奇色彩。澤純身材不高，滿臉鬍渣，語言遲緩，古板執著，風流倜儻跟他不沾邊兒。可是他也有著讓人不可思議的「豔遇」。

加冕的第二年，由於心情憂鬱，他的痔瘡日趨嚴重。只得去定點醫療單位北京六院動手術。不料，手術不成功，肛門成了指尖般滴瀝小孔，排便遇到了困難。只得再次返回手術。這一次，換了一位高個子漂亮的女大夫，姓劉，不但技術高明，對處處遭人冷眼的異類關懷體貼，毫不歧視。得知老江一言沒發便當了右派，表現得不解和氣憤。竟然悄悄出主意，讓不善言辭的四川漢子，多住了幾天才出院。得知老江的生殖器是個「包頭」，建議在她到病房輪值時，再來住院，她親自給他割除。老江受寵若驚，自然是連聲答應。過了不幾天，便「二進宮」，再次住進了六院。等到包皮割完了，操刀救人的大夫，變成了排解心病的精神醫生，噓寒問暖的異性朋友。她的丈夫是個軍官，據說徒有其表，頭腦簡單，兩人沒有多少共同語言。她對老江的青睞，主要源自於語言相投。她多次當面誇他「飽學」，欽仰之情溢於言表。她甚至感到，時間長了，兩人會成為好朋友。

儘管他們既沒有私下約會，更沒有陳倉暗渡，但兩人在一起卻有著說不完的話題。拙於言辭的老四川，雖然沒有口若懸河的浩蕩，卻不乏中外古今的智慧。出院後，兩人竟然信來書往，聯繫不斷。老實巴結的四川漢子，哪裡知道，他的行動早被注意上了。幾封來信被拆開之後，又被黏好回到了他的手上。終於到了圖窮匕首現的時刻。他被逼著交代與那大夫的「不正當關係」。老實人驚恐萬分，一夜未眠。立即寫了一封信，偷偷交給我，要我親手交給那位大夫，囑咐她千萬不要再來信。不然，在不乏上綱本領的人民大學，他們可能被懷疑通姦，那就麻煩大了。

北京第六醫院離鐵一號不遠，我趁著課間操的空擋，溜出後門，飛快去了六院。按照老江的囑咐，來到外科門診，一眼便看到了那位漂亮的外科大夫。為了不出意外。我徑直來到她的診桌前，突兀地問道：

「請問，您是劉大夫嗎？」

「我是呀。你是……」她抬起頭驚訝地打量我。

看到周圍沒有人注意，我壓低了聲音：「我是江澤純的同學。他有一封給你的信。」

我把信摸出來，放到她面前。她伸手接過去，並沒有打開，順手放進了抽屜裡。矜持地朝我點點頭，說了聲「謝謝」。

光榮的任務完成，我轉身快步離去。

回來的路上很得意。不僅「作案」的過程很痲利，沒有被外人發現，頗有地下工作者傳遞情報的神秘感。而且挺身而出，不怕擔風險，還有一種為朋友兩肋插刀的英雄味道。

老江後來告訴，他們班通過組織去六院調查過，劉大夫不但慨然承認給老江去信，而且表現的很沉著。她說，由於對自己的病人負責，方才寫信詢問手術恢復情況。難道有什麼錯？不信，回去看她的原信。她是軍人家屬，醫院害怕造成影響，勸去人息事寧人。學校沒再深究，事情不了了之。

十四

現在輪到說說自己的「風流韻事」啦！

在剪報公司勞動時，由於年輕時幹過會計。我便被指定為公司建帳，並建立一套會記制度。對我來說，此乃輕車熟路。不消幾日，一切搞定。一時間，從上到下，對我好評不斷，普遍刮目相看。

不料，痲煩事主動找上門來。

從《人民日報》調來幫忙的一個姓司的姑娘，不知什麼時候，對我產生了信任。一天晚上，加班時間晚了，她說害怕，竟然要我送她回家。公司男同志很多，單獨對我如此厚愛，我深感意外。但想到這是學雷鋒的好事，只得慨然應允。她家住在東四一條胡同裡。夜裡路燈灰暗，確實有些恐怖。她緊緊地挨著我，一路並沒有多話。可是，幾天後，她便約我去公園玩。我見她一副祈求的神色，不忍拒絕，勉強答應了一次。再一天，她又約我逛王府井百貨大樓。我終於斷然拒絕：

「今天我有事。」

「今天禮拜，公司歇班，你有啥事？」

「沒有事，也不合適。」我只得實話實說。「你是個大閨女，我可是個有婦之夫呀。人家說我跟你談戀愛，可就吃不了兜著走！」

「誰不知道你有老婆？俺又不是跟你談戀愛，你怕什麼？」

但一句寬慰話，仍然解除不了人言可畏的恐懼。我繼續搖頭。

「你這人，怎麼這麼難求？」她不高興了。

我索性追根問底：「小司同志，你為什麼願意讓我陪你哪？」

「不知道，反正就是喜歡跟你在一起唄。」她的有點偏小的雙眼殷紅了。

我不忍心傷她的心，只得點頭答應：「好吧，只此一回，下不為例。」

說實話，得到一個姑娘的青睞，對於一個年輕男人來說，不是「豔遇」也算是美事。但我只感到恐懼。青春等同於美麗。她二十剛出頭，正是含苞待放的年華，遺憾的是，嘴唇偏厚，左眼有一條清晰的疤痕。儘管樸實厚道，卻沒有多少吸引人的地方。並非是因為她缺乏動人的美麗，是驚弓之鳥的我，時刻不敢忘記自己的賤民身份。與一個姑娘來往，無異於引火焚身。但在愉快地逛了百貨大樓，並請我吃了糖塊和餅乾後，她並不想「下不為例」，竟然更頻繁地邀請。我只得嚴詞拒絕，結果得罪了她。此後見了面，低頭而過，彷彿根本不認識。

緊跟著，另一個姑娘不期而至。她姓王，也是公司的臨時工，年齡剛滿十六歲，白淨細嫩的瓜子臉上，一雙漂亮的大眼睛，單純坦誠。她竟然步司姑娘的後塵，向我搖起了挑花枝。有事沒事，到會計室裡轉一圈兒。有一天，終於轉彎抹角，發出「出去走走」的信號。我當然不敢接受她的美意，不是佯裝不懂，就是找個藉口離開。不料，有一天，她竟然跑到右派集體宿舍，大大方方地坐到我的床上，低聲發出邀請。我不理睬，她磨蹭著不走。我感到了恐懼，急忙找藉口溜了出去，把她晾在那裡。

我不是自我表白，經過十多年的革命教育，大部分人都被培養成守身如玉的柳下惠。不怕現在的年青人笑話，結婚時，我二十二歲，愛人已經是二十五歲的大姑娘，竟然不知道如何「入洞房」。蒼天為證，長到二十七八歲，沒有做過越軌的事，也不乏應有的免疫力。那年月，不少人為男女關係，受到過警告、記過等處分。男女間事，一旦沾到身上，說不清，洗不淨，賽過狗皮膏藥，很難不留下痕跡。果然，到了畢業鑑定，又增加了一條：在剪報公司時與女工關係曖昧。支書親自跟我「落實」，眼神裡充滿懷疑，彷佛鑿鑿有據。儘管我憤怒地否認，他仍然神色疑慮，不置可否。不知這個「美譽」，是否同樣進了我的檔案袋？

上面發生在異類身上的種種遭遇，充分說明，偉大舵手輕撒誘餌，數百萬單純獻誠的書生立即成了出洞的毒蛇。無論怎樣贖罪，罪過依然像影子一般，緊緊跟定他們，彷彿他們時刻都在噴吐毒液。

結果是，熱戀的情人立即反目，結了婚的遽然分手。六班的岳文伯與戀愛的對象一同考進了人大新聞系，這對郎才女貌，令人生羨的年輕人，上課坐在一起，課後相伴，牽手來去，簡直是形影不離。一旦他鐵冠加頂，那姑娘立即劃清界限，相見如路人。同班的李之傑更慘。一九五六年，拿到了人大錄取通知書，早日鍾情他的姑娘，立即提出結婚，他自然是求之不得。朋友們都誇他是雙喜臨門。誰知不到一年，他便誤入牢籠，光榮加冕。頻傳情愫的南國飛鴻，頓時變成了一紙離婚書。真可謂，禍不單行！他在農場整整勞動了四五年，回到中文系，重讀大學。本以為，中文不同於新聞，離政治較遠，可以有個好的歸宿。可是畢業時，去了依然與中文不搭界的雁北農場。櫛風沐雨，與地球開戰。直到四十歲後，方才與一位農村婦女，重新成家，結束了單身漢生涯。那年月，情人反目、愛人分手的慘劇，在神州大地上，無處不在搬演。

弔詭的是，權變可以將人變成鬼，但人心畢竟有稈秤。對誤入網羅的倒楣鬼，不僅不懷疑他們的人格品質，而且增加了幾許同情的，大有人在。那些器宇軒昂、風流倜儻的異類，女性們照樣投之以青目，援之以玉手，甚而不乏西廂待月，巫山雲雨之思。

我這人喜歡暴露自己。不妨再露幾句家底。早在年幼時期，本人就是全村有名的「俊小夥」。參加所謂革命後，不論到了哪個部門，都是公認的美男子。業餘演出京劇，扮成王寶釧、玉堂春等，剛站到舞臺的「九龍口」，沒等開口，便能喚來幾聲「漂亮」的讚歎，和響徹廳堂的「碰頭彩」。暗送秋波的事，也遇到不只一回。惜乎，那年月，女人是所有單位的緊缺商品，輪不到大頭兵和一般幹部染指。長頭髮們，最終都成了官們的繡闈嬌妻。年僅二十二歲，便與追求者成群結隊、卻不屑一顧的愛妻喜結連理，恐怕與本人的形象不無關係。儘管憨厚的夫人從來不承認這一點！後來她跟著右派丈夫受盡歧視和磨難，仍然沒有叫一聲苦。關懷她的黨組織，一再勸她脫離苦海，劃清界限，決然離婚。她始終不為所動，寧肯做右派的「臭老婆」，也不願另攀高門。我曾經問過她，環境那麼殘酷，為什麼不走解脫之路？她平靜地反問道：「我可以劃清界限，獲得解脫，三個孩子呢？」當時，我熱淚盈眶，無言以對。

由於妻子的忍辱負重，苦苦堅守，歷盡坎坷，始終不見悔意。我們相濡以沫，攜手走在一起。一天苦役結束，疲憊歸家，一杯暖酒，一碟小菜，已經擺到面前。從鬼變成人後，我全力投入教書和創作，她相夫教子，克己治家，教育三個孩子成才。本人在事業上有所成就，與她的全力支持分不開。

惜乎，僅僅比我年長三歲的賢妻，突然被無情的腦溢血，奪去了性命。已經走了三年多。抛下八旬老鰥夫，長日獨守，孤苦伶仃。

人成了異類，彷彿他們的生理也跟正常人不同。交異性朋友、談戀愛的資格也隨之被剝奪。傅家訓暑假回上海探親，順路去南京，看望他上大學前認識的女朋友，回來受到嚴肅地批評：盡想著女朋友，足見沒有好好進行思想改造！

我在那篇〈我為林昭拍了一張照片〉裡，曾經披露過，林昭跟甘粹深深相愛，免不了私下接觸，甚而並肩進出。這便成了大逆不道。嚴厲的警告立刻落到頭上：「立即停止非法活動，集中精力改造，不然後果自負！」

倔強的林昭，偏要頂風而上。不但牽著甘粹的手，在總支門前漫步，而且徑直要求登記結婚。這更激怒了章南舍：

「右派有什麼資格結婚？異想天開！」

「我們是公民，為什麼不能結婚？」林昭凜然質問。

章某冷笑道：「你認為給你們公民權，就是公民嗎？別忘了，右派是資產階級反動派！」

既然右派已經是有名無實的「公民」，不但沒有資格談戀愛，也沒有資格結婚。已經結婚生子的，也沒有資格享受天倫之樂，連親人的生老病死，也沒有探望照料的權力。說他們過的日子，連豬狗不如，能說是對「幸福新社會」的肆意汙蔑嗎？

一八五七年五月，第二個孩子臨產，妻子只得請岳母來伺候月子。勞累加上焦急，老人一病不起。我要求請假探望，得到的答覆竟然是：改造要緊，不要總想那些個人主義的問題！直到岳母死在我的家裡，仍然不准挪動一步。可憐的妻子，一人帶著兩個孩子，東求西告，獨自料理塌天喪事。

到了暑假，仍然不准探家，要我留在學校，集中精力改造。

第二年秋末，一雙兒女一起患了痲疹。數日高燒不退，引發了肺炎。醫院數下病危通知，生命危在旦夕。妻子來電報，要求我回去幫忙照料，得到的答覆依然是：「你又不是大夫，回去何用？集中精力改造！」

請看，右派們做人的權力，還剩下幾何？哪裡還有一點人道主義的影子？多虧大夫回天有術，最後採取了輸母血等緊急措施，方才救兩個孩子的性命於萬一。當時，我和淚寫下一首〈苦婦吟〉，記錄當時的錐心悲痛：

肺炎如虎疹賽狼，嬌嬌雙兒俱為傷。
刀剖靜脈輸母血，針刺弱體送藥漿。
膝上雙兒聲聲喘，眼中痛淚透黑裳。

雲路漫漫夫婿遠，燕山頻傳風雪狂！

（一九五八年十一月十八日）

正是這種非人的冷酷，很快使獲得寬恕、並一心認真改造的留校右派，看清了渺茫的前途、非人的賤民處境。對陳奉孝等的冒險叛逃，江澤純的決心退學就不難理解了。前面提到的楊教，工人出身的共產黨員，成為異類後，很快認清了「光明前途」。我跟他一起在印刷廠勞動，我幹印刷成了高手，他幹排字更是骨幹。他正式寫申請，要求退學，留在學校印刷廠當一輩子排字工人。不料，很快得到批准。足見校方也早已不把貼上右字的學生，當成寶貴的財富了。當時工人農民不打右派，但楊教仍然是個戴帽子的特殊工人。他似乎願意幹一輩子右派工人，不但自己身體力行，還動員另一個同學吳尚宇，也寫申請改變身份。

大概是崔師傅得知楊教的申請順利得到批准。有一天，跟我悄悄談話：

「房文齋呀，你是個聰明的小夥子，我幹了大半輩子印刷，像你這樣心靈手巧徒弟，沒碰到幾個。你也申請褪去知識份子皮，幹一輩子工人吧。聽我的，我不會害你。中國最光榮的還是我們工人階級。你留下來，不出兩年，我就幫你弄個三級工。以後慢慢想辦法把老婆孩子弄來，在北京幹一輩子還糙嗎？這裡是首都呀。」

堂堂中國人民大學，在首善之區，天子腳下，把一大批追求進步、熱愛共產黨的熱血青年，打成了反黨反社會主義的右派分子。誰還能對它熱愛起來？人大傷透了我們的心，毀了我們的前程。我很不得馬上離開它。我根本沒有考慮老人家的善意勸解。但出於禮貌，仍然客氣地答道：

「崔師傅，謝謝您的關懷。不過，我對首都北京，實在是害怕了。」

到了畢業分配的時候，再次體現出，右派畢業生是一堆沒處發送的垃圾廢品。這批無罪的罪人，在學校整整改造了三年，臨畢業，竟然只有很少幾個人「改造好了」，被摘了帽子。讓異類們帶著帽子去一個陌生的地方，是讓他們去發光發熱，貢獻精誠，還是去經受新的苦難，不是昭然若揭嗎？

離校前夕，第一次公佈分配名單，我是去北京市人事局報到。可是探家回來後，又被告知，北京「精簡節約」，另行分配，結果。誰都知道，是因為他們政治不合格。於是，內蒙、東北、寧夏、雲南、貴州、甘肅、新疆等邊遠地區，成了右派畢業生的理想去處。至於北京上海，沿海地區，儘管他們是從那裡走出來的，他們的親人也在那裡，也統統無緣涉足。我是山東人，家屬在山東濰坊，卻被分配去山西。我業餘演過《女起解》，想不到，蘇三遭受冤案、曾罵過「沒有好人」的洪洞縣，就要成為我的歸宿。

我的老搭檔伍伯涵，妻子本來在全國婦聯擔任要職，因為受他的連累，被趕到東城椿樹胡同小學當了教員（十年浩劫降臨，清理城市「垃圾」，不知她和孩子們又被趕到了哪裡？）。而老伍卻被分配到八千里外的貴州。我見他痛苦異常，主動提出跟他調換，總支秘書在學校的院子裡，聽到我們的要求，當場就點頭答應。足見，對於異類，不啻是廢品垃圾，扔到哪裡都無所謂。蒙恩的異類們諒不會忘記，我們是經過三進三出，可憎的面目方才有幸被相機光顧，留到新聞系全體的畢業紀念照上的。畢業當然要有畢業文憑，對不起，右派們「政治不合格」，沒有資格享受文憑！

一個連畢業照都沒有資格參加的異類，後面的路還會平坦嗎？

四年前，當異類們經過多年拚搏，得來一紙錄取通知書時，哪個不是歡呼雀躍？以為從此鯉魚躍過龍門，光芒萬丈的金色前程在向他們招手。何曾料到，一番熱血和坦誠的進言，換來的卻是一頂鐵冠！從此墜入無底深淵。人成芻狗，尊嚴喪盡，只剩下懺悔和贖罪的份兒。不知是人大太吝嗇，還是這裡的右派都是花崗岩腦袋。他們在煉獄裡整整燒烤了三年，有資格回到「人們隊伍」的，卻只有區區三五人。其餘的，統統以待罪之身，跟發配的林沖、武松一樣，臉刺金印，離開了念念有詞、要「盡力挽救」他們的人民大學。

他們全部以待罪之身，去了本不該去的地方。可是，哪有願意接受「垃圾」的地方？除了被扔到不礙事的角落，就是採取不理睬主義。甚至有的「中右」，也受到了可怕的摧殘。六班來自部隊的王嗜學，畢業後回到東北，由於沒有單位接受，他只得回老家當社員。而他的家裡，上無父母，下無妻孥。他成了標準光桿社員——靠掙工分吃飯。社員有拌飯的老婆，他散了工回家，自炊自食。常常飯沒燒熟，集合鈴又響了。他不敢遲到，只得餓著肚子出工。這樣的苦日子，他苦苦熬了五年！三十年後校慶，久別重逢，他已是白髮皤然，不見一縷青絲，許多人對面不敢相認。問起當年的苦況，他長歎搖頭：

「唉，落到那個地步，人不如狗……」過了好一會兒，他又補了一句：「我受的折磨和苦楚，三天三夜說不完！」

這才叫往事不堪回首！

等到史無前例的十年浩劫一來，戴帽的自不必說，掛冠的是摘帽右派，統統成了「黑五類」，關進了牛棚，受盡非人折磨。那慘象，用罄竹難書來形容，一點也不過分。

前幾年，讀到一篇回憶錄，是一位留校當了教授、博導的幸運兒的大筆。寫到在人大所獲得的知識和關愛栽培，對母校的感戴之情溢於言表，簡直是感恩戴德，天高地厚！

既得利益者，當然不會想到幾百名臉上刺印的異類們的感受，更不會想到「母校」對他們使出了多麼狠毒的手段。他們「蒙恩」獲得一頂鐵冠，等於判了無期徒刑。入獄的，勞教的，病死的，離婚的，獨身終生的，銜恨短命的……

寫到這裡，二十年前在《中國青年》上讀過一首打油詩，不由浮上心頭。題目是〈詠臭老九〉：

> 九儒十丐古已有，爾今又名臭老九。
> 古之老九猶如人，今之老九不如狗。

專政全憑知識無，反動皆因文化有。
假如馬列生今世，也要揪出滿街走！

寫詩人名叫梁漱溟，是中國著名的思想家、教育家、國學大師、社會活動家、著名愛國人士，被譽為中國最後一位儒家。成就之大，威信之高，堪稱高山仰止，當代鴻儒。惜乎，投靠新中國後，誦皇之聲未歇，早已變成了資產階級臭狗屎。老人家茫然未覺，竟然面諫偉大的領袖和導師。犯上捋虎鬚，那還了得，被當眾罵了個狗血噴頭。從此再也沒有人正眼看他。雖因年老體衰，蹣跚喘吁，沒有去北大荒、夾邊溝等險惡之地改造靈魂，像許多冤魂那樣把性命扔在了那裡。卻充分領教了「不如狗」的冷落摧殘如凌辱。垂垂之年，終於徹底醒悟：原來，在所謂的新中國，滿腳牛屎最光榮，知識越多越反動。憤懣之極，忘卻斯文，大儒竟然「打起油」來。而老先生此前的座右銘卻是：「情貴淡，氣貴和。」如此一位淡泊性情，與人和婉相處的老先生，不是狗血噴頭，忍無可忍，豈能忘卻自己的座右銘，金剛怒目，發出如此憤懣的無助哀鳴！貴如梁老先生者，尚且有如此之遭遇與痛徹，我輩無名小子，一旦淪入網罟，遭遇之悲慘，可想而知。

嚴寒砭肌骨，鞭笞傷人命！

現在，六班的七名右派，已經有三名去了「極樂世界」。伍伯涵估計是文革自殺，潘俊民和江澤純早已相繼病死。年齡最小的岳文伯，也已坐上了輪椅。隔不幾天，就從遙遠的海南島打來長途電話，顛三倒四，一再詢問，六班打了幾個右派？我說是七個，他一再堅持是八個。我的話，他不相信，又反覆向北京的同學詢問。顯然精神出了問題。本人雖然至今苟活，那二十二年的贖罪生涯，至今想起來仍然不寒而慄。

尤其使人不解的是，一九七八年對反右運動所下的結論竟然是，運動是正確的，只是擴大化了。被整肅的對象是三百多萬，保留下的不過九十幾名，就是說被迫害的人百分之九什九點九都錯了，運動仍然是「正確」的，不知是哪個星球上的邏輯？而被整死、餓死的冤鬼，無人過問一句，僥倖活下來的，二十二年沒漲工資，職務職稱不用說，依然照被整肅前的原樣，給「安排」了工作。請看，這就是當權者的「認錯」、「改正」。輕輕一句「改正」，把一切血腥的屠戮都掩蓋了。直至今日，提反右成了忌諱，寫反右的作品成了禁書、禁片。目的無非是掩蓋罪惡，褻瀆國人，欺瞞後代。難怪，現在的年輕人，不知胡風為何人，不知右派為何物。說起大躍進，被譏笑為編神話；提到挨餓，說是汙蔑新社會！高明的瞞騙術，已經使神州變黑，歷史被洗白。

這不能不使苟活者急於揭出一點親歷的真相。指出皇帝新衣的虛妄，讓天下人見到一縷陽光，看清一點鬼魅的模樣。

右派們為什麼非死即殘，難得壽終？能說與那場橫掃神州的丁酉大災，以及人民大學的無情掃蕩，沒有關係嗎？

而左派們，不是廁身殿堂，寶馬香車，就是平安康健，瀟灑終生。不知今天健在的反右英雄們，當作何感想？我們理解你們許多人當初是身不由己。但時至今日，我倒是希望你們有所反思，不要再給戕害知識份子的反右運動唱讚歌。

中國人民大學——我的母校！您可曾想到，您親手給異類的腦殼上釘上了「原罪」的標牌。使他們大半生在「贖罪」的漩渦裡掙扎。度日如年，靦顏苟活，生不如死。不僅人格、尊嚴、事業、愛情、家庭、親情統統被原罪蝕光，許多人連健康和性命，也奉獻給了贖罪的歲月……

想叫今天仍然活著的人統統忘記能做到嗎？

二〇一一年六月十八日

第柒章　一顆明星的隕落——沉痛悼念潘俊民同學

事情已經過去了半個多世紀，但每當想起這位獻身真理，卻被「陽謀」碾成齏粉的年輕才子，我的心就隱隱作痛。趁著記憶尚存，趕緊把那段沉痛往事記下來。雖然殘缺不全，庶幾可以彌補沉默的罪愆，並寄託對老同學的深切懷念。

一

一九五七春天，本人在中國人民大學新聞系一年級六班上學。第一學年住在海運倉紅樓東北角一個房間裡。睡在上鋪的是一位帶著一副近視眼鏡、身材不高、神態嚴肅、語調緩慢、酷愛學習的潘俊民同學。第一學期考試，他門門五分。課餘時間，不是泡閱覽室，就是呆在宿舍裡苦讀。有時旁若無人，低頭奮筆疾書。

不知是東直門斑駁陳舊的飛簷斗拱，引發了他思古之幽情，還是空中傳來的聲聲悅耳鴿哨聲，使他產生了與鴿群一同凌空飛翔的暢想。學習累了，常常站到東窗前，像一尊雕塑似地，久久向外眺望。

有的同學跟他開玩笑：「學究，又在思考什麼天下大事呀？」

他扭頭報以微笑，並不作答。回到半米寬的小桌上，埋下頭，繼續他的「思考」。

一九五七年三月二十七日，毛澤東在最高國務會議上，作了「關於正確處理人民內部矛盾」的報告。提出區別兩類不同性質的矛盾，特別是提出了「百花齊放，百家爭鳴」的方針。人人感到毛主席胸懷寬廣，目光深邃，英明偉大之極。他的講話將給國家帶來祥和，給民族帶來福綏，給科學文化帶來繁榮。

五月一日，中共中央發表了〈關於整風運動的指示〉，宣佈在全黨開展一個反對官僚主義、宗派主義和主觀主義的整風運動。並鄭重聲明，堅決實行「知無不言，言無不盡，言者無罪，聞者足戒、有則改之、無則加勉」的原則。這些話，令人耳目一新。多年來，人們已經習慣了「成績是主要的，缺點是次要的」的鐵定公式。誰要是違反了這個公式，就有反黨之嫌。現在，不僅黨承認自己存在著「三大主義」——官僚主義、教條主義和宗派主義。而且號召人們「知無不言、言無不盡」地進行批評，並一再要提意見的人放心：「言者無罪，聞者足戒！」

就像習慣了念「阿彌陀佛」的受戒和尚，要它改口說「我佛有錯」一樣的荒唐。難怪，運動一開始，學校裡的鳴放，並不熱烈，也不深刻。

五月四日，中共中央又發表了〈關於請黨外人士幫助整風的指示〉。鄭重宣佈，「黨外人士參加我黨整風座談會和整風小組，是請他們向我們提意見，作批評，而不是要他們批評他們自己。」上憲施恩，誰不振奮？各單位聞風而動，邀請民主人士幫助黨整風的座談會，如雨後春筍，晝接夜連。有第二高級黨校之稱的人民大學，更是緊跟黨中央的戰略部署。五月二十七日召開全校師生員工大會，號召幫助黨整風──「除三害」。黨委書記胡錫奎，一改往常滿臉嚴肅、居高臨下的教訓口吻，語氣和緩，面露微笑。不無檢討意味地承認，不論是全黨的工作，學校的工作，還是各系的工作，都存在著官僚主義、教條主義和宗派主義。因此，黨委希望廣大師生員工，放下包袱，輕裝上陣，向「三大主義」發起猛烈的批評。他一再強調，這次運動評價積極不積極的標準，就是看你提的意見多不多，深刻不深刻。提的意見多，意見深刻，就是對黨的感情深。如果站在運動的外面，不積極提意見，就說明你對黨沒有感情。

副校長聶真接著講話。他的話，更是溫文爾雅，坦誠親切，字字句句敲打著人們的耳鼓。他說，這次整風，是我黨前進道路上的一次洗禮，黨的決心很大，一定能掃除三大主義，從勝利走向勝利。他揮著右手，提高了聲音，喊道：

「全體教職員工們，黨考驗你們的時候到了。我希望你們個個都能站在運動的前列，個個做向「三害」衝鋒的尖兵！」最後，他又補充道：「這次運動，雖然強調和風細雨，但態度粗暴些，語言尖銳些，都是可以原諒和理解的。有些受過『三害』傷害的同志，心裡有氣，意見提得尖銳些，甚至是罵兩句，也沒有關係嘛，因為過去受過委屈了嘛……」

忽如一夜春風來，人大校園百花開！

新聞系六班緊跟黨委的戰略部署，立即召開全班座談會，反覆動員，積極提意見，幫助黨整風。因為剛入學不到一年，同學們對學校的情況不瞭解，提意見的並不多，大都是入學前在原單位看到的問題和缺點。

就在這時，傳來一個意外的消息——林希翎在北大作報告引起轟動。

林希翎本名程海果，人大法律系四年級學生。她十三歲參軍，現年二十三歲。聽說，上月底，她去北大看大字報。兩派正在辯論，她自動加入其中。人們見她言語暢達犀利，有理有據，便請她作了個講演。不料，一舉轟動了北大。「有膽有識才女」、「整風闖將」、「帶刺的玫瑰」等美譽，不脛而走。人民大學的學生著急了，紛紛向黨委提意見，要求林希翎回本校作報告。

五月三十日上午，盼望日久的林希翎，終於站到了海運倉禮堂的講臺上。

原來，站在眾學子面前的「闖將」，竟是一位個子不高，眼睛不大，聲音不亮，貌不驚人的樸素姑娘。尤其使人不解的是，在如此大的場合講話，她的手中竟然沒有片紙隻字，卻面帶自信，揮著不大的右手，向著台下黑壓壓的聽眾，侃侃而談。不料，她發言不久，情況很快起了變化。掌聲不斷爆響，歡呼聲此起彼伏，彷彿驚濤拍岸，春雷在大地上滾動，會場沸騰了。

一石激起千重浪。林希翎的發言，彷彿給開動的列車加足了煤炭，轟隆隆飛馳起來。鳴放像燎原的烈火，越燒越旺。驚雷陣陣，白鳥爭唱，塵封心底的意見及不滿，噴薄而出。

學校停了課。校園裡出現了上百米長的大字報欄，上面貼滿了各式各樣的「進諫」和「意見」。溫和的，探討的，尖銳的，甚至譏諷的都有。

二

可是，情況很快起了變化。彷彿突然來了寒潮，陰雲遮天，冷風陣陣。林希翎第二次發言，成了批判會。沒有平等的討論，而是一面倒的批判攻訐。班上的鳴放會，雖然從朝至暮，接連召開，儘管主持人反覆動員大膽揭露「三害」，發言反而比前幾天冷落了許多。大部分黨員保持沉默，準備了發言稿的潘俊民同學，更是遲遲不肯開口。他分明看到了事情的蹊蹺，心裡極為不滿。在李之傑的邀約下，兩人去北京市委上訪，反映人民大學黨委害怕整風，壓制鳴放。想不到，滿興而去，敗興而歸。灰溜溜地被客氣地趕回來了。他們當時還不知道，漏子捅大了，上訪成了「非法請願」，

那可是新聞系了不得的大事件！後來，兩人罪加一等，都成了「極右」分子。

潘俊民來自江蘇丹陽農村，個子不高，寬寬的額頭，清秀的臉龐，戴一副近視眼鏡，操一口帶吳儂軟語味的普通話，一副文雅書生相。他說話緩慢，字斟句酌，頗有學者風範。解放前讀中學時，他就嚮往革命。聯絡了三位同學，辦起了地下進步小報——《向太陽》。主要的撰稿人，

也是他們三個。不幸，只出了幾期，就被查禁了。大軍過江不久，他就參加了革命，進軍四川，很快在某縣新華書店擔任經理。入學後，他還把他辦的進步報紙，向班上的同學展示過。看到《向太陽》的同學包括我本人，無不感歎唏嘘，十分敬仰。一個中學生，有如此地膽識和水平，爾後肯定前途無量。而就是這位有見地，有文采，人稱「潘學者」的青年團員，不知為什麼，在向黨表忠誠的關鍵時刻，忽然藏起發言稿，做起了觀潮派。

原因，不外是林希翎突遭批評，上訪如實反映情況，卻被客氣地攆了回來。上訪雖然受挫，讓他從受訪者溫和的「外交辭令」中，參透了幾分上面的真正意圖，嗅出了一股異樣的味道。機靈的江南小夥子，分明最早察覺到，前幾天的面如桃花，虛懷納諫，是一場精心編製的騙局。他要明哲保身，激流勇退。於是，急忙藏起準備多日的發言稿。一連幾天，躲到閱覽室裡，很少露面。

不幸，狂潮已經撲來，登岸已經來不及了。黨總支早已知道他寫好了發言稿，命令班支部指定他發言。那年月，黨支部的決定，等同軍令、聖旨，誰敢違抗？一九五七年六月六日，潘俊民滿臉陰雲，聲音低沉，磕磕絆絆，極不情願地在六班的鳴放會上，念了他已經藏起來的發言稿。我查到了他當時發言的出版物。他發言的主要內容，是這樣印在紙上的：

（一）工業化政策需要重新考慮，不應從教條出發，從個別國家（如蘇聯）的經驗出發。

工業和農業應當並重。從整個社會主義國家來看，都忽視了農業。「工業國」的口號是不適當的，而應當是「工業農業國」。用犧牲農業的辦法，片面發展工業，是很不明智的。輕重工業的比例失調，生產和消費失調。輕工業比例要提高，重工業比例要降低。

（二）為五億農民呼籲。人民的生活水平，平均都不高，這與消費與積累的比例不當有直接關係。人民中最苦的是農民，其次是幹部、工人、教師。最不合理的是高級軍官及高級知識份子。農民每月每人不到三元錢，而報紙上卻說每月有六十至七十元錢。講農民生活不要同解放前比，這是沒有意思的。農民上交占國民收入的百分之五十。四川農民百分之三十至四十過著非常人的生活。命令主義搞統購統銷，許多農民處於半饑餓狀態，而官方從來不報導這些。卻大喊什麼六億人民，其實有五億過著痛苦的生活。工人和農民的矛盾是人民內部矛盾的最重要之點。共產黨有忘本思想，片面考慮工人的利益，對農民照顧不夠。

（三）國家專政和民主有錯誤，黨內民主和集中也有錯誤。一切錯誤都源於教條主義。一九四九年後，教條主義特別嚴重。過去反教條主義的人，又犯了教條主義，卻始終不肯承認自己是教條主義。無產階級不可能擺脫認識上的局限性。要像批評胡適、胡風那樣，去批評教條主義。學校中，教條主義滲透得無所不至，誤人子弟。

要反教條主義，就要組織一切力量，對一切馬列主義的原理、政策、方針進行全盤討論。毛主席提出「百家爭鳴實際是兩家」，這是不對的。使人發言有顧慮，有害於實踐。百家就是百家。現在許多黨員有話不敢說。根據目前的情況看，除三害不見得除得好。要充分利用民主權利，一直反到共產主義。「百家爭鳴」不是方法而是目的。從黨中央起，就對整風害怕，不等人家放完，就佈置要爭。「修正主義」與對鳴放來說是一種壓力，這個名詞本身就要修正。教條主義利用它作為手榴彈，與一切創造性的馬列主義拼死活。

（四）胡風問題。黨中央用政治手段來對待思想問題，幾乎成為規律。一九四二年延安整風後就是肅反，胡風問題又是這樣。也許這次鳴放還是這樣。胡風的罪證是不充分的。進行民意測驗，我估計大部分知識份子是不同意逮捕胡風的。人民群眾同情他。應該公審胡風。

（五）社會主義民主問題。列寧死後，這個問題三十年來停止了發展。我們說史達林功七過三，蘇聯就沒有同意。蘇聯對史達林的瞭解比我們多得多。蘇聯的思想水平並不比我們低，中國共產黨根本用不著以和事佬的態度，自高自大，自以為水平高的很。既然史達林能利用蘇聯的制度胡來，可見制度是成問題的。中國的制度也有可能。如果把史達林的問題歸結為個人崇拜，就是唯心主義。民主不是手段而是目的。只有把民主爭到手以後，才能說它是手段。現在民主就是不夠。我們要全民民主，而不是哪一個主席、幾個政治局委員的民主。民主黨派和共產黨一黨專政有矛盾。共產黨不是神仙，也會犯錯誤。現在各級的頭頭全是黨員，人大常委會是公式化的機構。官僚主義的原因之一是中共不虛心。任何工作，都是充分估計成績，對缺點一字不提。各種運動搞逼供信，不人道，破壞法制。

（六）改進意見：要立即實行直接的差額選舉。改變民主黨派頭重腳輕根底淺的現象。改進檢察、監察機構，不能自己檢察自己。公開審判，禁止秘密處死。給予罪犯上訴的權利，不能僅憑口供定罪。改變幹部任免提拔制度。外交工作不要看蘇聯臉色行事，要和蘇聯完全平等。對南斯拉夫要更接近些，南有許多獨到的見解，比起我們來更善於獨立思考。對美國要積極些再積極些。不要老跟他鬧對立。嚴重的官僚主義分子要法辦。

（七）黨要改造自己。農村基層組織還比較接近群眾，而機關學校中正形成以黨籍這一政治資料的佔有制為基礎的階級分化。國家有兩套機關，黨委會和人民委員會，這與我國體制完全不相符。黨內只有高度集中，沒有高度民主。黨員義務多，權利少。農業合作化是自上而下搞起來的，一切決定於毛主席。農村黨員根本不起作用，黨中央不聽他們的話。黨內各級代表應當普選。黨對知識份子分析得很「全面」，但對其作用卻估計不足。毛、劉、周、朱、陳全是知識份子，而他們一上臺，就對知識份子不信任。這是很不能讓人理解的。對知識份子政治上的信任，比當官更重要。

（八）工會工作：一九五二年把李立三弄下了台，一棍子打死。現在工人要罷工，工會起不了紐帶作用。毛主席的辯證法全世界有名，但口頭上的辯證法要與實際一致起來。

三

上面列舉的潘俊民的發言，後來刊登在人民大學黨委編的《社會主義思想教育參考資料選編》一三七至一四五頁。限於篇幅，這裡不是全部照搬，而是摘引。在前面的文章裡，談到潘俊民時，自然要談到他的觀點。但那是根據個人的記憶，難免掛一漏萬。要瞭解潘俊民，應以上面的引文為準。

需要說明的是，後來印成書籍，發行全國的「右派言論集」不僅潘俊民的「罪狀」，所有右派的材料，都與原話有相當的距離。他們並不怕失真，對於右派的言論，至少都經過了兩次過濾：會議記錄人筆下，已經有所選擇，到了編輯手裡，更要進行「加工潤色」。正所謂各取所需。結果，離原意往往不是毫釐，而是千里。難怪人民大學的大右派葛佩琦和王德周，看到他們的發言變成了鉛字，既驚訝又憤怒，忙不迭地要求黨委給更正。但得到的答覆是：說出的話，潑出的水，白紙黑字，你們推翻不了！

有了走樣的「反黨言論」，再加上無限上綱，你就是有三頭六臂，鐵嘴鋼牙，也難逃已經布下的天羅地網。

當時，潘俊民的發言，仍然得到了熱烈的掌聲。說明大部分人仍然支持鳴放。我自然是從心裡讚歎他的成熟與遠見。本人的發言，幾乎都是親身經歷的問題。他的發言卻絕然不同。都是有關國家體制、黨的性質、國計民生等的重大問題。不僅思考縝密，言之成理，而且拳拳愛黨愛國之心，躍然紙上。他不事張揚，不露鋒芒，雖然不是十分嚴謹，但比之林希翎的發言，偏激言辭幾乎沒有，多的是理性的思考，急切的關注。有人說他是一位博學多識的年輕思想家，絲毫不是溢美之詞。當他鳴放完畢，收起發言稿，低頭走出教室時，我注意到，是一副悵然若失的樣子。

回到宿舍，我仍然不無敬佩地對他大加恭維。

他含而不露地苦笑道：「老兄的發言也很深刻，不啻是為民請命嘛。」

「與老弟的發言相比，不過是小巫見大巫。」我說的是真心話。

他仰到床上，甕聲甕氣地答道：「嘿嘿！只怕是小巫小討厭，大巫大添亂。幾句討厭的耳邊風而已。」

「怎麼會呢，此次鳴放是毛主席他老人家親自發動的呀。怎麼會……」

「但願是我多慮。」說罷，他閉上雙眼，不再言語。

兩天後，潘俊民遵照總支的意見，又在全系大會上，把他的發言稿低著頭吭吭哧哧地念了一遍。奇怪的是，他準備的發言稿號稱兩萬言，念出來的，連一半也不到。這一次，不僅沒有人給他鼓掌，還有好幾個人立刻跳上臺，嚴厲批判他的「反黨謬論」。看得出，批判者都是有備而來。

分明預感到大禍臨頭，一連許多天，潘俊民臉色陰沉，什麼話也不說，幾乎成了啞巴。

我見他壓力太大，一天下午，約他到郊外散心。

我帶上別人的象棋，朝東直門走去。他低頭走路，一聲不吭。我調侃道：「你愁成這麼個熊樣，莫非天要塌下來？」

他像牙疼似地，哼哼唧唧地說道：「只怕是，不亞於塌天。」

「言過其實，不可能！」

「不信等著瞧！」問他有什麼根據，只是搖頭不語。

我們兩個都不善於下象棋，宿舍內有幾位愛好者，棋高一著，不屑於跟我輩對壘，我們只能做觀眾。有時看得上了癮，我們兩個生手，也殺上幾局。互有輸贏，但我贏的時候居多。我們在一個僻靜的農田旁一塊大石頭上，擺開了陣勢。我在心裡悼叨念，今天如果贏不了，預示著自己同樣在劫難逃。不料，連下三局都輸給了他。已經泰山壓頂，他仍然能夠沉得下心贏棋。而我一心想贏，反倒亂了方寸。嘴上不說，心裡暗暗嘀咕，可能自己也難逃被整肅的厄運。

潘俊民的先見之明，很快應驗了。等到處理右派分子時，第一個名字就是他，他成了新聞系的最大右派——極右分子的頭目。我自然是在劫難逃，同樣戴上了右派帽子，區別的是，我的處分是三類——留校察看，屬於「寬大」處理。他的罪名，不僅比我多了一個「極」字，而且是一類處分——開除學籍，勞動教養。

一天早晨剛起床，宿舍裡來了幾個陌生人，命令睡在我上鋪的潘俊民收拾行李。潘俊民似乎早有思想準備，一聲不吭，麻利地把鋪蓋捲兒捆起來，提起早已收拾好的竹簸箱子，頭也不回，跟著走了。宿舍裡的人都愣在了那裡，沒有人說一句話，更沒有人跟這位同窗一載的同學打一聲招呼。我探頭門外，眼睜睜地看著他的身影消失在走廊的盡頭。

後來聽說，他去了勞教所。具體去了什麼地方，誰也不便打聽。從此天各一方，生死不知。

直到上世紀八十年代，聽前去落實政策的同學說，他被開除後，去了北京清河勞改農場，一直在那裡度過了五年勞教生活。他是怎麼度過那漫長的，錐心刺骨的「二勞改」歲月，為什麼沒有像許多棄屍勞改農場的右派一樣，被餓死，折磨死。我們永遠無法知道內情。只知道他勞教期滿，回到了老家丹陽。由於他給家庭帶來的致命打擊，父母雙雙亡故。作木匠的弟弟怕受連累，與之劃清界限，不肯接納危險的階級敵人。苦苦懇求，才答應讓他住到一間破屋裡。受盡白眼與冷落。

他孑然一身，形影相弔。白日到生產隊幹重活，夜晚，望著如漆的夜空，吞淚浩歎。憤懣傷肝，視人命如草芥的無產階級文化大革命，淚灑黑牢，屍橫郊野。多少無辜，成了「不齒於人類狗屎堆」的冤魂。由於鄉親們的保護，雖然沒有被「大革命」革掉性命，但殘酷的無產階級專政，已經使正當盛年的光棍漢，重病纏身，瘦骨嶙峋。腳步踉蹌，喘息聲聲。好歹央求生產隊借給五元錢，去公社醫院看病。白衣戰士哪裡肯給階級敵人認真療治，他只有回家等死。

據說，彌留期間，他拼出最後的氣力，斷斷續續地反覆呼喊：

「我沒有……反黨……反社會主義呀！」

二十二年後，承認他沒有反黨反社會主義，即人民大學的「改正」通知到達時，他已經長眠地下。據說墳上的濕土還未乾……

行筆至此，不由想起同班的老大哥伍伯涵，可能就在山西著名鄉土作家趙樹理被整死前後，不知是自戕還是被害，同樣走上了不歸路。那片繼續掩飾「陽謀」罪惡的「改正」遮羞布，從人民大學飄來時，他肯定也沒看到……

伍伯涵兄，長我六歲，四載同班。一同蒙難，三年相伴贖罪，同樣帶著帽子離校，我又與他對調了分配方向，可謂是休戚相關，患難與共。剛到山西，他被分配在沁水縣教育局教研室。此時心情還不錯，考慮為文化事業作些貢獻。聯繫幾位難友，計畫編一本「漢語詞典」。但不久就被趕到條件極差的端氏蠶桑學校。此時，我們還有書信往還。他雖然到了離北京不過數百里之遙的山西，但與千里、萬里沒有什麼區別。岳母亡故，兒子患病，他都不能回去探望。歸化無期，心情抑鬱，加之患上了肺結核，甚至想到了尋短見。一次，寫信給我，要我為他借一本《被縛的普羅米修斯》，借助近水樓臺之利，我立即借來寄給了他。

古希臘神話裡，有一個故事，大神普羅米修士因為給人類盜來天火，使人類擺脫了茹毛飲血的野蠻生活，但卻激怒了上帝。被縛在高加索山巔，每天都遭受禿鷹啄食肝臟的痛苦。因為他是神，肝臟白天被啄食，夜裡便長出來。這樣，天帝便可以不斷地折磨這位給人類帶來福綏的盜火者。伍伯涵兄肯定感到自己的命運與盜火大神的命運極其相似，或者是借助大神堅強不屈的精神，給自己灰暗的心理增加一點亮色，方才想到借書看。不幸，他最終仍然死在了禿鷹們的利喙下，沒得到再生的機會。

親弔無計，長歌代哭。上面的幾句話，無非是借出書機會，為伍伯涵兄，獻上一瓣心香，並寄託無限的哀思而已，而已……

多年來，我多方打聽伯涵兄的消息，得到的全是搖頭。山西的老年朋友，如果有人看到這裡，能告知伍伯涵離世前的一些情況，則不勝感激之至。

還是回到對潘俊民的思念與哀傷。

一九九二年，六班的同學，春節後在北京聚會。有的同學提到了潘俊民，在座的文化部副部長陳昌本大發感慨：「如果潘俊民活到今天，他肯定是一位改革家！」

說實話，我聽了這話，對這位當年的左派徹底改變了看法。聚會結束，得知我剛剛下車尚無住處，主動邀請我到他家，一住就是五天。我們促膝長歎，他認真諦聽我敘述二十二年的苦難，也談自己在文革中，由於「站錯了隊」，逃避挨整，而躲到鄉下避難的往事。他的夫人，原六班的老同學，第一任班支部書記鄧勤，對我這位不速之客絲毫沒有嫌棄之色，不僅盛情招待，對我的長篇小說《鄭板橋》同樣是讚不絕口。多年後，我的另一部小說《鄭板橋外傳》，由於出版社發生變故，頭目入獄，人員星散，已經編完，決定付印的稿子，不知去向。是昌本老同學一再過問，遺稿方才失而復得，很快順利問世。六年前，我的傳記體長篇《仰止坊》完成後，他一反從不替人作序的老例，慨然賜序，熱情讚揚。足見，當年他對我輩蒙難者的嚴厲和批判。並非是覺悟多高，什九是為了避嫌。記得，他當面說過，年青時由於愛好寫作，曾跟「胡風集團」的一位作家通信，請教創作問題。結果被狠整一通，差一點成了「小胡風」。也許正是由於那次整肅，使他增加了免疫力。此後，在風雲迭起的幾十年間，能夠繞過險灘，躲過暗礁，艱苦然而比較順利地在仕途上跋涉。直到身居高位，仍然對掙扎在底層的老同學一再關注。難怪，他對潘俊民是那樣的心悅誠服、當眾讚揚了。

惜乎，他的高度評價，長眠地下的潘俊民，再也聽不到了。他像一顆倏然劃過夜空的流星，瞬間光耀眼目，轉瞬黯然無光。這位公認才華橫溢、善於思考的愛國青年，終生未娶，年僅四十四歲，便懷著「向太陽」的美麗夢幻，走向了永遠見不到太陽的地獄之路。

他終其一生，向暴政贖罪。最終，被他為之獻身的強權吞噬了！

潘俊民離開毀掉了他的青春前程和人生幸福世界，已經三十多年了。我這篇遲到的懷念文章，無非是不吐不快，絲毫不能表達他的苦難於萬一。望他的在天之靈安息，並原諒我粗陋而殘缺的文字。

二〇〇九年十月十日

第捌章　亡命走長白——我在文革中的三年逃亡

不是因為戰亂，也不是因為饑荒，而是因為一頂鐵冠加身，一系列莫須有的罪名，我便經歷了三年逃亡生活。

一

一九六〇年夏天，我從中國人民大學新聞系畢業。由於始終做不出令人信服的悔罪狀，仍然是「帶帽右派」。結果，被發配到「天無三日晴，地無三尺平」的貴州，在農學院圖書館當了一名圖書出納員。

我是調幹生，上大學之前就結了婚，愛人在山東濰坊鋼鐵廠工作。有一天，市委組織部一位部長，到她的廠裡視察，見她帶著兩個孩子，生活困難很大，而丈夫遠在八千里外的貴州。這位好心的部長，認為剛畢業的大學生是人才，而且不會有什麼歷史問題，沒有調閱檔案，便一紙調令，將我調回山東濰坊。此前因為愛人老實心窄，我落難的事雖然悄悄告訴過她，但她心懷恐懼，始終沒敢告訴任何人。回到濰坊後，才知道調回了個右派。愛人後悔，組織部跺腳，手捧刺蝟沒處擱，便讓我到一個生產柴油機、名叫華豐機器廠的工廠裡，幹了車間統計員。我當年幹過會計，算盤打得溜熟，工作完成的自然十分漂亮，工人對我也蠻有禮貌，不少人甚至稱我「老師」。由於不會向頂頭上司低聲下氣，更不知道「意思」一下與當權者聯絡感情，不到一年，便被趕出辦公室，攆到裝配車間當了搬運工。

一開始，裝配車間的頭頭並沒有歧視我，反而把我這個大學生真的當成了「人才」，放心地讓我搞宣傳。每天下了班，我便忙著寫黑板報，寫標語，編文藝節目，畫壁畫，常常忙到夜裡十來點才回家。甚至登上腳手架，畫過兩丈高的偉大領袖像。還就地取材以技術革新為主題，編寫了一齣三場呂劇《迎春曲》，自編自導自己伴奏，正式演出獲得好評，給車間爭得了榮譽。滿以為不分黑白、班上班下地忙活，能得到個「確實改惡向善」的好評，早日摘掉鐵冠，給老婆孩子減少一點精神壓力。四清工作隊進了廠，仍然讓我做宣傳工作。直到「請組織」，才讓工人與我劃清界限，從此被冷到一邊兒。

二

不料，「史無前例的無產階級文化大革命」一來，我這個十三歲當兒童團長，十四歲參加革命、剛剛三十四歲的「老右派」，頓時陷入了滅頂之災。抄家、掛牌、敲鑼遊廠、坐噴氣式，成了家常便飯。緊接著又成了「右派翻案集團」的成員，隔離審查，逼迫交出黑後臺。

原來，六十年代初，市委統戰部曾組織全市右派集訓，勉勵加速改造，爭取早日回到人民隊伍。文革初期，有幾個人率先要求平反冤案。結果，參加集訓的老右，統統成了翻案集團的「成員」。其實，自從集訓結束後，我從未與帶頭「翻案」的人見過面，但無人相信。有口難辯，晝夜逼供，一關就是三十三天。不久，又落入了另一個更加可怕的旋渦——「叛國投修集團」！

鑄造車間有一個姓丁的部隊轉業幹部，因為「男女關係」問題，曾被勞教三年。牛棚開張，他自然成了其中的成員。有一天，他跟我一起搬運時，偷偷問我：「喂，如果不想被整死，敢不敢走人？」

我愣在那裡，心怦怦跳：「普天之下，莫非王土。革命風暴席捲全國——往哪裡走？」

「蘇聯。我在部隊開過車，技術很過硬。到了邊境一帶，偷一輛汽車，保證可以衝過去。」

「那些邊防軍是幹什麼的？沒聽說，前幾天遊街的犯人中，就有一個投修未遂的，判了死刑嗎？那豈不是自取滅亡！老兄別想入非非了。」我無比恐懼地拒絕了他。

兩年後的一天，他在廢鐵場碰到我，開玩笑地問：

「老右，最近挨鬥來沒有？」

我高聲答道：「平安無事。」

孰料，一句「平安無事」，給我帶來了可怕的災難。

正所謂，說者無心，聽者有意，我倆的對話，被不遠處的一個青年聽了去。他們認為這是階級敵人在訂攻守同盟。一個小時後，我就被關進了黑屋子。立刻被解去褲帶、鞋帶，三班人輪流看守。專案組白天審問，夜間「加溫」，逼著交代「新犯下的罪行」。自從落入右網，雖然心下不服，為了家庭孩子，我一直強迫自己認罪，拼命勞動，努力好好表現。見到年輕工人破壞公物，我都是好言勸解，哪裡來的「新罪行」？頑固對抗就「加溫」。不僅拳腳交加，甚至揮起了鐵棍。幾天下來，已是腿不能走，腰不敢直，耳朵被撕破，右眼差點被一個叫李加明的看守戳瞎，左腿膝蓋被他用鐵棍打傷……

可是，他們急於報捷的戰果始終沒得到。於是花樣翻新——「熬鷹」。三天三夜不准睡覺。審問的間隙，逼著一刻不停地高聲朗讀《毛選》。讀著，讀著，我便傳出呼嚕聲。一頓劈頭蓋臉地「醒腦」後，還要繼續讀下去。

直到這時，我仍然不知道自己犯下了什麼「新罪行」。一天，專案組來了新花樣：逼迫交代最近與外車間什麼人交談過。我立即想到了與鑄工車間的丁毅，曾經說過一句「平安無事」的話，於是，試探地「供」了出來。不料，話剛出口，片刻靜場。我從打手們的臉色上看出，口供說到了點子上。方才意識到，是那個聽到我們談話的積極分子向上面作了匯報。那年月，風聲鶴喉，草木皆兵。他們認定那是在「訂立攻守同盟」！儘管如此，一連幾天，我仍然不想交代兩年前丁毅說過想外逃的事。反覆強調「平安無事」之類的問答，是黑五類經常的用語。但從他們有針對性的誘供中，我知道丁毅已經出事，甚至「繳械投降」了。從心裡埋怨丁毅軟弱，一個人的一閃念已經過去了兩三年，有什麼罪行可言？幹麼要交代？既然同案人早已開口，「頑固到底」已經沒有意義，我只得如實交代了當年他的談話。但強調，已經兩年多了，他一直在老老實實地幹活，足以證明那不過是他一時糊塗，不是成熟的思考。打手們如獲至寶，立即命我寫下「口供」。從此只看押，不再折磨逼供刑罰。

三

一個月後，把我從黑屋子放出來，回到車間勞動，但仍然不准回家。直到這時，我才知道，自己成了「叛國投修集團要犯」。這案子，成了轟動全市的大案要案。而「主犯」丁毅關押不到三天，不僅交代了「罪行」，一個在勞教所「鍛鍊」過三年，一米八五的大漢，竟然失去了活下去的勇氣。在看守的眼皮子底下，從廁所裡揀到一塊破燈泡小玻璃片，悄然割斷了股動脈。等到決定送醫院搶救，已經晚了，他死在去醫院的路上。

「主犯」已死，不知為什麼，直到整整過去了二百一十八天，才准許我回家。此時，「橫掃一切牛鬼蛇神」、「鬥走資派」、「一打三反」、「清理階級隊伍」等劇烈鬥爭，已成強弩之末。但我個人的災難，依然漫無盡期。遵照各種「勒令」，我要擔任清砂，搬運，以及整個車間的環境衛生。這是三四個人的工作量，一個人累死也難以完成。更可怕的是，裝配車間成立了一個五六個人的戰鬥隊，專門負責對我一個人搞專政。在支部書記宋鳳慶的指揮下，領頭的蔣恩貞——一個大額頭上長著兩隻小黑眼珠的退伍戰士，階級鬥爭嗅覺之高，堪稱一絕——在他的帶領和指揮下，專政班子裡出現了兩名幹將：一個是名叫于在義的技校畢業生，走路歪歪斜斜得了個外號「于瘸」；他並不吸煙，卻借來煙袋，我在低頭彎腰時，燙我的脖子。另一個是當兵不到二年就「光榮退伍」，時下正積極追求一個幹部女兒的胡家同。他不僅整天像防賊一樣，盯著我的一舉一動，而且動不動就打出手。為了表現他們的階級覺悟，除了三天一小鬥，五天一大鬥，更把繁重的體力勞動當作懲罰的有效手段。

我的身體已經壞到了極點：下肢浮腫，左臂麻木，左膝腫疼，右眼視力模糊，腰椎間盤膨出……幾乎徹底喪失了勞動能力。但他們每天分配給的任務，卻是幾個棒勞力[3]才能完成的。萬般無奈，我徑直去市革委政治部上訪，一位姓郭的解放軍營長，不但沒有厲言疾色訓斥，反倒勸我「沉住氣，想開些」。不料，一回到廠裡，便被揪上了批鬥會。一根細鐵絲吊著二十多斤重的

[3] 棒勞力：指身體健康，能幹農活的強壯農民。

大木板，在我的「頭銜」之上，再加上「反動透頂」四個大字，用紅筆打上叉叉，掛上了我的脖子。質問我為什麼要去市革委誣告革命群眾？不一會兒，鐵絲就陷入腫起來的肌肉裡。我忍無可忍，瞪著雙眼大喊：

「你們搞人身摧殘，那就來吧——我什麼也不回答。」「凡是反動的東西，你不打他就不倒」！「房文齋不投降就叫他滅亡」之類口號震天響，直到脖子滲出血，批判會方才「勝利收兵」！

萬般無奈，三天後，我又去了市公安局信訪處，接訪人是一位姓譚的科長。我自報家門後，小心翼翼地說道：「為了加速思想改造，我自願請求去勞教所改造。」

「什麼？你想到勞教所去？新鮮！我幹了這麼多年的公安，還第一次聽到，有人自己要求去那地方的吶！」他的刮得錚青的下巴高翹著：「哼，你認為勞教所是賓館、養老院，誰想去就能去？告訴你，那地方，想去的去不了，不想去的還非去不可！你再這樣堅持反動立場瞎胡鬧，那就不是進勞教所的問題！」

「同志，我不是瞎胡鬧，我是誠心誠意為了加速改造。因為在廠裡實在是……」

「呸！誰是你的同志？滾回去！不然，我叫武裝把你押送回廠！」

我急忙溜出公安局回到工廠。出乎意料的是，居然沒有再犯「誣告革命群眾」的新罪行。大概那位科長因為工作太忙，忘記向廠裡反映我的「瞎胡鬧」。

望盡天崖路，絲毫看不到解脫的希望。難道剛剛步入四十歲的門檻，便去見閻王爺？

我深深陷入痛苦迷惘之中。

四

正在這時，廠裡發生了一件事。一個候姓的摘帽右派，被「重新戴上帽子，開除廠籍，押送農村，管制勞動」。這給了我極大的啟發：步候某的後塵，不就是一條活路嗎？對，豁出二十七年工齡不要，回老家當農民去！我立即寫了一份辭職報告：「……鑑於本人健康狀況惡化，誠懇要求領導恩准，允許我辭職。回到原籍，在貧下中農的管制下，老老實實進行勞動改造。」

報告遞上去好多天，如石沉大海。我又寫了一份給自己「升級」的申請：要求開除廠籍。不料，仍然闃無消息。只得到廠革委去懇求。一位姓于的革委會副主任，不等我申明來意，便厲聲斥責道：

「住口！現在你的唯一出路，就是在廠裡老老實實接受無產階級專政！」他的兩隻小眼圓睜，一隻向右面突出來的門齒翹得老高，彷彿要把我一口吞掉。「哼，你說的比唱的都好聽！你認為我們看不透你的狼子野心？你是千方百計逃避改造。我們早就知道，你們村裡的幹部，都是你當兒童團長時的蝦兵蟹將、七大姑八大姨。你是想躲到他們的保護傘下，繼續幹反黨反社會主義的罪惡勾當！妄想！告訴你，只准你規規距距，不准亂說亂動。除了無條件地服從革命群眾的專政，絕沒有自己想幹什麼就幹什麼的權力——包括要求開除！」

此時我才明白，他們怕我回到農村逍遙自在，因為我出身貧下中農，沒有人會給我下「勒令」。而那個摘帽右派，因為是富農出身，就遭到了驅趕的命運。那年月，壞出身無異於得了政治癌，處處死路一條。想不到出身好也能帶來厄運。

叫天天不應，叫地地不答！我想到了丁毅為之送命的那個一閃念。一個奇怪的念頭，突然出現在腦際——出逃。

運動初期，我與成了走資派的原黨委書記楊立志等並肩遊廠時，他偷眼瞥見我昂頭挺胸，滿臉慍色，怕我吃苦頭，多次低聲勸我：「低下頭，別自找苦吃。」這給我留下難忘的印象。雖然他剛剛「站起來」，不可能替我說話。作個證明人還是可以的吧？為了不再落下「叛國」之類把柄，我給他寫了一封信，我將一段時間內所受的折磨，包括勞動折磨，扼要開列出來。我告訴他，工人兩班倒，我要一個人上連班，我幹的工序是清洗，還要負責全車間的搬運和衛生。有一次，月底工人加班，我連續幹了二十七個鐘頭！本來腿就瘸，等到下班，已經不能走路了。信的最後，我申明：「楊書記，我懇求您轉告革委會各位領導。今天我要自動離職養病，並沒有別的企圖。一旦病情好轉，如果廠裡還要我，我將立刻回廠接受監督勞動。」

一九七二年八月二十一日，這是我終生難忘的日子。就是在這天晚上，我讓大兒子將信送走，同時離開家，開始了長達三年的逃亡生活。

五

我不敢徑直回原籍，先到了岳父家。岳母早已去世，岳父六〇年餓死。內弟夫妻雖然已經知道了我的「階級敵人身份」，卻一如既往，仍然當親戚款待，那年月實在難得。十天後，估計搜捕已經過去，方才回到老家。果然不出所料，我離廠第三天早上，廠裡即來人「家訪」。但沒有說我已逃走，反說在廠裡挺好。然後找到村革委會主任，說我是叛國投修要犯，已經私自逃走，一旦發現我回了家，不要驚動，立即打電話告訴廠裡。

十四歲離家參加革命的兒子突然歸來，雙親雖然忐忑不安，卻沒有說什麼。兄弟姊妹卻不答應了。大妹妹來信說，離職逃走，是頑抗到底，自走絕路！勸父母「不要收留他，更不要認這個不肖之子！」二弟來信告誡二老：「要認清那傢伙抗拒改造的反動本質，立刻讓民兵將他押回廠去！」在老家的三弟婚期將至，害怕我給他帶來連累和難堪，也勸我趕快離開。

有國難投，有家難歸。我成了地地道道的過街老鼠！

萬般無奈，我連夜從老家逃出，投奔一個右派集訓時認識的中學地理教師。這位姓袁的同類，由於「惡毒攻擊農業生產合作社，說農業社地裡的草比單幹[4]時還多」，順理成章成了「極右」，被舉家趕回農村。同病相憐，竟然沒有拒絕我這個不速之客，讓我在他家裡養傷。窮途末路相助，不啻是救命恩人！

在他的家裡，我一住就是一個多月。身上的病痛大大減輕。我不忍心繼續連累人家，在一個月黑風高的夜晚，悄然離開老袁家，來到附近一個小火車站，登上西去的列車，向東嶽泰山奔去。

事後想想，連自己都感到無比驚訝：身無一技之長，能夠下定棄職而走的決心，已屬不可思議。而兩條腿剛剛能麻利地走路，便往著名的風景名勝跑，誰聽了都說是瘋癲白癡！秀才造反三年不成，我自己竟認為那是深思熟慮後的抉擇。狡兔尚有三窟，我豈會不知？我作了兩手準備：首選泰山，其次是孤島。滿以為兩處地方，至少有一處可以提供一個藏身之所。

當初因公出差，我曾多次經過泰山腳下。上大學之前，還在濟南工作了半年。那時，視革命利益高於一切，連逛一逛近在咫尺的巍巍東嶽的念頭都沒產生過。我幼稚地認為，既然泰山為五嶽之首，方圓上百里，在人跡罕至的深谷僻地，肯定有獨居人家。哀求人家發善心，收留自己，種地，放牛，作傭工，均不挑剔，不給報酬也心甘情願，諒不至於遭到拒絕。實在找不到合適的

[4] 單幹：大陸農業合作化之前，稱個體農民自己種地為「單幹」。

人家，就退而求其次：棲山洞，做野人。難道偌大一座泰山，連一個容下七尺之軀的山洞都找不到？大海上落難的魯賓遜，能在荒島上生活二十七年。我也生著兩隻手，而且經過十幾年的勞動鍛鍊，難道我就不能食野菜、採野果，開荒種田，維持生命？

六

在泰安車站下了車，我信心百倍地沿著登山石階，向泰山深處奔去。路上看到幾戶獨居人家，但都暴露在眾目睽睽之下。過了大門洞開、神像歪倒在地的斗母宮不遠，山崖旁有一戶獨居人家，我裝作找水喝，上前試探。這人家只有一個害哮喘病的老鰥夫，他憂心忡忡地說，上面有命令，泰山上所有分散的農戶都要集中到山下居住，以防止階級敵人暗藏破壞。我詢問山上有無野獸，從側面探知山中有無山洞。老人說，他生在泰山，長在泰山，隱藏狐狸豬獾的小洞有幾個，但從未見過能藏住豺狼虎豹等大個頭野獸的山洞。

我的「首選」夢還沒到泰山頂，便摔了個粉碎！

我無心欣賞直插青雲的險峰、被破四舊的鐵錘，敲砸得傷痕斑駁的石刻，更不忍卒睹破敗不堪的碧霞寺、玉皇廟。徑直越過山頭日觀峰，沿著山後的峽谷尋覓。果然，既未見離群索居的獨戶人家，也沒找到一處可以棲身的洞穴。

夕陽銜山，冷風勁吹。我蜷縮在一個岩石凹陷處，哆嗦著挨到黎明。借著殘月的青光，急忙下山，溜回來時的火車站。登上火車，奔向第二個「理想地」——孤島。

孤島在山東墾利縣，是黃河入海處的沖積平原，有一大片尚無人開墾的處女地。荒草遍野，土地肥沃，早就聽說有不少盲流在那裡開荒種田，是個三不管的世外桃源！

在辛店站下了火車，換乘汽車，來到一個叫東營的地方，準備換車去孤島。在矮小的候車室裡，有一個滿臉汙垢、帶著鋪蓋捲兒的中年農民。他銜著旱煙袋，正跟身邊的一位老者傾訴不平。原來：近幾年黃河三角洲發現了大油田，廠名叫「九二三」（後來改稱勝利油田）。為了保證廠區安全，限期驅趕逃荒去的外地「盲流」。他被強行趕出來，扔下幾年間積累的一些糧食，準備空手返回沂蒙山老家。

無問題的農民尚且遭到驅趕，哪會允許「黑五類」存身？挖空心思想出來的第二條退路又成空想！

書呆子的「深思熟慮」，不過如此！

七

我來到汽車站前方不遠處的一個大口井旁，扶著高僅及腰的圍欄，熱淚滾滾。

近幾年來，哪一天不聽到「花崗岩腦袋」們「自絕於人世」的消息？我的「同案人」老丁，關押了不幾天，便毅然決然割動脈自殺。幾乎在同時，廠裡還有三個人自殺：一人上吊，一人捅刀子，一個中年女子是撞牆而死（有人說是被打死的）。我為什麼不能步他們的後塵？面前這汪黑洞洞的深井，不就是一條再好不過的「路」嗎？只要頭一低，身子猛地前傾，一切都解決了！還猶豫什麼？

忽然，白髮蒼蒼的父母、三個未成年孩子可憐兮兮的面龐，統統浮現眼前。我直起身子，退了回來，揩乾眼淚，登車往回返。當天深夜，又回到了兩個月前出逃地——濰坊。

不料，一出火車站，又是當頭一棒！

在眾多的「通緝令」中，最為醒目的一張，竟寫著本人的大名。罪名是：「頑固不化，抗拒改造，破壞生產，畏罪潛逃！」

我被勞動改造了整整十個年頭，罪名多得很，卻從來沒有「破壞生產」這一條。想不到，離開生產崗位兩個多月，卻增加了一條新的罪名！「通緝令」上，有照片展示面容特徵；有文字介紹身高體重。幸虧是凌晨時分，廣場上空蕩蕩，不然真會被當場捉住押送回廠。等待自己的將是什麼，可想而知讓人不寒而慄！

急忙溜出火車站，再向著平安匿藏了兩個多月的老袁家逃去。到了他家才得知，老袁的冒險義舉走漏了風聲。我離開之後，他遭到了盤問。我不想連累老袁，立即轉身走開。但他將我伸手拉住了：「既然已經來了，要走，也要想好活命的門路和安全去處呀！你只管住下，估計他們不會來搜查。」

晚上，他詢問我下一步的打算。我只能如實相告：想好的路都走過了，條條都是死路。眼下已經無路可走。問到我有啥特長？我說，出逃前照著書本學過針灸，也在自己身上練過，準備做魯賓遜時給自己治病。老袁連連搖頭：

「你的去處，只能是偏僻的鄉村，如今隊隊有赤腳醫生，誰會求你治病？此路不通！」

前些年，我曾經用白鐵打過煤油爐子，也曾經用破木板釘過板凳和矮桌，給孩子做作業，還給小兒子釘過嬰兒車。打白鐵，還是要到城市找活，幹木匠，則可以在偏僻的鄉村轉悠。但我僅僅是個「釘子木匠」，哪個肯用你？老袁沉思半晌，讓我想辦法「進修」：我立即想到當年的一位機關同事，被打成右派開除回家，跟父親學了木匠。我連夜偷偷溜到他家，得知我已無路可走，認真給我上了半夜木工課，又送給我鋸刨斧鑿等幾件必需的工具。我回到老袁家，他找來些破木頭、爛板子，讓我「練藝」。我先做豬圈門，再做窗戶，風門。又照著葫蘆畫瓢，做了個桌櫥。由粗到細，越做越熟練，兩個月下來，竟被認為「像個成手木匠」。我心中有了底氣。潛回城裡，跟家人一起過完了春節，又補充了幾件工具，帶上兩位親戚在東北的地址，開始了正式的盲流生涯——闖關東。

八

我改成母親的姓氏——李氏，當年有位前輩給我取字——光南，兩者加到一起便是「李光南」。家鄉有一個俗語：「無計奈何闖關東」。我毅然決然，走上了闖東路。從此，房文齋從人間消失了，渡海闖關東的是盲流李光南。首先來到遼寧新賓縣，投靠一位遠房親戚。他因為是富農成分，不願意在家鄉受歧視，孤身來到關東。落籍的大隊，有一個富有詩意的名字——響水河。他早就聽說，本家的姐夫是個混得不錯的幹部，對我的身份十分懷疑。我謊稱自己一九六二年挨餓時，下放回家當了木匠。眼下關裡生活困難，想到東北找點活幹。他似乎相信了我的謊言，積極幫我攬活。我便正式成了「盲流木匠」。

俗話說，頭三腳難踢。我不惜汗水，傾盡全力，認真對付。當第一批活：椅子、立櫃、對箱、板櫃等傢俱做出來時，居然得到了鄉親們的好評：「這個李木匠，對人和氣，幹活賣力，活路細，還愛惜木料！」

我正慶幸初戰告捷，出師順利。親戚突然告訴我，大隊支部書記向他盤問我的來歷。說「那傢伙越看越不像個木匠」！那個咧著一嘴黃牙、煙捲兒不離手的矮個子，好幾次到我幹活的人家「欣賞師傅的好手藝」。想不到，竟是來搞偵探！倘若一個電報發回關裡，一切全露餡了！

三十六計，走為上計。當天夜裡，便逃向第二個地址：吉林省通化縣快大茂鎮。

在一個叫臭鹿溝的山溝裡，有我的一位姑丈母娘。她青年守寡，帶著一雙兒女逃荒來到東北嫁了人。我們從未謀面，見了面驚訝得變了臉色。為了打消他們的顧慮，我歷數岳父家成員的姓名、現狀，好歹使他們相信，我真的是她的親戚。

這個隊的黨支部書記兼生產隊長候貴有，聽說來了個盲流，立刻在廣播喇叭上大講「階級鬥爭新動向」：走資本主義道路的盲流正潛入我們的生產隊，伺機破壞云云！親戚提醒我，支書的兒子要結婚，正四處尋找好木匠。只要無償給他做一套高質量的嫁妝，保證他裝聾作啞。

我立刻找上門去，毛遂自薦。得到恩允後，使出渾身解數，為他兒子做了一個炕琴，一個被閣，兩個木箱，一個臉盆架。「藥」到病除。不但使他的冷臉換成了笑臉，見我確有「好手藝」，竟然讓我以社員的名義，與隊裡的幾個木匠一起，到通化市螺旋廠搞副業，做包裝出口品木箱。原來，隊裡的幾位木匠由於做不了出口用的箱子，正想打退堂鼓。我的出馬，讓情況大變，做出的箱子個個合格。生產隊的三個木匠對我肅然起敬，一口一個「李師傅」。多年來，我一直為刻苦自學考上大學、「墮落」成知識份子而後悔莫及。不料，窮途末路之中，文化竟然派上了用場——我是唯一一個能看懂圖紙的木匠。一時間，不僅成了受人尊敬的「師傅」，而且成了實際的領導。已經當了近二十年的專政對象，第一次被當「人」看待，日子過得很舒坦。

誰知好景不長，剛剛瀟灑了不到三個月，一場對盲流的大清查席捲全城。我只得挑上工具箱，隻身逃回鄉下。從此，鑽山溝，穿密林，攬百家活，吃百家飯。當著別人的面，不敢看書看報，處處隱藏自己的真面目，時刻提心吊膽。宛如無枝可依的驚弓之鳥，一有風吹草動便迅速轉移。

在長白山麓整整流浪了三年零兩個月，直到廠裡向家屬打招呼，說我的罪行不重，可以回廠復工為止，我才結束了盲流生涯。

一九七五年十月，我返回工廠，仍然讓我回原先的崗位。令人難以置信的是，當初我一個人的活，變成了兩個班，每班三人，共六個人幹。我一回去，人員立刻減少。可能他們嘗到我逃走後給他們帶來的不便，竟然沒有認真追查，長達三年之久我去了哪裡？直到毛澤東去世，階級鬥爭的弦繃得更緊了，才清算那三年的「欠帳」：無故離廠，破壞生產，執迷不悟，抗拒改造。給予開除廠籍，留廠察看二年處分。察看期間，每月發給生活費三十元！

我又開始了另一輪的殘酷專政生涯。

直到一九七八年，中央五十五號文件下達，右派分子改正，我一直都在為「反黨反社會主義」和「三年逃跑」贖罪。

改正後再次成了香餑餑，廠裡竟然用各種職務相誘惑。但這個地方跟人民大學一樣，傷透了我的心，我決意離開這傷心地。一九七九年三月我調入高校，終於離開了改造了十七年多，險些丟掉性命的機器廠。

一九九九年五月三十日草，二〇〇九年三月二十三日改。

第玖章　不盡的思念——難友傳家訓逝世一周年祭

沉痛思念中，家訓離開我們整整一年了。

一九九九年三月十六日下午二時，我正在伏案打電腦，電話鈴聲驟然響起。本以為是尋常的探尋問候之類，不料，傳來的竟是噩耗：家訓於十五日中午，駕鶴西去！

高崖失足，霹靂轟頂！我被驚呆了，久久地愣在那裡。老伴從我手中接過耳機，將電話掛上，我仍然不相信發生的事……

遙望南天，夜不成寐，歷歷往事，一齊湧上心頭。夜半伏枕，草成一首七律：

燕山連榻盡宄奸，一徙苗山路八千。
花溪無花春水冷，貴陽少陽夏雨寒。
水餃七只三人吃，濁酒半杯辭歲宴。
賢人故去才子老，千里叩安一愚頑！

我與家訓的相識，始於人大新聞系。畢業後一同發配貴州。四十餘年間，不但始終設法保持數次中斷的聯繫，而且交往日深，感情誠篤，到了可以盡傾肺腑的地步。這在老同學中並不多見。下面，我將摭拾一些記憶的碎片，以誌與家訓非同一般的友誼。

一、燕山連榻盡宄奸

一九五六年考入人大新聞系不久，便注意到有一位戴黑邊眼鏡的同學，身材短小精悍，眉宇間露著聰睿與幽默。開始並不知道他是何人。直到懵懵懂懂落入「陽謀」網罟，同登「右」榜，我輩「知名度」大增，方才認識其人。但不僅沒有任何來往，連個招呼也沒打。當時與本班同類外出，都是提前悄悄約定在校外某處集合，絕不敢公開結伴來去。不然陰謀勾結等莫須有的罪名，立即加到頭上。對於外班同類，更是相見不相認了。大概是一九五九年春天，新聞系學生到南苑去搞「社會主義教育」，異類自然不能作教育者，全部被安排到系印刷廠和新組建的剪報公司勞動。我與家訓一同被分配在剪報公司（人大複印資料中心前身），他任「編輯」，我充「會計」。白天一處上班，夜晚八個右派住在一間小教室內——「燕山連榻盡宄奸」，就是這一情景的狀寫。殊不知因禍得福，眈眈虎視的目光不見了，動輒得咎的喝斥聲遠去了。關上房門，可以縱聲談笑；結伴外出，不必避人耳目。興致來了，間或到附近的小館裡，花上塊兒八毛，要上兩盤豆腐乾、炸黃豆等小菜。再沽上半斤二鍋頭，四五個人便可醺然而歸。一時間，簡直忘記了自己是「社會主義的蛀蟲」和異類。在這段時間裡，有兩次關於相片的事，至今記憶特別清晰。

一天晚飯後，家訓把我叫到小禮堂西南角的花室旁，把他在「南京有個女朋友」的事和盤托出：對方叫張明珠，是上大學之前，在無錫銀行工作時房東的女兒，初中時，兩人即互有好感，女方現在南京讀大學，依然深深地愛著他。他從上衣口袋裡摸出一張大二寸相片遞到我手裡，問道：「你看，她長的怎麼樣？」這是一位姑娘的半身玉照。她身穿圓領夏裝，鵝蛋臉，柳葉眉，光彩照人。牙齒潔白，甜甜地笑著，雙眼不大，卻黑亮有神。我連稱「漂亮」，家訓急忙藏起相片，露出了得意的微笑。

另一次，是同室照合影的事。當時，我們都十分珍惜謹遵上命，堂而皇之地同居一室。但相聚苦短，不久便通知，各回各班學習。記得是我的建議，分別前留一張合影，紀念這次難得的相聚。於是，八個人浩浩蕩蕩，去了東四北大街七姊妹照相館。照下了一張非同尋常的合影。「七姊妹」照下了「八位難兄弟」，成了一件開心的趣事。「燕山同榻八宄奸」就是這段相聚的記實。八兄弟的名字是：傅家訓、雷凡、伍伯涵、伍士傑、甘粹、江之滸、朱紹武和本人。這張珍貴的合影，竟然逃過抄家的洗劫，僥倖留了下來。而八人中的大哥伍伯涵卻是在劫難逃，聽說早在浩劫初期，即飲恨而亡。雖經多方打聽，至今詳情不得而知。幾年前，我曾將這張照片翻拍了幾張，送給家訓、甘粹等留作紀念。

此次短暫的相聚，雖然得到了難得的輕鬆與歡快，其實，不過是從小籠子到了一個大一點的籠子，「天高任飛鳥」對於我們來說，仍是不切實際的奢望。「不要忘了自己的身份」的警告，依然不時地在耳畔響起。有一件事，至今記憶猶新。剪報公司有一個從中國青年報調來幫忙的小嚴姑娘，有一天給了家訓一張政協禮堂的舞會票。家訓興致勃勃地去跳了一個晚上。這一跳，惹出了麻煩。家訓受到嚴厲批評，並被嚴厲地警告：「那種地方，不是你們去得的！」

剪報公司的一段生活結束了。想不到，我們又先後被分配到貴州，開始了另一段難得的相聚。

二、一徒苗山路八千

大學畢業時，家訓分配到中國作家協會，我則奉命去北京市人事局報到。不料，沒等到去報到，便被退了「貨」，大概是首善之區不適合異類居停的緣故。另行分配時，我去山西，伍伯涵去貴州。公佈的當天晚上，伯涵把我約出去，訴說了他的痛苦與憂慮：他的家屬在北京工作，一旦到了遙遠的貴州，以我輩的身份，請假不易，路費難籌，勢必影響岌岌可危的家庭關係。我見他熱淚橫流，痛苦萬端，便主動提出跟他交換。他先是驚愕，等到弄明白不是玩笑，緊緊握著我的手，連稱「多謝老弟！」我們的請求，順利得到系總支的同意。於是，我便成了苗山客。

不料，到達之後，江澤純和「八兄弟」之一的家訓，已經到了那裡！澤純分到貴大中文系，家訓去了師範學院中文系，我則到了農學院。由於沒有資格為人師表，他們兩個在資料室，我則到了圖書館。「花溪無花春水冷，貴陽少陽夏雨寒。」兩句詩，就是狀寫當時的心情。

三人相處一地，來往的機會多了起來，尤其是跟江澤純，兩校只有一溪之隔，來往方便，幾乎每週都能見面。當年我們同在新聞系六班，不知是支部書記覺悟過高，還是六班的「敵情」特嚴重，區區二十七個人，一舉挖出了七個右派，占總人數的百分之二十五點九三。澤純在鳴放會上一言未發，竟也列名其中。進行處理時，「極右」潘俊民去了勞教所，李之傑、岳文伯和汪廷煌去了農場，只剩下伍伯涵、江澤純和本人三人「留校查看」。可能是仍嫌敵人太多，監視乏術，不久，江澤純便被調到了七班。我和家訓、伍伯涵「剪報」時，澤純在印刷廠撿鉛字。

真是世事難料，我與伍伯涵的自願對換，把家人拋到八千里之外，卻靠近了兩位同命運的好友。我有事去貴陽，家訓偶爾來花溪玩，簡直成了我們的節日。有一次他來了，時當「三年特大自然災害」期間，沒有可吃的東西招待他，只得到花溪公園小賣部，花一元錢，買上二十枚伊拉克棗，用白開水沖成兩碗，便是豐盛的客筵。

有一件事我的印象特別深刻，兩年前與病中的家訓談起來，他也清楚地記得，那是一九六一年不同尋常的春節。除夕那天上午，家訓從三十里外先來了。不久，澤純也笑嘻嘻地來了。他手中端著一個斑駁的搪瓷缸子，裡面約有二兩散裝白酒。這是他們學校犒賞職工的春節物資。他「只聞聞味，沒捨得沾唇」，便全部奉獻出來。這久違的佳節珍品，給我們帶來了意外的歡快。

那年農學院也有恩賞：每人一兩豬肉，二兩白麵。我弄來一點蔬菜，三人動手包餃子。只包了七個，餃子皮已告罄。好在有早備下的一罐燕米飯佐餐，不用擔心餓肚子。當時我與一位印刷廠老工人同住「曙光院」，老工人回城裡過年去了。那間小廂房，成了三人的天地。我們把水餃在老工人的土爐子上烤熟，對爐傳杯，水餃為餚，暢談守歲，感歎唏噓。吃進肚子裡了的雖然是「珍饈美味」，吐出的話語，仍然少不了含蓄的悲涼。「水餃七只三人吃，濁酒半杯辭歲宴。」正是這次除夕守歲的準確寫照。這一夜，過了「五更分二年」的時刻許久，三人方才相擁而臥。

熟料，歡聚的時間太短，分手的時刻何速！當年年末，山東突然來了調令。原來，我在鋼鐵廠工會做女工工作的妻子，沒有勇氣吐露丈夫的身份，自然不敢奢望闔家團聚。她在去市裡為一位女職工要求將在南方工作的丈夫調到一起時，不料，那位女同志感動之下，竟說出了「她的丈夫也在南方」。那位領導覺得一個女同志帶著兩個孩子生活不易，對方既是大學剛畢業，不會有啥問題。便徑直發文，將我調了回來。離開貴陽那天，家訓一直把我送到車上。回到山東以後，當事人才知道調回了一個右派！文革一來，這位領導成了走資派，包庇壞人的罪名，成了他寫不完檢討的一大罪狀！

三、天涯睽違音書難

回到濰坊之初，我去工廠勞動，與家訓仍有書信往還。十年浩劫一降，人命危淺，朝不慮夕，繼續保持聯繫，無異於自惹麻煩。從此天各一方，音訊杳然。直到浩劫過後，歷經九死一生，重登講壇。一九八三年三月，我去昆明參加一個學術會議歸來時，中途下車，在師範學院的一間窄室裡，終於見到了家訓。噩夢醒來，長別已達二十一載！貴陽分手時，我們風華正茂，劫後重逢，已是知天命之年。小樓煮酒，孤燈夜話，不勝感慨繫之。

一九八五年夏，我的第一部歷史題材長篇小說《鄭板橋》在貴州人民出版社付梓，我去定稿時，我們再次相聚。那天我到師範學院拜訪家訓，向隅而歸。一位老先生告訴我：「呦！傅家訓高升了，在貴州省電大當處長！」幾天後，在電大找到家訓時，證明老先生的話並非誇張，家訓果然榮升文科處長。不但他的課大受歡迎，而且科研論文，教材編寫，文藝創作等方面，碩果累累。連壁上懸的條幅，也是他自己的手筆。剛剛分手兩年，家訓就取得如此輝煌的業績，顯露出多方面的才華，使人既羨慕又驚訝。如不是被打入另冊，塵封地下，他的成就更不可等閒視之！一個天才的寶貴年華竟被無端剝奪二十餘年！我為老同學深深地惋惜。他出版的劇本我拜讀過，可謂出手不凡。他的字，剛勁瀟灑，使人愛不釋手，當即向他求字。家訓慨然應允。可惜由於事忙，沒有逼他當即揮毫。等到他有了比較從容的時間，已經不能站立寫字了。

家訓調回無錫後，我們一度中斷了聯繫。去信貴州打聽江澤純，先說回了上海，又說得了重病。詳情不知，令人懸懸。直到九十年代初，方才恢復了聯繫。

我與家訓的另一次歡聚，是在一九九五年十月，人大新聞學院建院四十周年慶祝大會上。得知他曾動過腎臟手術，但精神健旺，絲毫沒有病相。在大紅會標前，陳崇山，這位從來不能跟右派「劃清界限」的老同學，給我和家訓、李之傑「三個右派」，照了合影。在七班同學張紹宗府上用午餐時，家訓談鋒甚健，妙語連珠，四座為之折服。就在這次聚會上，家訓向同學們發出了到無錫旅遊的邀請。我不善客套，同年十一月，便攜老妻南下踐約。

這次集會，是黔蘇兩省寫作學會的聯席會議，交流兩省學會活動情況，研討學術問題。會議之所以在無錫召開，完全是家訓這位證券公司總經理的慷慨解囊，鼎力相助。我這個列席代表，發表了「寫作課應該讓學生多寫作」的「雄論」。會場設在風光幽雅的蠡湖之濱，這是一座四星級賓館，飯菜之精美自不必說，娛樂旅遊等項目安排，得到入會諸君嘖嘖稱讚。先後遊覽了唐城、蠡園、歐洲城、三國城。游太湖三山時，大家的遊興達到了高潮，和風拂面，畫舫悠然，無垠太湖，波光粼粼，三山倩影，宛如天上宮闕。伴著「太湖美，美就美在太湖水」的悠揚歌聲，人人意興遄飛，如癡如醉……同聲讚美明珠夫人，這位「後勤部長」謀劃之完美！

那天，家訓從頭至尾，興致始終很好，惟行走時，略顯蹣跚。我與他在仙山腳下，又一次合影留念。祝他抓緊治療，早日康復。我認為他的病不久就會好的，不須過分擔心。誰知別後不久，明珠便在電話上告知，家訓纏綿病榻，接連住院。

四、千里叩安兩情牽

一九九八年四月末，幾位人大同學相約去無錫探望家訓，我應約而往。北國春晚，我捲縮在硬席車上，一路上為他念佛，希望他的病，不會像明珠說得那麼嚴重。家訓回到無錫後，得風氣之先，一手創建了證券公司，業績卓著，全國知名，業內外人士驚詫不已。熟料，事業正如旭日東昇，病魔卻悄然來糾纏。藥石少效，不久便要靠輪椅代步。而當年苗山同室守歲的江澤純，早於一年前即已作古。這便是「賢人故去才子病」的寫照！我痴長家訓三歲，尚且比他健壯得多，怎不令人憂心如焚！到達無錫，已是四月三十日早晨。家訓剛起床，夫人張明珠和保姆正在給他擦身。我見他翻身都要靠別人的幫助，不由心頭黯然。分別剛剛兩年多，他竟然病成了這個樣子，實在令人擔憂。不料，穿戴整齊後，他坐上輪椅，不但談笑風生，而且思維敏捷、記憶清晰。談往事，話今朝，滔滔不絕，談鋒雄健幽默，我這健康人望塵莫及。我放了心，認為他的病，不過是傷及肢體，並沒有危及腑臟。這次前來探病的，有當年人大老同學徐玉英、李之傑、沈詒禎和葉萌。久聞大名的老同學丁子霖，（她上高中二年級的獨生兒子，八九年在天安門廣場被鎮壓「反革命」的子彈奪去生命。她英勇不屈，堅持為兒子正名，並長期關注別的蒙難者，被譽為天安門母親。）恰在此時前來探病，得以相晤。惜乎事忙，旋即離去（見附圖4）。

由於家訓外出不便，我們便在他寬敞的新居裡，香茗醇醪，竟日暢談。興之所至，便「卡拉ＯＫ」一番，葉萌同家訓堪稱是行家裡手，不僅唱得最多，也最具水平。較之時下一些當紅的所謂「歌星」，有過之而無不及。尤其是家訓，唱來丹田氣足，悠揚悅耳。不是親眼目睹，簡直不敢相信，是一個坐在輪椅上的病人的歌喉。家訓夫人熱情好客，每餐都調理了美味的飯菜款待客人。分手時，到四星大酒店餞別，朋友們推著家訓登樓入席。筵席極其豐盛，記得有一隻五斤多重的大龍蝦，靜臥「船」中，橫陳桌上。不要說吃，鄙人生平所未見，至今留下深刻的印象。六個人歡聚兩天多，怕影響家訓休息，依依告別賢伉儷，結伴去南京徐玉英大姐家小聚。

離開無錫的時候，我暗暗祝禱家訓早日康復。深信有了國內名醫、進口靈藥，再加上明珠夫人的悉心照料，家訓一定能戰勝病魔，重新站起來在創業的大路上奮勇登攀。後來，電話中不斷傳來病情穩定的消息，更對家訓的康復充滿了希望。一九九八年歲杪，曾題上一首滿懷祝禱的小詩〈贈家訓〉：

十載苗山霪雨零，長夜鎖扃話帝京。
太湖水暖垂釣好，錫山放歌看健翁。

我希望他忘掉大學時代發生在「帝京」的冤案，拋開流放貴州後所經歷的苦風淒雨，隨著春天的到來，能夠徹底戰勝病魔，去太湖上蕩舟垂釣，到錫山上踏青放歌。不料，祝賀之聲未歇，斯人駕鶴西去！

可憐的家訓啊！愉快而自豪的大學生活，過了僅僅一年，便桎梏加身，成為異類；做人的尊嚴復歸不足十年，正為國家民族大展宏圖之際，先是病魔相侵，繼之是惡鬼索命——蒼天何其不公！

長夜漫漫，壁鐘聲聲，遙望南天，難以成眠，伏枕捉筆，草成一首〈哭家訓〉：

方祝錫山喚雲停，浩淼太湖踏浪行。
忽聞駕鶴天街去，吞淚長憶兄弟情。

這真是祝禱之聲未歇，不詳之辭繼來！當年流放苗嶺的三個戴帽異類，冤案平反後，江澤純榮升貴州大學中文系黨總支書記，家訓則一手創建了無錫市證券公司，榮任副董事長兼總經理。只有鄙人不堪造就，以區區教書匠之身，蹣跚在離休路上。無奈天妒賢才，澤純一九九七年一月長逝，家訓遲兩年隨之仙升。我這身無長技的老頑童，反倒體健如牛……

哭罷賢人哭才子。貴州路遠去不得，只能是萬里遙望，雲天叩祭。距離無錫不過千餘里，我一定要參加家訓的追悼會，親臨墓地，送他入土安息。

五、腸斷無計喚亡魂

一九九九年三月什九日，我再次登上南行列車，重訪故人第。動身那天，天氣驟變，我從客居地濰坊上了火車，開始還是細雨霏霏，後來竟然飄起了雪花。車過徐州，大地已是一片銀白，彷彿是為家訓帶孝致哀。車輪隆隆，痛傷難眠，我以詩代哭，又吟成了一闋〈怨王孫〉，寄託不盡的哀思：

白雪凝窗，濰州春晚。錫城飛耗，故人升仙。千里驅馳何急？腸已斷！
一夕讜言換鐵冠。運何蹇，暗雲又遮天。多才人去，四顧知音少，惜流年。

僅僅隔了十個月，舊地重來，物是人非！

我邁著沉重的腳步，登上日暉巷五號四樓傅宅，進門便看到家訓的祭壇。披上黑紗的大幅照片，神采奕奕，彷彿啟唇欲語。但我知道，老友再也不會與我把臂暢談了。我戴上黑紗，深深三鞠躬，一句「家訓，你不該走」沒說完，已是涕淚縱橫，泣不成聲。連行前寫好的輓聯，都忘了拿出來。好在底稿尚在，現照錄於下，以寄託不盡的思念之情。

廿載銜冤，丹心成累。方慶大地重光，何期一病成永訣！
一朝履新，奇才橫空。正喜廣廈凌霄，熱淚萬滴為招魂。

不久，高家標、周志祥自南京趕來。三月二十日上午，天悲地愴，哀樂聲聲。在殯儀館裡舉行的追悼會，規模巨大而隆重。黨政要員，各界人士，親朋好友，齊掬痛淚，為家訓致哀送行。證券公司代表致悼詞之後，高家標宣讀了發來唁電的人大老師和同學名單，我代表丁子霖夫婦和老伴念了祭文。

家訓的長眠地座落在太湖之濱，青崖綠樹，環境幽雅。陵墓白欄回護，玉碑巍然，氣勢宏偉，規模不小。足見兒女的孝心。

骨灰匣被小心翼翼地放入墓穴，沉重的花崗岩石板蓋了上去。哀樂高亢悠長，我久久呆立墓前，吞聲拭淚。

不盡的思念，溢滿胸腔。歷歷往事，不由再次湧上心頭。燕山的落魄，貴州的侘傺，花溪的年夜，蠡湖的歡聚……一切都成為過去。

「何當共剪西窗獨，卻話巴山夜雨時」？滴滴淚，聲聲喚，家訓再也不應一聲。只有明珠夫人撕肝裂肺的沖天號哭，直沖霄漢……

我懷著對逝者的傷悼，對明珠的痛惜與不安，告別了無錫。千里遙隔，只能電話問安。今年春節前夕，我在給明珠的賀年卡上，題上了一首七絕〈憶家訓並贈明珠〉：

欄桿拍遍望北辰，腸斷無計喚幽魂。
駕鶴翔天猶頻望，日暉巷裡長壽人。

死者長已矣，生者當保重。衷心希望明珠時時保重，健康長壽，只有這樣，遠在天庭回首遙望的家訓才會安息。這是我們唯一的期盼……

二〇〇〇年三月十五日，家訓忌日於山東濰坊。

第拾章　天涯忠骨歸故園——林希翎浙江溫嶺歸骨遙祭

一個寒風凜冽的夜晚，得知林希翎歸骨追思會在浙江溫嶺成功舉行，一絲暖意，彌漫心頭。此前得到消息，骨灰擬分別安置在她的仙逝地巴黎、母校人大和故鄉溫嶺，我們做好了參加母校歸骨追思會的準備。不知什麼原因，作為母校的人民大學，居然沒接受自己學生的忠骨。這再次讓我們記起母校的「偉行」與冷酷。英靈的骨灰，只能寂然南歸，獨眠故里。要求不被理睬，希望成了泡影。我們只能在人大校友敬送的、題著「民族之光、人大之榮」的花圈上，書上名字。花圈題祠，便是我們發自內心的呼喊、祝禱英魂安息的一瓣心香。

此刻，遙望南天，撒淚遙祭。歷歷往事，齊集心頭。

一九五七年，在那個不平常的春天，人民大學春意遲遲，一派死寂。近在咫尺的北京大學卻傳來「是時候了」的沖霄呼喊。五月二十三日，人大法律系學生林希翎，應北大同學之邀，作了一場報告。據說學子歡呼，燕園震動。像一聲報春的驚雷，又像吹皺滿池春水的勁風，為腳步遲遲的春訊平添幾分暖色。未名湖冰消雪融，漣漪幻成波濤；「五一九」民主航船漲滿了風帆，一往無前。民主牆上，五彩繽紛的帶刺玫瑰，直刺邪祟陰霾；「廣場」內，直抒肝膽、憂國憂民的醒世文章，鋪天蓋地……

消息傳來，人大的師生坐不住了。林希翎是人大的學生，她那超前的覺醒與真知灼見，那吹融堅冰的暖人春風，為什麼捨近求遠，在北大激越地吹拂？作為母校的人大，反而萬籟俱寂呢？足見，「一潭死水」、「教條主義大峰窩」等美譽，以胡錫奎為首的人大黨委當之無愧。不知是無法抗拒全體師生的懇求與反抗，還是已經有了「引蛇出洞」的大韜略——英明獨創的「陽謀」。七天後的五月三十日，千呼萬喚的林希翎，終於站到了海運倉禮堂的講臺上。

不料，報告人貌不驚人，聲不激昂。就連那褪色的軍服，幅度不大的手勢，也給人一種樸實平易的感覺。教授講課尚且有講稿，而她的手裡，既沒有講稿，也沒有一紙提綱，彷彿是想到哪裡就說到哪裡。我不由懷疑，這位紮著兩隻刷子的瘦削女孩，究竟能講出什麼讓人折服、而且不平凡的見識與是非判斷？

可是，眨眼之間，氣氛突變，被緊緊吸引和震懾的聽眾，發出了陣陣歡呼與感歎。這位細語娓娓的弱女子，句句是憂患社稷的浩歎，聲聲是痌瘝黎庶的痛徹。不啻是手執銅鈸的關中大漢，摯語驚心，豪氣動魄，目光洞徹，覺醒超前。她的關注和焦灼，無不緊緊聯繫著九州蒼生，四海風雲。禮堂內，感歎和雷鳴般的鼓掌聲、歡呼聲，此起彼伏。說她的講演是驚醒蟄蟲的滾滾春雷，絲毫也不是誇張。

她講了七八個問題：諸如社會制度，即上層建築存在的問題；教條主義的危害與來源，「三害」的根源；統治階級共同的局限性；法律的不健全和形式主義，進城後腐敗現象已經露頭，當心出現特權階層等等。對於國際上，特別是蘇聯存在的問題，她也毫不隱晦。她甚至說，對現實不滿，是好現象，說明是關注國計民生。佇立講堂，她義正詞嚴地高呼：胡風不是反革命！

在當時，牽扯到國家體制、政治制度等重大問題，有幾人有著如此清醒的認識？又有幾人有著如此無私無畏的氣魄與膽識？有人即使有察覺，不僅不敢暢所欲言，反而疑慮重重，噤若寒蟬。擔心一再鼓勵的「大鳴大放」，不過是奉命做戲，繡口文章。因此，說她超前覺醒，不愧是一位民主先行，忘我的播火者，絲毫不是過譽和誇張。

一腔忠悃，惟記社稷憂患；兩隻窄肩，擔起天下道義，就是林希翎當時給我們留下的印象。她的報告，可謂是驚世駭俗。人民大學一夜沸騰，鳴放高潮此起彼伏。本人就是被喚醒的一個。聽了林希翎的發言，我搜索枯腸，盡傾忠悃。無奈，忠言逆耳，懵懵懂懂成了異類。

林希翎的第二次講演竟然成了批判會。她的支部書記緊跟監視，黨委書記胡錫奎親臨把場。名為辯論，實為批判。事前導演好的發言，如冰雹打頭，亂棍封口。當被質問到赫魯曉夫的祕密報告是否屬實時，她作了肯定的回答。氣急敗壞的胡錫奎，急忙來到台前厲聲駁斥。反問林希翎，是否成了美聯社與路透社的傳聲筒？這位高官斬釘截鐵地說，所謂祕密報告純屬子虛烏有！

一石激起千層浪。一時間，泰山壓頂，萬箭齊發。孤立無援的林希翎，宛如因為給人類盜來天火，因而被縛在高加索山上被兀鷹啄食肝臟的普羅米修斯。依然慍而不怒，從容笑對。主持會議的學生會秘書長、共產黨員甘粹，心下不平，堅持辯論應該公正，林希翎也應該得到發言機會，結果犯下了「包庇罪」。同情右派，就是右派！他一個意見未提，一張大字報未寫，仍然難逃右派的厄運！

精心部署的鬧劇激怒了有正義感的學子，到處是不平的聲音，隨時可以聽到詈罵。一班的共產黨員虞耀麟憤而上書毛主席，六班的潘俊民和李之傑，徑直去北京市委投訴。不料，上書成了「汙蔑黨委」，投訴被誣為「請願鬧事」，罪加一等，統統成了「極右分子」。

今年第十期《炎黃春秋》上，刊登了人大原副校長謝韜老人的文章：〈我們從哪裡來，到哪裡去？〉文中對李慎之有著公允的評價：「一是以天下為己任，天下興旺，匹夫有責，常思奮不顧身以殉國家之急；二是傲視權貴，為民請命；三是敢於獨立思考，勇於講出真話。」愚以為，對民主先驅李慎之一生的準確概括，放到林希翎身上同樣十分貼切。讓我們聽聽她晚年的痛切感歎吧：

「我在中國看到的是一種愚昧的幸福，很少有所謂的愚昧的痛苦了。可惜，我至死不會愚昧。我恐怕與任何當權者都難以合作，是一個永遠的批判者。幸運的是，在民間，我有大批朋友和志同道合者。」

林希翎過早地清醒，自然「至死不會愚昧」，就像蘇東坡譏笑自己一樣，「一肚子不合時宜」，「愚昧的幸福」自然要離她遠去。而要做一個「與任何當權者都難以合作」、「永遠的批判者」，更是曲高和寡，禍患自招。因此，不論走到哪裡，失望甚至冷眼，都是對她「最恰當」

的饋贈。據說，她兩次去臺灣的「收穫」是如此，在深情收留她的法國，也遇到過類似的「深情厚誼」。但她永不退縮，像一尊水晶雕成的飛天，通體雪亮，一塵不染，乘風來去，俯視九寰！她永遠是一個暗夜的探路者，一位離群索居的獨行俠。

聖女林昭生前對她的獨立特行，讚賞有加。在與林昭相處的日子裡，她常常讚揚林希翎的銳敏洞察與超常膽識。每當談起林希翎，總是神色肅然，崇敬之情溢於言表。難怪她要把心儀的林希翎認作「家姐」。其實「家姐」姓程，並不姓林，林希翎乃是她的筆名，

二〇〇九年三月五日，《南方週末》刊出一篇〈我為林昭拍了一張照片〉的文章。文中附了林昭與甘粹在景山公園的合影，照片的持機者就是本人。記得我們三人在拍攝那張珍貴的照片時，林昭再一次談到她的「家姐」。幾聲輕嗽之後，她低聲歎道：「我們雖然時時被監視，卻能偷偷出來逛公園拍照片。我的家姐林希翎此時大概正在鷹隼們的監視下，撫著病傷的腰肢，聲聲喘息，強撐著勞動呢。」

當時，「陽謀」的發明者又發明了一個新名詞——反面教員。於是，上了中央新聞紀錄、全國著名的右派林希翎，沒有像潘俊民那樣立即押送勞教所，而是欽命留校，作了「反面教員」。

「唉，她目前的境況，比我們糟得多呀！爾後恐怕……。」話沒說完，林昭又是一陣咳嗽。

林昭畢竟有著哲人的洞察。她的判斷果然應驗了，一年後，「反面教員」林希翎被公安部長羅瑞卿親自「接進」了監獄，判刑十五年，成為貨真價實的勞改犯。九年後，「蒙聖恩」提前釋

放，返回家鄉結婚生子。繼去臺灣謀生，最後輾轉定居巴黎。晚景安寧，喜得善終。而寧死不屈的林昭卻雙銬加身，頭戴血寫的「冤」字，輾轉黑牢！重重鐐銬能鎖住她的弱軀，卻鎖不住她清醒的頭腦。不管她寫出的血書，蘊含多少雄辯的真理，準備把牢底坐穿的決心多麼堅定，懍然驚心的強暴者，還是亮出了毒招。一聲震驚夜空的罪惡槍響，聖傑鮮血濺地，含冤長逝……

恨淚早竭，長歌代哭！

惟一使我們感到奇怪的是，林希翎和林昭，以及此前慘死的張志新烈士，都是我們的校友。三位先知先覺、浩氣沖天的「敗類」，竟然都是人大「培養」出來的。人民大學可謂「功高蓋世」！衛道者們可能感到無比羞恥，我們卻認為那是人大的殊榮。

「民族之榮，人大之光」！我們敬獻於林希翎的輓辭，正是對她一生的準確概括，相信也是浩浩人大師生的共同心聲！

如今，林希翎魂歸家鄉白峰山太平公墓，林昭早已長眠於蘇州靈巖山麓。兩地相距不遠，兩位「東方玫瑰」，一對「本家」姐妹，肯定會頻頻往還，傾吐肺腑。我們相信，她們還會邀上秋瑾、張志新、李九蓮、王佩英等女傑，以及遇羅克等先烈，作幾番天國義聚。俯瞰神州，撫今思昔，淚雨盡傾，蒐謀覓計——利劍誅盡奸宄，甘霖普降神州！

二〇一〇年十一月三十日灑淚遙祭

第拾壹章　惱恨當年一念差——失而復得的林昭手跡

怎麼也想不到，一次偶然地翻閱，竟然發現了一件重要的林昭手跡。

二〇〇九年三月四日，也就是整整三年前的今天，《南方週末》刊登了本人撰寫的一篇回憶性質的短文。原來的題目是「難以忘卻的往事」，編輯改成了一個通俗而又蘊涵深意的題目——「我為林昭拍了張照片」。報紙刊出的那一幀照片，是本人給林昭與未婚夫甘粹在北京景山公園拍的合影。其實，當天林昭還為我拍了照，給林昭拍的也不只一張。文章中有一段話，介紹了當時拍照片的起因與過程：

人大新聞系，最初有三個前提條件：黨團員、歷史清白、三年以上革命歷史。因此在資料室幫忙的右派，都是調幹生，而且年齡偏大，有的已經三十多歲，大都成了家，只有林昭和甘粹幾個是獨身。日久生情，不知什麼時候，兩人談起了戀愛。為了不影響思想改造，開始極端秘密，連我這個好朋友也不知情。一個禮拜天，甘粹悄悄約我出去玩。當時的政治氣候，右派結伴外出，有臭味相投甚至密謀破壞的嫌疑。要想結伴只能分頭行動，然後到約定地點會合。甘粹的突然相邀，我仍然認為是為了避嫌。可是到了遊人稀少的景山公園，發現他與林昭已經候在了大門裡面高閣的後面。林昭並不扭捏，坦率地告訴我，他們在戀愛，約我出來，一來是相信我，二來認為我的攝影課學得有點樣子，想請我給他們拍幾張紀念照。我慨然從命，用學校發給實習的蘇聯卓爾基相機，給他們認真拍了幾張。然後轉到北海公園南門外的團城，又拍了幾張。分手時，甘粹一再叮囑，千萬不要告訴任何人。我自然是守口如瓶。

一、非是妙手著文章

我為林昭拍照的往事，在《南方週末》上刊出後，引起了極大的反響，知情人幾乎是奔相走告。一時間，不脛而走，被網路披露，報刊轉載。認為文章提供了林昭生前的一些真實生活側面，林昭與未婚夫甘粹合影的照片和拍攝的經過與細節，更是寶貴的史料。不少從未謀面的朋友，熱情來函來電，贈書寄文，認為文章感情充沛，細節生動，真摯感人，對於紀念林昭，「功不可沒」。甚而表示「由衷的謝忱」。不僅如此，有人還成了此後不斷往還，切磋詩文的朋友。更加出乎意料的是，二〇一〇年一月出版的《中國文史精華年選》（花城出版社），竟然將該文放在第二篇的顯著位置，隆重推出。當收到出版社寄來的樣書時，我的驚訝可想而知。朋友們說，這篇懷念老同學、同命難友的短文，不僅給我帶來了新的友誼與聲譽，而且在本人的創作史上，又增加了濃重的一筆。儘管我的文章嚴肅對待歷史，極力還原事情的本真面目，而且充滿深深的懷念與痛惜，要說文章寫得多麼好，多麼動人，就有些溢美的味道了。人們珍惜再現舊時情景的文章，來自於對於英傑林昭的敬仰與懷念。我乃是如實記載歷史，讀者讚美文章，實則是作者成了一個受惠者，並非是文章寫得多麼出色。

上文提到，「我們轉到北海公園南門外的團城，我又給他們拍了幾張照片」。其中一張林昭的全身照，保存下來了（見附圖15，背面記載著時間：一九五九・九・十三。查查萬年曆，是個星期天）。當時，我與甘粹坐在團城的城牆上，百無聊賴地閒談。林昭坐在我倆的上方，靜靜地聽著，間或插幾句話。她的雙眼始終注視著天空中來回翱翔的一群鴿子。鴿群翩躚，鴿哨悠揚。她一動不動，深情地眺望。不知是陶醉在繚繞悅耳的天籟聲中，還是嚮往小精靈們自由飛翔的遼闊天宇。當她的目光停留在不遠處的紫禁城上方時，我見她眉頭微皺，雙唇抿緊，不像是在戀愛熏風中的幸運者，眉宇間仿佛露出無限心事。我靈機一動，一聲不響，抓起相機，麻利地調好光圈、快門，沒有像在景山公園給他們拍照那樣，要他們放鬆——看鏡頭——笑一笑，而是迅速對好焦距，「喀嚓」一聲，按下了快門。林昭發現我在「偷拍」，搖手制止道：「房子，（私下裡，她總是這樣親切地稱呼我）別浪費膠片啦，肯定又是一副可憎模樣！」說完，她繼續出神地眺望。

照片洗出來之後，發現這張用仰角給她拍出的全身照，構圖十分理想。她斜坐低矮的團城城頭，兩隻粗辮子垂在胸前，面朝東南，背景是北海白塔綽約的倩影。她的目光專注凝重，似在認真觀察思考，也像有滿腹惆悵，縈繞心頭。這張珍貴的照片，躲過文化大革命瘋狂的抄家，有幸保存下來。前些年跟他倆的合影一起，寄給了甘粹。他出版的《北大魂》封面上，就用了這兩張在同一天拍的照片。可惜，給《南方週末》寫稿子時，根據編輯的要求，只寄去了林昭與甘粹的一張合影。如把這張林昭單獨的全身照也一同寄去，什九也會一起刊出。因為林昭落入網罟後，很少照相，這張照片彌足珍貴。

那天，我們在遊人稀少的團城，一直逗留到赤日西斜，夜霧彌漫。記得是甘粹買來麵包、餅乾、榨菜、香腸等，我們在城牆邊解決了午飯兼晚餐。分手時，不便同行，我自己頭前先走。他們留在後面，據說逗留到很晚才返回學校。

二、林昭給我拍過三張照片

本人與林昭在人大新聞系相處兩年多，彼此間的接觸往還，遠不只於已經披露的那些。給報刊寫稿子時，考慮到報紙的篇幅，也限於記憶的殘缺不全。刪繁就簡，撮要記事，還有幾次重要的聯繫，付諸闕如，以至留下不少的遺憾。如文章中提到，「我給他們認真拍了幾張照片」，但卻沒提到，當時，林昭在景山公園的同一個高閣下，給我也拍了一張珍貴的照片。當年冬天，在校園裡她又給我拍過照。保存下來的一張是仰角半身，一張是與甘粹的半身合影。這兩張林昭親手給我拍攝的照片（見附圖8、13），雖然幅面很小，面貌尚清晰，有幸保留下來，意義非同一般。記得林昭給我倆拍完合影時，提議給我自己再拍一張。甘粹摘下胸上的校徽，遞給我說道：

「把校徽帶上，證明我們現在還是大學生。」

想想也是。現在畢竟還保留著大學生的名義。便接過來別在胸前。這就出現了同一時間拍的兩張照片，一張佩戴校徽，另一張只有甘粹佩戴，自己卻沒帶的怪事。考入人大新聞系，我像中了舉人的范進，簡直是肋下生雙翅，整天翱翔在青雲之上。外出逛街不須說，就是在校內，那枚熠熠生光、白底紅字的「中國人民大學」校徽，也始終橫在胸前。說明我對大學生活的珍惜，也昭示著我的得意與驕傲。可是，一朝混跡異類，成了人人喊打的過街老鼠。驕傲頓成卑賤，悔意代替了得意。那勞什子校徽，便被扔進桌洞，一次也沒再戴過。

林昭給我拍照時，曾調侃道：「房子，今天我給你拍個大仰角，也讓你偉大一番。」

「喲，我乃凡夫俗子，不敢當，不敢當！」

「有啥不敢當的？那些自己認為的光榮偉大者，真的都是仙肌道骨，聖哲超人？」

不久後，我們又一次深入的交談，才意識到她關於「光榮偉大」的感慨，其中蘊含深意當時不理解，只當是一句玩笑，哈哈幾聲就過去了。

三、何時西風悲畫扇

上面提到，〈我為林昭拍了張照片〉裡，有這樣一段文字：

沉默了一陣子，她說了自己的情況。她出身書香門第，父親是留英學生，歸國後一心為鄉民謀福祉，便報名參加江蘇省縣長考試。結果，以全省第一名的成績高中，被任命為吳縣縣長。可是，聖賢門徒不是爾虞我詐的政客們的對手，很快便銜恨而去。母親許憲民也是位嚮往民主自由的知識份子，一九四九年後，做過蘇州市政協委員。中學畢業後，父親堅持送她到美國讀書，她不但堅決不答應，而且與地下黨偷偷來往，以至與家庭反目，被親友疏遠。大軍一過江她就參加了革命。先到蘇南新聞專科學校讀書，然後志得意滿地參加了土改。當時，一些蘇北幹部到了蘇南便競相換老婆，她看不慣，罵他們是陳世美。因而挨過嚴厲地批評。無奈，本性難移，反右之初，就鑽進了右派的隊伍。「你看，我不也是一個不識時務的莽李逵嗎？我肺子有病，但我還要好好活下去，把花花世界看個明白。」我說：「早知如此，何必當初！」她摸過面前的卡片紙，拿起蘸水鋼筆，低頭寫下一首詩，順手遞給我。我一看是順治皇帝的一首出家詩：

黃袍換卻紫袈裟，只為當初一念差。
我本西方一衲子，緣何流落帝王家？

我抬頭問道：「莫非，你也後悔那一念之差？」

「不，不穿上黃袍，怎能為貧苦的農民做那件大好事呢？」

「沒去留學呢，也不後悔？」我追根問底。

沒等她做出回答，別的同學回來了，她轉身離去。

足見，那是一次沒有結論的談話。後來，我們還有幾次晤談。印象最深的是關於納蘭性德詩詞的長談。發現了林昭的手跡後，我一直放在面前，久久端詳。當年兩人幾次往還的情景，再次在腦際縈繞，並且越來越清晰。連續幾天，眼前像過電影，揮之不去。不由提筆，再記幾件不堪回首的往事。

四、失而復得的林昭手跡

龍年春節後，因為要給一位愛好古詩詞、並作了不少嘗試的文學青年進行輔導，偶然翻閱《唐詩三百首》。書內一張褪色的卡片，赫然出現在面前。仔細一看，原來是半個多世紀前林昭寫下的那首順治皇帝出家詩。不由「哇」地一聲，大叫起來。這真是「踏破鐵鞋無覓處，得來全不費工夫」，三年前，給南方週末寫稿時，我翻遍所有藏文件的角落，始終不見它的身影。認為是化成了文火的灰燼，今天竟然不期而遇，欣喜之情，難以言表。這張卡片雖然幾經顛簸，從北京到夜郎，再來到山東，並在書頁內沉睡了半個多世紀，紙張已經發黃，且有不少褐色斑點，但字跡纖細流暢，清晰可辨。上面是這樣寫的：

惱恨當年一念差，龍袍換卻紫袈裟。
我本西方一佛子，因何流落帝王家？

下面還有一行橫寫的文字：「納蘭（明珠）性德」，「明珠」兩字在字行外面，用筆勾了進去。顯然是談話當中加上去的。那是林昭是在向我介紹納蘭性德的身世時，說到他的父親納蘭明珠，隨筆補寫上的。卡片左下方，還有用粗筆寫下的「林昭筆跡」四個字。雖然與林昭相處兩年多，但很少見到她的筆跡，怕時間久了認不出，是我後來特意做的標記。（見附圖14）

急忙找出《南方週末》上的文章一對，兩者竟然有著不小的差距。不僅個別辭彙有差異，語序也有所變化：「只為」換成了「惱恨」；「當初」換成了「當年」；「黃袍」換成了「龍袍」；「衲子」換成了「佛子」；「落在」換成了「流落」；第一句和第二句的次序也互換了。

捧著這失而復得的寶貴手跡，我久久凝視揣摩，一時猜不透，是我寫文章時記憶模糊，還是林昭當年記錯了。記得三年前寫文章時，害怕記憶不準確，曾經查過順治的原詩，糾正了幾個不準確的字。林昭聰明過人，記憶超眾，估計不會記錯。那為何與原詩有如此大的出入呢？

思索良久，豁然開朗。分明是林昭善解人意，知道我上大學前，是個唯讀完小學五年級的半瓶醋，就投身轟轟烈烈的所謂革命事業。肚子裡墨水不過幾囊匙，為了使我聽得明白透徹，特意將「紫袍」、「衲子」等較為生僻的詞，作了通俗化的改動。進一步細想，似乎並非如此。如果說，改動「紫袍」、「衲子」，意思沒變，只是為了通俗易懂；而「落在」改為「流落」，「只為」改為「惱恨」，則明顯增加了感情色彩。特別是將「紫袍換卻紫袈裟」的原因，不僅僅歸之於「只為一念差」的平淡敘述，而且有著強烈的「惱恨當年」的痛悔。而將第一句和第二句的位置調換，即將因果關係改倒置為順置，更加強調了自己的「惱恨」。這就不僅僅是出於通俗化的目的了。

如果這判斷成立，原因不言自明。林昭跟我一樣，有著極為痛徹的人生道路選擇的悔意。否則，實在想不出別的解釋。當年，我們還有幾次深入的交談，也證明我今天的的推測，並非憑空猜測。

值得一提的深入交談，是在第一次交談的幾天之後，地點是在校園的一個角落裡。

五、等閒變卻故人心

時令已是初冬，我們都穿上了厚重的棉衣。那天，催送料峭嚴寒的燕山朔風，暫時隱匿了身影。暖陽當頭，幾片孤雲在頭上悠然南去。我與甘粹相傍而行的林昭在校園偶遇。林昭見我仍然揹著公家的相機，便摸過去給我和甘粹照了張合影，又把我的「偉大」形象，用仰角留在膠片上。然後三人在一隻鐵腿木板長椅子上坐下來。背後是一叢柏樹，遮斷了睽睽眾目，是一個僻靜的角落。我們相傍而坐，又進行了一次坦誠肺腑的深談。

坐下不久，我便重提前些日子的舊話題。我說，林昭，那天在資料室，你跟我寫了順治的出家詩，又談到了納蘭性德，可惜談話被別人打斷了。記得你曾經說過，不是穿上「紫袍」，當上國家幹部，又當上了土改隊員，怎能讓農民翻身得到土地。

「是呀，我說過。那年月，真正是意氣風發。登高一呼，應者如雲。當時農民敲鑼打鼓慶翻身，那個歡欣鼓舞勁兒，真讓人興奮得睡不著覺，覺得那是此生最值得紀念的往事。」

「現在呢，還那樣認為，是給農民做了一件大好事？」她咬緊下唇，沒有立即回答。我又逼問道，「農民從你們這些土改英雄手裡得到的土地，現在去了哪裡？」

「多此一問！」她不屑地冷笑。

「不！我們都應該捫心自問：一生做了多少有益於人民的事。一搞合作化，不僅分給農民的土地成了水月鏡花，連人家的農具、牲畜，也都成了集體的財產。這叫什麼？是欺騙還是掠奪？」

不等林昭回答，甘粹插話道：「變卦的事情多著呢。說它幹啥？你還想再添一份麻煩？」

「好吧，咱們就說點不找麻煩的。」我調轉話頭，「那就請北大才子、我們的林妹妹，講講對納蘭容若的評價吧。林昭，那天你就是想詳細談談納蘭性德，可惜沒有來得及。莫非你對這位皇朝貴族特別感興趣？」

林昭不假思索地答道：「不僅是感興趣，還從心裡崇拜得五體投地呢。不然，怎麼會被王國維譽為『有宋以來，一人而已』的大詩人呢？你們先聽聽他的這首七律。」說罷，林昭搖頭晃腦地吟了起來：

人生若只初相見，何事西風悲畫扇。
等閒變卻故人心，卻道故人心易變。
驪山語罷清宵半，夜雨霖鈴終不怨。
何如薄幸錦衣郎，比翼連枝當日願。

吟罷，她盯著我問道：「房子，你對這位大詩人是如何看法？」

「以前連他的名字我都不知道，那天聽你提到他，才查看了一點他的資料。」

「有什麼看法呢？」

「他不僅詩寫得棒，跟順治一樣，還是個醒世者。」

「房子，你看，『人生若只初相見』多好，何至於有『西風悲畫扇』那一天？當初那震耳如聾的豪言，滿天飛舞的彩虹，給了我們多少憧憬和希望呀。我們何嘗不是竭誠忠悃，肝膽相照？你十三歲就投身革命，我放棄了出國深造，一心把此生獻給壯麗的中國人民解放事業。希望那是救國拯民的人生正途。我們的偉大領袖，真正是一位紅太陽，大救星。我們除了與之肝膽相照，鞠躬盡瘁，哪有別的選擇？可是，一心為他更完美、更偉大，說了幾句掏心窩子的話，提了幾點膚淺的建言，卻成了瘋狂的進攻與殺人的毒箭。」說到這裡，她仰頭望著天空，半晌無語。

我低聲吟道：「『等閒變卻故人心，卻道故人心易變。』你看，是我們心易變，還是他們從來就沒有誠意？倒是他們的『心易變』，才『等閒變卻故人心』，將浩浩學子顆顆丹心變成了悔心、離心、痛心、恨心！」

林昭輕咳幾聲繼續說道：「居然大言不慚，說是引蛇出洞的『陽謀』，真是了不起的大天才！等到我們明白了虛心納諫、言者無罪云云，完全是一場騙局，可是一切都晚了。一失足成千古恨，只能很我們自己頭腦簡單，輕信。」

我不由提高了聲音：「當初，我為了證明自己一貫熱愛共產黨，無私投身革命，曾經主動交出日記本。結果，他們不僅對於光明磊落的追求和理想，視而不見。竟然從中找出了所謂資產階級思想。日記不但沒有救了我，反而增加了新的罪狀。弄巧成拙！既然被當成異類，那就識相一些，再也不向他們掏心窩子啦。」

林昭問道：「這麼說，你現在，已經像納蘭容若那樣：『看花滿眼淚，不共楚王言』了？」

「是的。當初挖空心思提意見，還以為是積極上進的表現呢。輕信甜言蜜語，毀掉了前程！當初考上人大，全家人連同親戚朋友，高興得像揀了大元寶，到頭來，狗咬尿脬一場空。現在，我連放假回家探親的興致都沒有——無顏見江東父老嘍！」

甘粹插話道：「房子，天下沒有賣後悔藥的！不必那麼悲觀。不過，我們真得為自己的後半生，好好想想啦。」

林昭又吟起了納蘭性德的詩句：「『驪山語罷清宵半，夜雨霖鈴終不怨』。能不怨嗎？」

我說：「他們就是希望我們「終不怨」。可是要做到真難呀。我就經常把不滿寫在臉上，落得個『不認罪』，『沒有改造誠意』的惡評。」我越說越來氣，「我班江澤純，憨厚內向，寡言少語。鳴放時一言未發，一字沒寫，就因為不會掩飾對積極分子的蔑視，便被湊成了個異類。因為受不了輕賤和白眼，想退學回家種地，同時跟老父親學中醫。暑假回家寫信向我徵求意見。我立即寫信支持，結果信落到黨支部手裡，我又增加了一條『抗拒改造』的罪狀。現在是有家難歸，有國難投，走投無路了。」

林昭沒有接我的話茬，自語似地說道：「納蘭容若以自然之眼觀物，以自言之舌言情。有人說他的詩，單薄狹窄，思想境界不高。純粹是屁話！所以，王國維說，『此由出入中原未染漢人風氣，故能真切如此。北宋以來，一人而已』。」

我接話道：「他不僅詩寫得好，他的覺醒也讓人敬佩。身為皇族，皇帝的榮耀侍衛，卻『身在高門廣廈，常有山澤之思』。我們怎麼就沒有二百年前、一個皇室貴族的目光遠大呢？結果，順治能決然出家，納蘭性德可以在『淥水亭』吟詩作賦，安享天年，我輩只怕……」

「房子，不要說那些喪氣的話。來日方長，我們都要好自為之。」林昭分明不像我那樣灰心。此時，許久不開口的甘粹，從頸下摸出一個指頂大的小玉佛，出神地盯著。我不解地問：

「你研究那玩意兒幹啥？」

「咳，這怎麼是『玩意兒』？這是我參加革命時，我母親送給我的護身佛。」

「護身符？」我不解地問。

「是的。我母親說，她能保佑我一生平安呢。」

「哈哈哈！她保佑你平安了嗎？」不等甘粹回答，我繼續說道，「什麼神鬼仙佛那一套，我統統不信！可，你們根本想不到，我還是半個出家人呢。」

他們兩人幾乎同聲問：「怎麼，你還當過和尚？」

「跟當和尚也差不多。我不是說了嘛，是半個出家人。」

看著他倆不解的神色，我解釋道，聽奶奶說我一歲的時候，得了一場重病。因為我母親生我的時候已經三十歲了，但前面兩個哥哥，一個姐姐都夭折了。吃了好幾個大夫的藥，我的病依然不見輕，一家人嚇得不行，怕我步哥哥姐姐的後塵。聽說將孩子壓給菩薩能袪病免災，長命百歲。父親挑上敬神的禮品，爺爺讓奶奶抱上我，他跟在後面，一起去了村東頭的「準提庵」。奶奶抱著我跪拜了十八隻手的準提菩薩，央求二和尚常奎師傅，收為弟子，給取了個法名——龍智。你們看，我不是正兒八經地半個出家人嗎？可是，菩薩保佑過我嗎？扯淡！」

甘粹反問道：「哪，你的病，是怎麼好的？」

「我長大了尋思，我能留在世界上當異類，多虧了前面大夫開出的那些苦藥湯子，與菩薩何干？」

「房子，對神佛不可無禮！孔夫子不是說嗎，『祭如在，祭神如神在』。我家裡信基督教，我受過洗，做過禮拜。我還想約著你去教堂，聽牧師講道呢。」

「甘粹，你陪這位虔誠的教徒去參拜萬能的上帝吧。對不起，我不感興趣。」話不投機，我只得調轉話頭，「納蘭容若還寫過：『願得一人心，白首不想離』的詩句。我希望你們兩位，也能如此。」

「借君一句吉言。」林昭幽幽地吟道，「但願人長久……」

「千里共嬋娟。」甘粹臉上露出了喜色，麻利地補上了一句。迅疾輕歎一聲，搖頭說道，「就怕，他們會干涉。」

我不以為然：「不至於吧？一個公民，難道……」

我的話沒說完，發現有人在樹叢後探頭探腦，急忙示意他倆，匆匆散開離去。

又是一次沒有結果的談話。可惜，此後再也沒有暢敘的機會了。

往事歷歷，不堪回首。我們所經歷的一切，沒有經歷過的年輕一代，很難理解。甚至認為我們在誣蔑幸福的新社會。不過，文前所附的陳舊照片，和褪色的林昭手跡可以作證，一切又都是真真切切的發生過，時間是在上世紀五十年代。地點是在偉大的首都北京，著名的中國人民大學新聞系。我們都有幸經歷了那些偉大的整人活劇。今天所敘述的一切，不過是點點滴滴。因為只有忘記，絕沒有虛構和擴大。

二〇一二年三月六日，於發現林昭手跡後三日匆筆。

後記

編入本文集的文章，有的選自十多年來的遵命答卷，有的是在耄耋之年記下的殘缺回憶。既然記憶已經「殘缺」，為何還要嘮叨不朽？這是迫不得已的事。倘若開明的當局，稍有愧悔之意，不再掩耳盜鈴，正確對待歷史，何用我輩草民，拙口鈍腮，說三道四？須知，摭拾當年的傷痛，撫摸結痂的傷疤，並不是一件愜意的事。況且往事紛如煙塵，情景難摹，追思不及。往往抓耳搔腮，久久停筆踟躕，實在是一件力不從心的苦差事。往事淒惻，不堪回首。寫到傷心處，難免感歎唏噓，潸然淚下……

我之所以自找苦吃，無他，搶救記憶，保存史料。讓年輕一代知道老一代知識份子的苦難歷程和贖罪生涯，是多麼的險惡和悲慘。

稱本集的文字為「回憶錄」，似乎文不對題。本人完整的回憶錄，是另一部書的任務。因為本書既不系統，也不全面，時間基本局限於四年之間，內容都與丁酉年那場屠戮知識份子的「坑儒」事件有關。由於精力有限，記憶的筆觸，主要局限在中國人民大學，特別是新聞系，當然重點在六班。由於發表的時間不同，側重點有差異，有時情節難免重複出現。這是當時行文的需要。現在筆者極力作了精簡，使之互相照應，但各有詳略，以節省篇幅，又不致太囉嗦。

本集中的文字，凡是談及難友們「反黨謬論」，依據都來自人民大學出版社編印的《右派言論集》，以及《社會主義教育參考資料》。引用時雖有少量壓縮，但主要內容不敢擅改。對本人的「罪狀」，同樣保持原貌，不作「近水」之舉。目的是為了存真。對照本人的文筆，便可看出兩者的差異。改變發言人原意的，是當時的記錄者和編輯先生們的生花妙筆。難友們看到後，可能會像當年葛佩琪、王德周一樣，暴跳如雷，立即去黨委要求更正。我勸難友們稍安勿躁，也不要埋怨本人沒有一一徵求意見。許多難友已經作古，健在的也垂垂老矣，就是知道通訊位址，也不忍心打擾呀！況且，今天來看，那些變成鉛字的「反黨謬論」，幾乎都是發自肺腑的急切與愛護。連當時的一些預言，今天大都已經變成現實。看了你們的預見和高論，恐怕人們只能讚美和謳歌。更別說三道四的諸葛亮，不是得了健忘症，就是個既得利益者。各位還有什麼顧慮的？

你們可能還會說，提政治問題我們沒有意見，幹嘛要提那些愛情、家庭、喝酒、照相等細節，甚至雞毛蒜皮的事呢？須知，歷史來自於社會生活，生活缺不了細節，沒有細節便沒有歷史。仔細想想，當初經歷的那些「細節」，給儕輩帶來多少屈辱，多少眼淚？可以毫不誇張地說，那些寶貴的「細節」，大都透出殷紅色，那是血淚的痕跡。因此，本人斗膽借用各位的高論，以反映那段不堪回首的歷史，相信各位一定會展顏揚眉，頷首再三。

文集付印前夕，從網上讀到岑超南先生為《萬名右派簡錄》寫的序言，裡面有這樣一段話：

一九五七年的所謂右派」，其要求是反封建，反獨裁，代表著廣大工農大眾的民主要求，自然是真正「左派」。但半個世紀以來，被一直蒙上「右派」的惡名，現在當權者已承認百分之九什九以上的「右派」都搞錯了，並已正式改正，因此我們堅決要求還「右派」以本來身份，把「右派」的稱號改為「五七民主派」。要求當權者鄭重宣佈：

一，當時被打成「右派分子」的人，絕不是「右派」，而是不畏強權，愛人民，愛祖國，爭民主的戰士；因此「右派」應正名為「五七民主派」。所有「右派分子」應正名為：「五七民主戰士」；

二，對被無辜處決或折磨致死的「右派份子」，應追認為「五七民主烈士」。

現在節錄在這裡，希望當局撥冗一看，這是無望的「搗亂」，還是理所當然的遲到要求？

最後，向為本書付出精力的秀葳出版公司領導及各位編輯，致以崇高的敬意。是你們的厚愛與支持，並花費大量精力審閱斧正，本集方才如此順利地問世。

二〇一一年九月二十二日於鳶都壯心軒

附錄：萬名右派簡錄序言

岑超南

一九五七年的整風反右運動，是中國人民民主運動的一個重要里程碑。在中國共產黨號召整風運動之初，廣大知識份子本著社會進步、人人有責的使命感，積極回應號召，以和平的方式向執政黨提出了各種批評和建議；表達了愛祖國、愛人民、促進步的熱忱。這個席捲全國、波瀾壯闊的民主運動，完全符合《中華人民共和國憲法》。但這個正義、合情、合理又合法的運動遭到殘酷的鎮壓。在隨後的反右運動中，執政者以「莫須有」的罪名把超過五十五萬名的中國知識份子及其他人士打成「資產階級右派分子」，並不經法律程序把其中的絕大部分送去勞教、關押達二十多年之久；在備受精神迫害的同時，還要在極惡劣的條件下從事超極限的苦役，以致大量右派分子被餓死、被累死、被打死、被折磨死，病死、自殺死，甚至被殺害；數以千萬計的親屬好友師生受株連，淪為政治賤民，而出現許多妻離子散、家破人亡的人間慘劇。

一九五七年的整風反右運動，是世界史上最大規模的文字獄。它進一步把中國拖進專制獨裁的深淵，為日後的「文革」、「六四」準備了條件，給中華民族帶來了巨大的災難。

歷史證明，當年右派分子所提出的批評和意見都是正確的，中共當局也因此對近乎全體的右派分子作了改正、恢復了名譽和政治地位。但執政者卻頑固堅持反右是「正確的、必要的、問題只是擴大化而已」的立場，把反右運動列為禁區，不許回憶、不許討論，甚至繼續打擊和迫害敢於要求徹底平反的倖存者及其後代，企圖掩蓋歷史。

隨著半個世紀的過去、右派分子已大部分離世，加上當局處心積慮的隱藏和毀滅，資料也大部分湮滅。為了搶救記憶，保存史料，我們幾經艱辛，收集了一萬五千餘名右派分子資料，編成此電子書，作為後世之鑑。

我們希望得到健在的右派分子、一切右派分子的親屬朋友師生同事及知情人士的支持、幫助：提供你們掌握的，聽到、看到的有關反右運動的線索和資料，供再版時補充，共同為保存中華民族這份珍貴而慘痛的史實，為後代留下一份刻骨銘心的遺產，為中國的民主進步事業盡綿薄的力量。

由於事情已過去半個多世紀，當事人絕大多數已辭世，我們資源極其缺乏，無法一一核實，差錯在所難免，希望知情者賜教修正。

二〇一一年九月

血歷史18　PC0229

新銳文創
INDEPENDENT & UNIQUE

昨夜西風凋碧樹

——中國人民大學反右運動親歷記

作　　者　房文齋
責任編輯　黃姣潔
圖文排版　王思敏
封面設計　杜君、蔡瑋中

出版策劃　新銳文創
發 行 人　宋政坤
法律顧問　毛國樑　律師
製作發行　秀威資訊科技股份有限公司
114 台北市內湖區瑞光路76巷65號1樓
電話：+886-2-2796-3638　傳真：+886-2-2796-1377
服務信箱：service@showwe.com.tw
http://www.showwe.com.tw
郵政劃撥　19563868　戶名：秀威資訊科技股份有限公司
展售門市　國家書店【松江門市】
104 台北市中山區松江路209號1樓
電話：+886-2-2518-0207　傳真：+886-2-2518-0778
網路訂購　秀威網路書店：http://www.bodbooks.com.tw
國家網路書店：http://www.govbooks.com.tw

出版日期　2012年5月　一版
定　　價　400元

國家圖書館出版品預行編目

昨夜西風凋碧樹：中國人民大學反右運動親歷記 / 房文齋
著. -- 一版. -- 臺北市：新銳文創, 2012.05
面； 公分. -- (血歷史 ; PC0229)
ISBN 978-986-6094-79-8 (平裝)

1. 民主運動 2. 政治迫害 3. 中國史

628.73 101007165

讀者回函卡

感謝您購買本書，為提升服務品質，請填妥以下資料，將讀者回函卡直接寄回或傳真本公司，收到您的寶貴意見後，我們會收藏記錄及檢討，謝謝！如您需要了解本公司最新出版書目、購書優惠或企劃活動，歡迎您上網查詢或下載相關資料：http:// www.showwe.com.tw

您購買的書名：______________________________

出生日期：________年________月________日

學歷：□高中（含）以下　□大專　□研究所（含）以上

職業：□製造業　□金融業　□資訊業　□軍警　□傳播業　□自由業

　　　□服務業　□公務員　□教職　□學生　□家管　□其它_____

購書地點：□網路書店　□實體書店　□書展　□郵購　□贈閱　□其他

您從何得知本書的消息？

□網路書店　□實體書店　□網路搜尋　□電子報　□書訊　□雜誌

□傳播媒體　□親友推薦　□網站推薦　□部落格　□其他__________

您對本書的評價：（請填代號　1.非常滿意　2.滿意　3.尚可　4.再改進）

封面設計____　版面編排____　內容____　文／譯筆____　價格____

讀完書後您覺得：

□很有收穫　□有收穫　□收穫不多　□沒收穫

對我們的建議：______________________________

____

____

____

請貼
郵票

11466
台北市內湖區瑞光路 76 巷 65 號 1 樓
秀威資訊科技股份有限公司 收
BOD 數位出版事業部

（請沿線對折寄回，謝謝！）

姓　　名：________________　年齡：________　性別：□女　□男

郵遞區號：□□□□□

地　　址：________________________________

聯絡電話：(日) ______________ (夜) ______________

E-mail：________________________________